高校体育教学与运动训练

艾 丽 ◎ 著

吉林出版集团股份有限公司

图书在版编目（CIP）数据

高校体育教学与运动训练/艾丽著. — 长春：吉
林出版集团股份有限公司，2023.8
ISBN 978-7-5731-4174-3

Ⅰ.①高… Ⅱ.①艾… Ⅲ.①体育－教学研究－高等
学校②运动训练－教学研究－高等学校 Ⅳ. ①G807.4 ②G808.1

中国国家版本馆CIP数据核字（2023）第 160511 号

高校体育教学与运动训练
GAOXIAO TIYU JIAOXUE YU YUNDONG XUNLIAN

著　　者	艾　丽	
责任编辑	曲珊珊	
封面设计	林　吉	
开　　本	787mm×1092mm	1/16
字　　数	280 千	
印　　张	16.25	
版　　次	2023 年 8 月第 1 版	
印　　次	2023 年 8 月第 1 次印刷	

出版发行　吉林出版集团股份有限公司

电　　话　总编办：010-63109269

　　　　　发行部：010-63109269

印　　刷　廊坊市广阳区九洲印刷厂

ISBN 978-7-5731-4174-3　　　　　　　　　　定价：78.00 元

前　言

　　近年来，随着高校体育教学改革的不断深入，高校体育教学理论的研究和探索日益活跃，高校体育教学理论的著作也越来越多，这是高校体育教学理论研究和高校体育教学理论教材建设繁荣兴旺的景象，也是体育教育学科越来越走向科学化的象征。

　　我国高校传统的体育教学模式，已经不能适应现行的高校办学规模和教育体制，我国高校体育教学模式的改革，已经成为迫在眉睫的一项重要教育改革任务。尤其近年来，高校体育教学改革虽然取得一定的成绩，但同时也存在着诸多的问题，要解决这一问题，必须对高校体育课程进行重新的认识和定位，必须要树立正确的教育改革观念以及全面的育人观念，并用"学有所用"的教育理念论述这一教学改革的合理性、科学性，用实践检验出改变传统体育教学的必要性。提高学生的创造性思维，引导他们能够面对并适应高校体育教学的现实问题。本书主要针对高校体育教学改革创新与科学化训练展开研究，旨在为高校体育教学改革创新发展与运动训练的科学化发展提供一定的理论参考，做出一定的贡献。

　　本书在撰写过程中，参考和借鉴了一些专家、学者的观点及研究资料，在此向其作者表示诚挚的谢意！由于时间和能力水平有限，书中难免存在疏漏与不妥之处，恳请广大读者批评指正。

艾　丽

2023 年 3 月

目 录

第一章 体育教学概述

第一节 体育教学基础知识

一、教学的概念

教学的突出特征在于它是一种特殊的教育活动。广义上讲,教学就是指教的人指导学的人以一定文化为对象进行学习的活动,教的人不仅指教师,还包括各种有关的教育者;学的人不仅指学生,还包括各种有关的学习者。狭义上讲,我们所说的教学就是学校教学,是专指学校中教师引导学生一起进行的,以特定文化为对象的教与学相统一的活动。在范围上,教学是特指各级各类和各类形式学校中的教学,一般在家庭中和社会上不用"教学"而用"教育";另外,教师在教学活动中的角色是组织引导者,而不是传统意义上的"主宰者",这是当代的新观念;同时,教学既不仅仅是"教"又不仅仅是"学",而是教与学的统一,教融于学中,学有教的组织引导。

因此,教学就是在教育目的的规范下,教师的教与学生的学共同组成的一种教育活动。通过教学,学生在教师有计划、有步骤的引导下,掌握系统的科学文化知识和技能,发展智力、体力,陶冶品德、美感,形成全面发展的个性。

二、教与学的关系

教与学作为两个不同的动词和动作即过程,作为两个不同的名词和与此有关的人的行为即活动。这两种活动是单独的、双边的,也是共同的、统一的。

教与学是两种活动、两种过程。教是教师的行为和动作。教的意义一般是指"讲授""教授""传授",还可指教学。前者是一种较古老的教,后者是把教作为一种职业,教授学生的职业,没有把教和学分开,也可作为教授的代名词。

学是学生的行为和动作。学的意义是学习、模仿、掌握等。在教学活动中,教师、学生、教材以及教学环境等因素之间交互作用与联系,构成了一系列错综复杂的教学关系,其中教与学的关系是教学活动中最根本的关系。在教学中首先要抓住这一根本关系,去研究教学的问题,揭示教学的规律。

教与学是两类不同的活动,这两种活动是单独的,分别由教师和学生进行。原则上是可以独立存在的,但实际上是分不开的。不能只强调"教师中心论",也不能只看重"学生中心论"。

一方面,只教是不行的。因为教需要对象,没有对象的教是无意识的教,不可取。教学的形式大多是指课堂的教学,有意识的教,有意识的学;有教材的教,有教材的学;有计划的教,有计划的学;这是基本原则。这样,教学就是教师教、学生学,是双边活动。在某种意义上,也是共同的活动,就是大家在课堂上,为了一个共同的目标:学生的学习。人们发现不管有多少不同的教师,用什么不同的教法,总有一些学生是学得不错,也总有那么几个学生是班级最后几名。人们还发现一个教师用一种方法使用同一本教材,有的学生一段时间学得很好,而另一段时间却恰恰相反。这说明一个问题,学生的重要性,学习的重要性,教授的辅助性和非决定性因素。

另一方面,片面地只强调学也是不科学的。"学生中心论"把"教室"变成了"学室",把"教材"变成了"学本"等。总之,要把以教师为中心,变成以学生为中心。这种认识认为教师的主导作用和学生的主体作用是教学的一般原则,这无疑是一大进步。第一,认识到学生在教学中的作用;第二,认识到教与学不能互相代替,即不会以讲代学,以学代讲,以讲代练,也不会放任自流。然而当你考虑统一的问题,当你考虑在课堂上教学的时候,总感到意犹未尽,各自为战。

总之，教学就是教与学，不是只教，不是只学，更不是教＋学，应该是教授和学习的统一体，是教师和学生的共同活动，这两种共同活动是建立在"教授主旨是促使学习的活动"和"教授的证据在于学习"的理论上。这既阐明了教与学的关系，又暗示了教与学的统一。

三、体育教学

体育教学论研究的对象是体育教学。体育教学与其他各科教学一样具有共同性，都是一种有目的、有计划、有组织地对学生传授知识和技能，发展智力和体力，培养品德和形成个性的教育过程。但又有其特殊性，它是实现学校体育目的任务的基本途径。今天，体育教学已不限于学校体育，它还兼及竞技运动和社会体育的教学，但学校体育的目的、任务主要是通过体育教学来实现的。因此，把体育教学定义为：在学校教育中，学生在教师有目的、有计划、有组织的指导下，积极主动地通过掌握技术和技能，增进身心健康，提高身体活动能力、自然和社会环境适应能力，培养良好的思想品德，促进个性发展的教育过程。

（一）体育教学的构成要素

从系统论的观点看，可以把体育教学过程当作一个整体系统来考察，即体育教学系统是一个多层次、多要素的复杂系统。所以，体育教学系统的要素即体育教学过程的要素。

体育教学过程的每一层次都包含着相同的要素，这些要素的整合就构成了完整、统一的教学过程。关于体育教学组成要素有三种不同的观点：

一是三要素说。该观点认为，体育教学系统是由体育教师、学生和体育教材三个基本要素构成的；二是四要素说。该观点认为，体育教学系统是由体育教师、学生、体育教学内容和体育教材手段四个要素构成的；三是五要素说。该观点认为，体育教学系统是由体育教师、学生、体育教材、体育教学方法和教学物质条件这五个要素构成的。

从以上几种观点可以看出,无论是哪种观点,有三个基本的要素是共同的,即体育教师、学生和体育教材。体育教学活动的主体是人,体育教学过程是教师与学生双边统一活动的过程,因此体育教师和学生是体育教学必不可少的两个基本要素。除此之外,它们共同的作用对象是体育教材。在这一教学过程中,教师是通过教材这一媒介与学生发生作用的。体育教学系统的构成性要素主要是体育教师、学生和体育教材。它们之间是相互联系、相互依存和相互作用的。

学生作为正在成长中的学习中的主体是有千差万别的,由于体育教学中学生身体直接参与,学生在体育活动中出现的差异更加明显与突出,更需要教师对学生的认识了解。每一位学生无论是在体形、体能和身体功能,还是情感、气质、性格、兴趣、爱好以及个性等,由于遗传、家庭、学校和教育等方面的原因,表现出明显的差异性。

体育教师在体育教学中担负着社会的使命——培养下一代。因此,无论从哪个角度讲,体育教师都是体育教学系统中起关键性作用的因素。体育教师的个性、能力、水平、事业心、责任感以及体育教师与学生的关系和教师在学生中的威信,都对体育教学的效果产生重要的影响。

体育教材指体育教师指导学生体育学习的一切教育材料,它是体育教学中师生相互作用的媒介,是体育教师要教,学生要学、练的对象。体育教材的选择与组织一方面要考虑社会发展的需要,尤其表现在社会发展对教育、学校体育目标的制约;另一方面,要考虑体育运动特点,要充分考虑学生对体育教材的理解、接受与喜爱的程度。体育教材的内容范围、难度等都直接影响着体育教学的成效,也直接影响学生的身心发展。

(二)体育教学的规律

1.要遵循与学生身心发展水平相适应的规律

教育和教学必须与学生身心发展水平相适应,这是一条基本规律,体育课也必须遵循这条规律。体育课要促进学生的一般发展和特殊发展,这就要求体育课的目标要定得适当,教学方法、手段等也要适当。要达到这点,就必须了解学生的现有发展水平,针对学生的"最近发展区",促进其不断发展。

2.要遵循学生生理和心理指标起伏变化规律

在体育课的教学活动过程中,学生生理和心理方面,都承受着不同强度和数量的负荷,引起一系列生理和心理指标的变化。由于在体育课的教学过程中,学生有各种不同的学习活动方式,如听讲、观察、进行身体练习、帮助同伴以及休息,等等。这些方式的改变,对学生身心有着不同程度的影响,于是学生机体生理指标和心理指标的变化易呈现出波浪形,这种高低起伏的变化是体育课教学特有的,是客观存在的,体育课的进行要遵循这个规律,保持合理的生理、心理起伏变化的节奏。

3.要遵循感知、思维和实践结合规律

体育课上学生大部分时间是在从事身体练习,耳、眼和机体等感官直接感知动作,大脑积极思考如何行动,机体去协调做动作。其中,直接感知是基础,思维是核心,实践是归宿。这三个环节是紧密结合的,缺少哪一个都会影响体育课教学的效果。因此,这也是体育课必须遵循的。

4.要遵循掌握体育知识技能螺旋式上升的规律

体育课教学要向学生传授有关的知识、技术和技能等。一种知识、技术和技能掌握以后,如果不及时强化,就会遗忘或消退。在前面传授的知识、技术、技能衰退现象,后面的体育课不应改变这种现象,使前面学习的知识、技术、技能得到巩固、完善和提高。所以,学生掌握体育知识、技术、技能螺旋式上升,也是体育课教学应遵循的一条规律。

第二节　体育教学的目标与特点

一、体育教学目标及相关概念

（一）体育教学的条件关系

体育教育领域中，与体育教学目标相关的术语较多，如体育教学目标、体育教学任务等，因而人们容易混淆。那么，"体育教学目标"与相近的"体育教学目的""体育教学任务"之间是什么样的关系呢？

1.体育教学目的、体育教学目标、体育教学任务的含义

（1）体育教学的目的

体育教学的目的就是人们设立体育学科和实施体育教学的行为意图与初衷。体育教学目的也是贯穿整个体育教学的指导思想，是对体育教学提出的概括性的和总体性的要求，它把握着体育教学的进展方向。

（2）体育教学目标

是努力的方向和预期的成果，是"要在各个阶段达成什么和最后达到什么"的意思。由此而论，体育教学的目标是人们为达到体育教学的某个目的在行动过程中设立的各个阶段预期成果以及最后的预期成果。

（3）体育教学任务

是受委派担负的工作或责任，即上位的人或事对下位的人或事提出的要求及布置的工作，是"要做什么"的意思。由此而论，体育教学任务是为了完成体育教学目的、实现体育教学目标所应该做和必须做的工作。

2.体育教学目标、体育教学目的、体育教学任务三者之间的关系

体育教学目标、体育教学目的、体育教学任务三者之间应是如下的相互关系。

第一，各个阶段的体育教学目标的总和就是最终的体育教学目标。

第二,最终的体育教学目标是实现了体育教学目的的标志。

第三,体育教学任务是为实现体育教学目的和体育教学目标所应该做的实际工作和责任。

3.教学目标与教学目的

人们往往把体育教学目的和体育教学目标混淆。在现代汉语中,"目的"的意思是"想要达到的境地或想要得到的结果"。从这一意义上,把"教学目的"理解为教学活动预期要达到的结果,它规定着教学活动的方向和标准要求,由于在汉语词汇中"目的"和"目标"并没有质的差别,因此,将教学目的和教学目标视为同一。

其实二者既有密切联系,又有明显区别。体育教学目标是体育教学目的的具体化,与体育教学目的在方向性质上是一致的,都是教学活动所要预期达到的结果。其区别:第一,体育教学目的与体育教学目标是一般与特殊的关系,体育教学目的是对体育教学活动的总要求,对体育教学活动具有普遍的指导意义,而体育教学目标是对体育教学的具体要求,只对特定阶段、特定范围内的教学活动有指导规范作用,如某一课时、某一单元的教学活动;第二,体育教学目的具有稳定性,而体育教学目标具有一定的灵活性,体育教学目的体现了社会的意志和客观要求,特别是体育教学目的是以指令性形式表现出来,而体育教学目标则较多地体现了体育教学活动的主体要求,有一定的自主性,体育教师可以根据教学的具体情况予以制定、调整,有一定的灵活性。

体育教学目标对整个体育教学活动起着统贯全局的作用。教学目标反映教育思想,也反映对教学规律、教学过程等客观性教学要求的看法。教学目标一经确定,便对其他主观性教学要求发生影响,即影响到教学内容、教学计划、教学方法、教学原则及其他种种的教学行为。当然,人们从教学行为中获得的经验与体验又反过来使自己对教学目标进行再思索,或进一步加深对教学目标的理解或对教学目标做某种幅度的调整。

教学目标具有两个特征:一是可行性。说明目标的内容,即说明做什么和如何做；二是预期性。用特定的术语描述教学后学生应能做以前所不能做的事情，即教学后所要达到的结果的详细规格。

4. 教学目标与教学任务

体育教学任务是为了完成体育教学目的、实现体育教学目标所应该做的而且是必须做的工作。教学目标与教学任务虽然是同一个范畴，但又有区别。第一，教学任务是以教师为主体的，教学目标则是在一定教学时间内各种教学活动行为要达到的标准和境界。它是以教师为主导、学生为主体的；第二，教学任务是比较笼统的，分不出阶段和层次。教学目标的描述由于采取了具体的行为动词，因而对教学过程的阶段、深度和层次有明显的限定；第三，教学任务是教师对教学的期望，缺乏量和质的规定性，观察和测量都难以进行，其结果难以评价。教学目标则将教学任务具体化和量化，可观察、测量，或作为评价的依据；第四，教学任务一般为教师所掌握。教学目标师生都要明确和掌握，学生可以根据教学目标进行自我学习和自我检测，有利于提高学生学习的主动性和兴趣。

5. 体育教学目标的概念

体育教学目标是依据体育教学目的而提出的预期成果。这个预期成果可分为阶段性成果和最终成果，阶段性成果是体育教学的阶段目标；阶段性成果的总和就是最终成果，即体育教学总目标。体育教学总目标是体育教学目的得以实现的标志。

（二）制定体育教学目标的依据

1. 对学生的研究

教育是一种改变人行为方式的过程。这个"行为"是从广义上说的，它既包括外显的行动，又包括思维和感情。从这个角度去认识体育教育时，体育课程目标就是体育教育寻求学生发生各种行为变化的代表。要使体育教育达到预定的目标，就必须对学生进行各方面的研究。

（1）学生身心发展的规律

体育课程的主体是学生,体育教育的工作要求、内容选择、安排和组织形式,以及教育、教学、训练方法手段等,都要以遵循学生身心发展的规律为前提。学生心理发展的主要特点,主要包括学生的认知发展、情感和意志发展、个性发展三方面;生理的主要特点包括身体的形态发育、机能发育和素质发展三方面。不同年龄的学生,其身心发展的特点是不一样的。体育教育工作必须结合学生身心发展特点来进行,才可能有针对性,这样才能达到预先设计的"目标"。

因此,学生身心的发展规律是确定体育课程目标的生理和心理依据,它反映学生身心发展的客观规律和作为体育课程主体的客观需要:只有充分认识学生身心发展的特点,所确定的体育课程目标才是科学的,并能指导实践,实现体育课程目标。

（2）学生全面发展需要

教学与发展的问题是教育学的核心问题之一,它同教育科学的一系列其他重大问题都有这样或那样的联系。客观真理和科学是现代课程的支柱和核心,对原理结论的被动接受与对科学真理的绝对服从导致了人们主体意识的减弱和人生目标的迷失,感觉出现了被书本知识主宰和控制的"异化"现象。很少有人去探寻课程实践中人性发展的内涵,精神提升的意蕴,也很少有人把课程与人的精神解放、生命历程联系起来。在这种情况下,提倡对人的主体与人生目标的哲学探讨,将会把课程研究提升到一个新的境界。因而,人的生命和发展都应该是课程研究的出发点,任何知识内容的安排都应以人的发展为依据、准绳。

"发展"主要是指人的发展。关于人的发展问题历来是哲学、心理学、社会学、人类学和教育学等众多学科关注的重要课题。教育学把人的发展看作是个体的人的天赋特性和后天获得的一切量变和质变的复杂过程,即由一个生物性的个体变成一个具有无限创造能力的社会成员,其中包括身体、智力、品德、审美和劳动技能等的形成和发展。

教育学中讨论的人的发展，既包括个体的自然发展，又包括个体的社会发展。人的自然发展和社会发展常常是密切关联的，是相辅相成的。这样的情况说它是自然发展也可以，说它是社会发展也可以。当然也有自然发展包含着一部分社会发展和社会发展包含着一部分自然发展的情况。从而可知，作为学生个体的发展，实质上是人的不同自然成长因素、社会因素和基于社会的教育过程综合作用的发展，这也说明了为什么每一个学生个体在同样的教育环境下会表现出不同的学习能力和发展水平。作为体育课程的主体——学生，无论是否接受了体育课程的教育，其都会在自然成长因素和社会因素的影响下成长和发展的。而体育课程的作用则是通过体育的手段引导、鼓励、教育使之能够更为健康地成长、发展，从而达到社会所需要的人才标准。由于体育课程所面临的任务是培养、塑造处于不断发展中的人，所以，应当说体育课程的主体是"发展人"。"教育是人类有意识地促进自身发展的实践。"也就是说，体育课程的根本任务是根据人的发展的概念中必然包括的生物因素和社会因素，来促进学生的健康发展。

既然人在生物因素和学校教育以外的社会因素下仍然可以得到发展，那么，围绕主体所进行的体育课程主要着眼于儿童、少年、青年，直至成年人的成长，即"发展人"。所以，在体育课程的任何阶段，当考虑其目标和计划时，都必须遵循人的发展基本规律来设计、制定并实施。无论是群体的人，还是个体的人，其发展的规律和状况都应该成为制定体育课程目标和计划的基本依据。

2. 对社会的研究

对社会的研究，主要是研究社会的需要，是指社会经济、政治、科学文化、生产力的发展水平对体育课程提出的要求。它集中体现社会在培养人的质量规格要求上。当今世界正处于激烈的国际竞争和新技术革命的挑战时代，世界范围的经济竞争、综合国力竞争，在很大程度上是科技和人才的竞争，归根结底是教育的竞争。我国改革开放和现代化建设事业已经迈进了新的世纪，面对新的形势，我国体育课程要根据新形势对人才的要求，考虑我国对体育教育提供的必要条件、合格体育师资的数量与质量、场地、器材设备、工作经费等实际情况,制定出来的体育课程目标才是科学合理的。

在对社会需求的研究中,不能忽略了社会文化传承的需要。文化的传承,不只是静态的积累、保留和传递,它应是选择性地汲取传统文化的精髓,转化为适合时代的有用东西,并加以传扬下去。

教育是个人发展和社会生活延续的手段,就其本质而言,它乃是实现人类文化传承的最主要手段。自然,体育教育是体育文化传承的主要手段,而体育教育的核心就是体育课程。体育课程的文化传承功能主要体现在:首先,体育本身就是一个文化现象,学习体育就是接受体育文化熏陶。体育作为国际社会文化现象由来已久,现代体育的产生和发展与近代文化发展史息息相关。通过体育课程,就能够接触并认识一定的社会文化。其次,体育课程又是体育文化传承的媒介,学习体育就为传承体育文化提供了捷径。学习体育的一大好处就是能为学习者打开认识体育文化的大门。此外,体育课程本身的功能特点,有利于体育文化的传承。现代体育课程的结构丰富了体育文化的传承途径选择,体育的显露课程、隐蔽课程、社会课程与体育文化的传承互为补充。

3. 对学科的研究

学校课程毕竟是要传递通过其他社会经验难以获得的知识,而学科是知识的最主要的支柱。由于体育课程专家谙熟课程的基本概念、逻辑结构、探究方式、发展趋势,以及学科的一般功能及其相关学科的联系,所以,体育课程专家的建议是该课程目标的主要依据之一。

体育课程本身的功能是制定课程目标的重要信息,是课程内部特性的反映,是课程实施过程中,学生所要获得的体育教育的结果。到目前为止,体育课程的功能是多元化的:健身功能、教育功能、启智功能、情感发展功能、群育功能、美育功能、娱乐功能和竞技功能等。

由此可见,只有依据这些功能所确定的体育课程目标,才能充分发挥学校体育的作用,使目标的实现成为可能。

(三)体育课程目标的层次结构

体育课程的目标应该是什么呢? 是促进学生的全面发展, 是"增强体质"或是"促进健康", 还是学会某项运动技术。从这些目标当中可以看出, 它们之间并不是处在同一层次上的。此外,对于同一层次的目标而言,还存在着不同领域和水平的区分。课程目标是有层次结构的,不同的层次结构发挥着不同的功能。

1. 课程目标的纵向层次

根据目标的上下层次关系,可以依次将课程目标分为以下几种不同的层次。

(1)课程的总体目标——教育目标

所有课程的共同目标,即课程的总体目标。课程的总体目标的规定,反映特定社会对于合格成员的基本要求,与该社会成员根本的价值观一致,一般有浓厚的社会政治倾向。这一层次的目标经常被写进国家和地方的法规或其他形式的重要的课程文件当中。

从国家或整个社会的角度来看,教育目标只能是总体性的、高度概括性的,而不可能是具体的、菜单式的。就课程编制而言,总体目标具有导向性,渗透在课程编制的各方面,可运用于所有的课程实践。例如,在考虑课程的宏观结构时,必须服从教育目标的根本方向,在决定课程的具体内容时,必须保证与教育目标要求符合,像义务教育阶段各门课程的设置,能否满足学生全面发展的要求。各门课程所选择和涉及的内容,是否与学生全面教育目标方向相一致,等等。当人们从总体上考虑和判断具体课程的意义和价值、课程结构的科学性、课程内容的合理性时,经常是用教育目标作为根本依据的。

(2)课程的总体目标的具体化——培养目标

课程的总体目标——教育目标,是整个国家各级各类学校必须遵循的统一的质量要求,各级各类学校根据国家的教育目标和自己学校的性质、任务对培养对象提出特定的要求,这就是人们平时所讲的培养目标,如基础教育、高等教育、职业教育等培养目标。培养目标是总体目标在各个教育阶段或不同类型学校中具体化的体现,两者没有实质性的区别。

尽管培养目标是教育目标的具体化,但仍然是具有高度的概括性,如通常用发展学生文化、科学、技术的基础知识和基本技能等表述方式,并不涉及具体的学科领域,而只是对各个教育阶段和各级各类学校中的各种学科课程的编制提供相应的依据。同样各个教育阶段和各级各类学校中体育课程也是根据培养目标而编制的。

(3)学科领域的课程目标

学科领域的课程目标实际上就是人们通常意义上所讲的课程目标,这一层次的目标适用于一定阶段的具体课程,要研究的体育课程的目标就是属于这一层次的。这个层次上的目标比培养目标更为具体,可以说是培养目标在特定课程领域的表现。学科领域的课程目标的确定首先要明确课程与上述教育目标、培养目标的衔接关系,以确保这些要求在课程中得到体现;其次,要在对学生的特点、社会的需求、学科的发展等各方面进行深入研究的基础上才有可能确定行之有效的学科领域课程目标。学科领域的课程目标有助于澄清课程编制者的意图,使各门课程不仅注意到学科的逻辑体系,而且还要关注教师的教与学生的学,关注到课程内容与社会需求的关系。体育课程的目标实际上就是结合体育学科本身的特点、教育目标、学校的培养目标、学生的特点以及社会的需求而制定的。

(4)学科领域的课程目标的具体化——教学目标

尽管学科领域的课程目标有细化和可操作性的趋势,但仍然是总体性的或阶段性的一般目标;而作为短期的某一教学单元以至某一节体育课,又如何分析它的目标体系呢,这通常称为单元或课的教学目标,实际上它们是学科领域的课程目标的进一步具体化。课的教学目标又是单元教学目标的具体化,是最微观层次的课程目标。这一层次的目标通常分析到操作化的程度,它往往与具体的情景联系在一起,对体现较抽象的课程目标的结果给予明确的界定,引导教学的展开。

教学目标是一所学校在确定体育课程的实施方案并制订以单元为基础的全年教学计划以后，由任课教师制定的，它是教师制订单元计划和课时计划的根据。在过去，我国较为重视的是课时计划，并把一堂课看作是最基本的教学单位。其实一堂课是最基本的教学学位，却不一定是一个完整的基本教学单位，因为一堂课不能把一个教学系列完整地教给学生，有时只完成其中一部分。只有一个教学单元才能把一个完整的教学系列教给学生。因此，在改革的新形势下，应当更为重视单元计划的构建和单元目标的设计。

2.课程目标的横向关系

课程目标的横向关系实质上反映了各种目标的区分以及相互关系。"目标领域"是指预期学生学习之后所发生变化的内容领域。在教育目标这一层次上，我国通常用德、智、体或德、智、体、美、劳来划分目标领域，无论怎样划分目标领域，各领域对总的目标来说都应当具备逻辑的合理性，它们彼此之间在相互关系上虽然可能是并列和平行的，这样使得议程目标更加具体、清楚和明确，但它们之间必须是个相互联系的整体，每个领域都不能脱离其他领域而单独实现课程目标。

二、体育教学目标与体育学科功能、价值的关系

（一）体育学科的多功能

功能取决于事物的性质和特点，同理，体育学科的功能来自体育学科自身所具有的性质和特点。由于体育学科的内容产生于不同的文化现象，如产生于军事中的体育活动、产生于民间娱乐中的体育活动、产生于教育中的体育活动、产生于养生保健中的体育活动、产生于竞争竞赛中的体育活动，等等。因此，体育学科具有了上述这些文化母体所带有的多样功能和特征。

（二）体育学科的价值

由于体育学科具有多样的功能和特征，使得体育学科具有了价值取向多样性。功能与价值有着非常密切的联系，但二者又不相同，功能是一个事物或物体固有的

作用范畴,而价值则是利用者面对这个事物时的态度和选择,即价值取向。虽然体育学科的功能是相对稳定的,但在不同的历史背景下和不同的国度中,体育学科的各个功能被不同程度地加以利用,体育学科被赋予各种各样的价值,此时,体育学科有些功能可能被忽视,这方面的价值也难以实现。

当然,人们在注重追求某种体育功能并努力实现某种体育价值时,也并不是绝对单一的,在多数情况下,人们是同时追求几种体育的功能,注重实现体育的多种价值,只不过是更注重、更强调某个功能而已。

(三)体育教学目标、体育学科的功能及价值之间的关系

功能、价值和目标的意义各不相同。功能是一个事物固有的、客观的属性;而价值是外赋的、主观的属性;目标则是根据功能进行价值取向后的行为效果指向。

功能是事物固有的和客观的属性,而价值是外赋的和主观的属性,也就是说,一个事物即使具有这个功能,而人们如果没有看上这个功能,也不会把这个功能的实现作为目标;相反,一个事物不具有这个功能,即使人们非常希望通过这个事物实现这个功能,也是无济于事的。所以,不能将功能简单地等同于目标,也不能将价值简单地等同于目标。虽然认识到了体育的多种功能,但也不能将这些功能都不加分析地作为体育学科的目标。

体育学科的功能不会有大的改变,但不同的社会和不同的历史阶段会有不同的体育价值取向,因此体育教学的目标会随着社会的变化与发展产生相应的变化。

三、合理制定体育教学目标的意义

根据以上的分析,可以看出:合理地制定体育教学目标对于体现体育学科的功能,完成人们对体育学科的价值期待是非常重要的。合理制定体育教学目标的意义主要体现在以下几方面:

(一)充分发挥体育学科教学的功能

只有合理地制定了体育教学目标,才能明确要实现哪些体育教学的功能,如健

身的目标可以帮助实现体育教学的健身功能；愉悦身心的目标可以帮助实现体育教学的满足乐趣功能；传授技术的目标可以帮助实现体育教学的授业功能，等等。如果乱定体育教学目标就不能充分发挥体育教学的功能，如有些老师不适当地制定了"研究"和"创造"的体育教学目标，使目标偏离了体育教学的基本功能，因此也就无法发挥好体育教学的主要功能，使得这些体育课上得空洞而虚假，使得体育教学的质量大为下降。

（二）保障实现体育的教学目的

只有合理地制定了体育教学目标，才能稳妥地实现体育教学的目的。如前所述，体育教学目标是体育教学目的实现的标志，如使学生的体格强健是健身目的的标志；使学生每个单元每节课都能愉悦身心是促进学生运动参与的标志；让学生在本学段学好一项有用的运动技能是促进学生体育实践能力形成的标志，等等。如果总的体育教学目标不是体育教学目的的标志，那么就意味在体育教学目的（意图）没有得到实现，例如，针对高中阶段"培养学生锻炼身体的能力"的目的制定的教学目标却是"发展学生的身体素质，让全体学生都达标"就很不恰当，因为"培养学生锻炼身体的能力"必须是"掌握锻炼身体的方法"的目标，"全体学生都达标"不能标志"学生锻炼身体的能力的形成"，因此这是个不当的目标，当然也就无助于体育目的的实现了。

（三）确保层层目标衔接，最终实现总目标

如果制定好了每一个阶段的体育教学目标，就可以保证阶段体育教学目标的总和等于总的体育教学目标，那么就意味着总的教学目标可以顺利完成；反之，如果错定了阶段体育教学目标，就使得阶段体育教学目标的总和不能等于总的体育教学目标，那么就意味着总的教学目标没有完成。因此，正确地制定好各个层次的教学目标，层层目标衔接，是最终实现总目标的可靠保证。

（四）明确和落实体育的教学任务

体育教学目标决定着具体的体育教学任务。目标是标志，没有标志就没有方向，但只有标志没有具体的行动，标志也是没有意义的。因此，要有具体的体育教学任务来支撑目标的实现。体育教学任务要以体育教学目标为依据，好的目标有助于明确教学任务，体育教学目标是"的"，体育教学任务是"矢"，有了明确的目标，教学的任务才能"有的放矢"，切实有效。

（五）规约了体育教学过程

体育教学目标不仅在方向上对体育教学起着指导作用，而且在具体的步骤和方法上也具有规约的作用。体育教学要取得怎样的结果；要先达到怎样的结果，再达到怎样的结果；它们之间是怎样的逻辑关系；这些都要靠制定阶段的体育教学目标来明确。体育教学目标预先规定了体育教学的大致进程，体育教学的展开过程就是体育教学目标得以实现的过程。因此，清晰的体育教学目标有利于体育教师对教学活动的控制，有利于提高体育教学设计的预见性和科学性。

（六）指引、激励教师的教与学生的学

目标反映了人的愿望和努力方向。当明确的目标意识延伸到人的行为领域，并同行为相联系的时候，则形成动机和动力源泉。虽然体育教学目标并不完全是由任课教师和上课学生群体制定的，但合理的体育教学目标必定充分反映着教师的努力方向和学生的学习愿望。因此，科学合理的体育教学目标必定可以指引教师的工作，必定可以激励学生学习。体育教学目标为教师指明了体育教学工作的预期成果，使他们清楚地知道自己工作的努力方向。体育教学目标的不断实现还会使教师受到鼓舞，实现过程中的困难也会促使教师去发现和解决问题，所以明确具体而切实可行的教学目标，可以指引教师努力地工作；同理，体育教学目标也为学生的体育学习提供了努力的方向，使他们清楚地知道自己与预定目标之间的差距，学习目标的不断实现会使学生受到鼓舞，实现过程中的困难也会使学生受到鞭

策。所以,明确具体而切实可行的教学目标可以激励学生努力地学习。

(七)形成检验教学成果的标准

体育教学目标是到达点,是标志,因此其本身就是很鲜明的和可判断的标准,阶段性目标的达成与否是在教学过程中进行体育教学质量评价的标准;而总目标的达成与否就是在教学过程终结时进行体育教学质量评价的标准。从这一点来讲,体育教学目的和体育教学任务都少有标准的性质,因此难以用来作为检验体育教学成果的标准。

同任何事物一样,体育教学目标也有着自己的结构,体育教学目标的结构是由体育教学目标的外部特征和内部要素共同构成的。

四、体育教学目标的外部特征

体育教学目标的外部特征是:属于体育教学目标内容以外的,但对体育教学目标内容具有规定性的那些特点及其标志。体育教学目标的外部特征主要有:目标的层次、目标的功能与特性、目标的着眼点和目标登载的文件。

(一)体育教学目标的功能与特性

所谓体育教学目标的功能与特性,是指各个层次的体育教学目标都有其独特的"功能"和"特性",就是"为什么要有这层目标""这层目标是干什么的"等层次目标的必要性和不可替代性。如果不明确各层目标的功能与特性,这层目标就会与其他层目标相混淆,那么该如何考虑、如何制定、如何表述这个目标也就不清楚了,也可以把"目标的功能与特性"理解为"目标的定位"或"目标的个性"。过去有些体育教师把"培养集体主义精神"的目标写进课时的目标,就是因为不了解课时的体育教学目标具有不宜写进如此大的目标的"功能与特性"所致。

(二)体育教学目标的着眼点

各层体育教学目标有着各自要解决的问题,因此各层的目标就有自己的"着眼点”，就是“围绕着什么来看目标”和“围绕着什么来写目标”的视角。例如，学段体育教学目标就是围绕着“本学段学生的身心发展特点”；单元体育教学目标就是围绕着“运动技能学习”，两者在这里是不能互换和颠倒的。因为，学段体育教学目标的实现涉及许多的运动教材，因此不可能围绕某一个运动技能来写，它的着眼点是“在这个发展阶段学生需要什么，能发展什么”；同理，单元体育教学目标是学段目标的下位目标，它也不可能围绕学段的发展来写目标，而它的着眼点是“在这个单元中，利用这个运动教材应该发展学生什么，能发展学生什么”。因此，体育教学目标的“着眼点”也是形象地辨别体育教学目标功能的“观察点”。

五、体育教学目标的内部要素

体育教学目标还有它内部的要素，例如，在体育教学目标中写了“学习单手投篮”，这是一个不合格和不完整的体育教学目标，因为这个目标不具体，也无法用它来检验目标是否实现。如果制定“学习单手投篮”这个目标，只能根据它来判断学生“是否学习了单手投篮”和教师“是否教了单手投篮”，换句话说，只要教师教了、学生学了单手投篮，这个目标就算是达成了，但学了几次，学生学会了没有，都不在这个目标范围之中，因此说这样的目标是“管教不管会”的，是不完整的，也是不能指导体育教学实践的。

（一）条件

条件是决定目标难度的因素。在规定目标难度和学习进度时，可以利用目标中条件因素来进行变化，如同样是排球的垫球，可以根据条件的变化来改变教学目标的达成难度。例如，条件 A：自己抛球后，将球垫起。条件 B：接垫同伴在 3 米外柔和的抛球。条件 C：接垫同伴隔网抛来的球。条件 D：接垫同伴隔网发过来的球。

（二）标准

标准也是改变目标难度的一个因素，同样是“接垫同伴隔网发过来的球”，就可以通过改变标准来调整目标的难度。例如，标准 A：垫出的球要达到 2 米的高度，并落到本方场地中。标准 B：垫出的球要达到 3 米的高度，并落到本方场地的前半场。标准 C：垫出的球要达到 4.5 米的高度，并落到本方场地的前左方规定的范围内。

（三）课题

课题可以通过改变动作形式来改变目标的难度，如体操中的平衡运动的课题。课题 A：手放在什么位置都可以，做十秒钟的单脚站立。课题 B：手在体前相握，抱膝盖，做十秒钟的单脚站立。课题 C：闭眼做十秒钟单脚站立。课题 D：闭眼并手在体前相握，做十秒钟的单脚站立。知识和原理理解方面的目标也是如此。

六、体育教学的特点

（一）身心合一的健身统一性

体育对人自身自然的改造，不仅是形态结构与生理机能的统一，也是身与心的统一。体育教学要在追求学生身体改造的同时，注重学生无形的心理发展。因此，体育教学要善于营造不同于智育教学的、生动活泼的教学气氛，为学生的心理健康发展提供良好的环境。要善于利用体育活动自身所蕴含的吸引力，并通过合理的教学组织，使这种吸引力倍增和放大。体育教学应该是一种快乐的教学，重过程的主动参与，重情绪的积极体验，重个性的独立解放，使人际关系宽松和谐，使学生在轻松愉快的环境中，在欢快愉悦的心境下，自由自在、无忧无虑、不知不觉地获得身心的健康发展。

体育教学中身心合一的健身统一性体现于三方面：

第一，在体育教学中选择教材时不仅要注重教材对学生身体各部分、各种运动能力和各种身体素质的积极影响，而且要注重教材对学生心理的影响，尽可能从心理学、美学和社会学方面使学生得到良好的体验，在完成动作的过程中，不知不觉地感受协调、默契、流畅和成功的欢喜与愉悦。

第二,体育教学的组织教法必须克服一体化的固定模式,体现体育教学生动活泼的教学形式上,让学生活动得更自由、更自在、更开心、更充分,从而达到身心和谐和内外兼修的目标。

第三,在注重学生生理负荷起伏变化的同时,还要注重心理活动起伏变化的规律。在体育教学中,学生的身心同时参加活动。在反复的动作和休息交替的过程中,学生的生理机能变化有一般的规律:当进行练习时,生理机能开始变化,生理机能水平开始上升;达到一定水平后,保持一定时间,然后再开始下降。在一定范围内,由于练习与休息进行合理的交替,所以学生的生理机能变化呈现出一种波浪式的曲线。与此相适应地,学生的心理活动也呈现出高低起伏的曲线图像。这种生理、心理负荷波浪式的曲线变化规律,体现了体育教学鲜明的节奏性和身心的和谐、统一。

（二）体育教学过程的教育性

"教学过程永远具有教育性",这是任何教学过程的一条基本规律。古今中外的体育教学,概莫能外。体育教学的教育性主要体现在两方面:

第一,在体育教学中组织每一项活动,均有一定的目的任务、组织原则、规则要求、需要学习和掌握相应的动作技术,以及克服各种各样的困难等,这些是构成体育环境的基本因素。学生在这一环境中进行学习、锻炼或参加比赛,就会受到直接的影响。同时,体育环境还包括教师使用的教材,采用的教学方法、教学环境、教学条件、学校传统和班级风气等,这些都会有力地吸引、潜移默化地熏陶感染和教育与之有关的人;提供了许多学生乐于自愿接受,更多情况下是不知不觉接受的、有利于个性品质形成的机会和情景,并可促进良好的思想品德和个性品质迁移到学习、生活和工作等各方面去,以收体育之效。

第二,在体育教学中,学生的思想感情和作风,很容易自然地表现出来。这有利于教育者把握学生的思想实际和特点,从而对他们进行有针对性的教育。体育教学中,进行思想品德教育的内容是极其丰富的,概括地说,主要包括培养热爱集体的情感和意识,培养团结友爱、关心他人、互助合作的思想和意识,培养竞争意识、胜不骄败不馁的精神,培养坚忍不拔、勇敢顽强、机智果断等优良意志品质,以及心情开朗和愉快活泼的良好性格。

(三)教学目标的多元性

体育教学目标既有强身健体、提高运动技能的目标,又有调节情感、提高心理素质的目标,也有促进交往,建立和谐关系,规范运动行为,促进社会化等目标。体育教学目标受政治、经济的制约影响比较大,在特殊的社会背景下,往往还会出现代偿性目标,如新中国成立初期的军事与劳动目标。体育教学目标的多元性与其他学科教学目标相比,有过之而无不及。

(四)授课活动的复杂性

为提高教学的有效性,体育教师课堂教学特点非常突出。不仅需要组织有序得当,还需要调控学生的运动负荷;不仅需要言传指导,还需要动作示范;不仅需要具备一定的教学素养,还需要掌握运动技能。体育教师的教授不仅是体力活动,也是智力活动。体育教师不仅是知识技术的传授,也是活动的组织者。由此可见,体育授课活动不是看着那样简单,较理论学科的授课活动要复杂。

(五)内容编制的制约性

体育教学内容不仅包括体育理论知识内容,还有身体锻炼内容和体育运动项目内容,各内容在教学中所占比重的多少,都将受到体育教学目标和教学时间制约。另外,虽然体育教学内容中有些运动内容之间逻辑性不是很强,但这些内容也不能随意编制,不仅要考虑内容的功能与价值,还要考虑学生的身心特点,还要切合当地和本校的实际情况。

(六)环境管理的重要性

体育教学大都在室外或体育场馆里进行,这些场地环境受外围影响比较大,特别是户外,还受季节和气候的影响。另外,学生在体育活动中流动性的特点,也使开放性的教学环境的管理更加复杂。教学的安全性、健康性、有效性等都要求重视教学环境的管理。

第三节 体育教学的任务与原则

一、体育教学的任务

（一）学习掌握体育的基础知识

使学生理解体育的目的任务和体育在教育中的地位和作用；学会基本实用的身体锻炼的技能和运用技术；使学生掌握与了解身体锻炼的基本原理和科学锻炼身体的方法，以适应终身锻炼身体的需要。

（二）发展学生良好的思想品德

培养学生勇敢顽强和富于创造的精神，遵守纪律，团结协作和朝气蓬勃的体育道德作风；因势利导，全面地发展学生适应于社会和生活需要的个性；提高对体育的认识，培养经常参加身体锻炼的兴趣和习惯；陶冶美的情操。

（三）全面发展学生的身体

根据学生的年龄特点，有计划地进行各项内容的体育教学，以促进学生身体的正常生长发育和生理功能的发展。

上述三项体育教学任务是互相联系的统一的整体，它是通过体育的实践活动和理论讲授完成的。这三项体育教学任务，必须协调一致，全面贯彻，不可偏废。但在具体教学中，根据课的具体任务，教学要求和教材特点，而有所侧重，也是理所当然的。

二、体育教学的任务完成

要想在课堂上圆满地完成体育课的任务目的,用传统的教学方式很难达到教学大纲和教材对学生的要求。从时间上说,看一堂课学生锻炼和掌握动作质量的好坏,密度是关键的一环。如果将大量的知识技术传授给学生,而学生没有足够的时间去消化和掌握,那就很难使所传授的知识和技术转换成有效的课堂质量。由于动作的难度与动作的特殊方面,以及教师对动作、体态、语言表达的差异,使得教师在教某些动作时,很难使学生通过视觉、听觉准确而完整地了解动作的全过程,给课堂教学带来了一定的困难。

在语言与动作的结合方面,体育课上有很多动作往往是教师一边做一边进行解说。这对于慢做和那些可以分解的动作来说还是能够办到的,但对只能在快速而连贯的情况下完成的动作,就很难做到两全其美了。

因为场地、队形、视角、环境等问题,教师在教某一动作时,就要在不同的地点、方向上反复多次地进行示范讲解,才能使所有的学生都能看清和听清动作的做法和要领。这就在无形中浪费了时间,加大了教师的工作量,减少了学生练习的时间。

为了解决体育课中存在的上述问题,很多体育老师都总结出了许多有效的方法。随着电化教学在各学科中的运用与推广,电化教学也以它快速省时、生动直观、图文并茂、信息量大、容易接受的特点为体育教师所采用。在室内理论课中,电化教学一改过去那种教师在上边讲,学生在下边听的常规惯例,利用幻灯、投影、录像等电教手段将学生紧紧地吸引到了教材之中。在课堂上教师在连贯动作示范中无法做出停顿的一些动作,通过画面的定格处理,教师就可以很自然地加以解说。利用字幕和解说也可节省大量的板书和阅读时间,提高授课质量。

在新授课上采用电化教学,可以提高学生的学习积极性,集中学生的注意力,便于教师对学生的组织与管理。由于电化教学内容是事先制作好的,也就不会再出现教师在做示范动作时的失败和重复讲要领做动作的现象。学生可以在最短的时间里就看到最标准最完整的技术动作，听到最简练的技术要领，建立起真实、完整、逼真、系统的表象认识过程，使学生减少和不产生错误的动力定形。

复习课是学生对已学过的动作进行练习改进和巩固掌握。在复习课上使用电教手段可以加深学生对技术动作的认识理解，将感性认识上升到理性认识的高度。既可以将所学过的动作逐一定格让学生对照动作进行有针对性的练习，也可以放录音或录像让学生集体进行复习练习。这样不但巩固了所学的知识而且培养了学生协同一致的良好习惯，对发扬集体主义精神也能起到好的作用。

如果在上综合课时用"分组轮换"的形式进行了组织教学，教师就可以集中精力辅导新授教材的一组，而进行复习的一组可以在电化教学的情景中进行自我学习。当教学中因动作本身的难度，教师无法亲身去做示范，学生对动作的方位距离、运动轨迹等空间概念产生疑问时，使用电教手段可以轻松地解决这一难题。如在跳跃练习中起跳后的腾空动作，电影、录像、幻灯都可以在不改变动作技术的情况下，运用慢放或定格的手法，将动作清晰地展现在学生面前，为教师在课堂中讲解动作重点、难点，提供了行之有效的手段。运用电化教学可以帮助教师整理数据资料。总之，要想使电化教学在体育课上运用得好、收效大，就需要做好以下几点：

第一，要根据教学内容、学生情况、课的类型、授课环境、场地器材、组织形式、教学程序、时间分配等条件，来选择电教设备、教学手段等。

第二，必须熟悉电教设备的性能、使用方法及实际操作，以确定选择内容和使用的具体时间。

第三，在备课时要将传统教法与电教手段相结合一同备入教案，要培养几名能够操作电教设备的学生做助手，以便在课堂上进行分组轮换时，学生能自己组织练习。

第四，课前要教育学生爱护公共财物，爱护电教设备，遵守纪律，保证课堂秩序。

第五，要充分利用电化教学的声响、画面、解说等手段对学生进行思想品德方面的教育,提高学生积极性,培养良好的自我锻炼习惯,使学生得到全面发展。

三、体育教学的原则

（一）体育教学原则的概念

"原则"一词,在汉语中通常指"观察问题、处理问题的准绳"。在教学论中,通常把教学原则定义为对教学的基本要求和指导原理。教学原则对整个教学过程都起着指导作用:第一,教学原则是指导教学活动的出发点,教师要根据教学原则来设计整个教学过程;第二,教学原则是实施教学的总调节器,在整个教学进程中,教师要以教学原则来调节、控制教学活动;第三,教学原则是判断教学质量的基本标准,教学质量的高低从根本上来说,就看教学原则贯彻得如何。因此,每个教师和教学管理者都必须掌握教学论所确定的一系列教学原则。

基于以上对教学原则的分析,体育教学原则是实施体育教学最基本的要求,是保持体育教学性质的最基本因素,是判断体育教学质量的基本标准。

（二）体育教学原则提出的依据

1.哲学依据

这是最重要的依据。从所应遵循的哲学思想来说,最基本的是两条:一是唯物论,二是辩证法。

违反辩证唯物论,主观主义地杜撰出一些"原则"来的事物是不难看到的,硬要把某些只能在局部地方起作用的东西夸大为在任何地方起作用肯定行不通,对事物的基本关系的分析,具体问题具体分析,这是辩证法的重要内容,这是避免片面性的重要方法,但片面性却常见,例如,直观性原则就是一条有片面性的原则。尽管直观在认识中有重要的作用,而且在教学活动中应当自觉地运用直观,但是,直观只能在有利于认识的启动和深入时才使用,不能为直观而直观。直观适用的范围并不是普遍的,大量的概念、原理是不可能借助直观手段的,"道德"这个概念你怎么去直观地解释?"是一个无理数"这个原理你怎么去直观地说明?这里的片面性也就在这样两点：第一，直观手段的普遍性有限；第二，直观与认识的关系，直观与抽象的关系，这是更重要的方面，但未涉及或未弄清楚。

2. 教育理论依据

按照整个教育科学领域的理论层次来说，应当是这样的。教育理论，从大的方面来说，有教育本质论、教育目的论、教育价值论、教育规律论、教师论、学生论、德育论、智育论、美育论、教学论以及德育体制与教育管理理论等许多方面。

教育目的论、教育价值论所要涉及的人的发展理论无疑对教学原则有重大影响。关于人的全面发展的目标是最基本的，教学应当体现教育目的是这一目标最重要的内容，这一点应为教学原则的制定所充分考虑，然而，传统的教学原则研究对此是比较忽略的。凯洛夫教学原则体系的重大缺陷之一亦在此，他提到的自觉性原则只是附带地涉及教学的教育目的。课程论、教师论、学习论，这些也是对教学原则制定有影响的。教学中的几个基本要素——教师、学生、教材，它们的相互关系及其正确处理是教学原则所应当回答的问题。传统的教学原则研究一般只从教师的角度讲，尽管教学原则必然主要为教师所掌握和运用，但应涉及教学中几个基本要素的关系。对于教材，系统性原则对之给予了部分的注意，特别给予注意的是结构原则。

（三）体育教学原则的作用

体育教学原则是体育教学过程中必须遵守的准则或标准。作为体育教学工作的指导原理和基本要求，体育教学原则对体育教学工作具有指导作用。在体育教学过程中，体育教学原则既是出发点，又是调节中枢。它在一定程度上具体决定着教学内容的安排、教学方法的选择和教学组织形式的运用。学习和掌握体育教学原则，能按照体育教学的客观规律组织教学活动，正确解决教学内容、教学方法和教学组织形式等一系列理论与实践问题；遵循体育教学原则进行体育教学，就能提高体育教学质量，反之，违背了教学原则，就会降低教学效果，甚至劳而无功。

体育教学原则作用的发挥，不是某个原则所能单独完成的，而是需要一个完整的体育教学原则体系以发挥整体功能。所谓教学原则体系就是指：反映教学规律的多个原则之间不是孤立分散的原理，而是有机地相互联系的组合。只有建立一个科学完整的体育教学原则体系，才能发挥体育教学原则对整个体育教学过程的指导作用。由于人们对体育教学规律认识的角度不同，在构建体育教学原则体系的过程中，有的从社会学的角度出发，有的侧重教育学，有的偏重心理学等。就如何建立一个完整的体育教学原则体系，目前的体育教育理论界认识尚不一致。

（四）体育教学原则

1. 自觉积极性原则

自觉积极性原则是指在教师主导下，充分调动学生学习的自觉积极性，发挥学生的主体作用，培养学生学习的主动性和创造性，把认真完成学习任务，变成自觉的行动。

确定自觉积极性原则的依据，这一原则所指的是，在教师主导下学生的自觉积极性。它是由教师的教与学生的学的双边活动过程的教学规律决定的。师生关系是体育教学过程中的一对基本矛盾，矛盾的主导方面是教师。因为教师是教育者，他们掌握比较丰富的体育知识、技术和经验，能满足教好学生的需要。在实施教学计划过程中，教师的教起着主导作用，它不仅表现在对计划的制订和执行上，而且还表现在对教学过程的调节和控制上。学生是教学的对象，是知识、技术的接受者，是学习的主体，但是，学生学习的自觉积极性不完全是自发的，还取决于教师的指导、传授、调节和控制。反过来，学生有了学习和练习的自觉积极性，又能主动地自我调节和控制，并与教师的调节和控制协调一致，才能保证预定教学目标的实现。所以，在体育教学过程中要把教师的主导作用与调动学生学习的自觉积极性很好地结合起来，这是提高教学质量的根本条件。贯彻和运用自觉积极原则的基本要求如下：

（1）了解和熟悉学生

教师必须了解和熟悉所教学生的特点和概况。要了解他们爱好什么、需要什么、擅长什么、有什么困难和不足,等等。这是教师搞好体育教学工作的前提。但是,真正做到了解学生是很不容易的。教师对学生的了解要做到"知人知面又知心",能够做到这一点,关键在于教师,因为教师是师生关系中的主导者,教师不主动去了解和熟悉学生、关心学生,学生就不可能产生对教师的信赖,当然也就谈不上"知心"。只有做到"知人""知面""知心",才会有调动学生自觉积极性的基础。

(2)发挥教师的主导作用

学生的自觉积极性不完全是自发的,还必须通过一系列细致工作才能充分调动起来。所以,要调动学生的积极性,必须发挥教师的主导作用。教师的主导作用,不仅表现在教学中,如教师通过讲解、示范、组织教学等手段,把学生引导到所教的内容上来,更重要的应该是给学生提供和创造一种良好的条件,使外因能顺利而迅速地转化为内因,从而调动学生的自觉积极性。

(3)建立民主平等、情感融洽的师生关系

体育教学过程中,教师要为人师表,教书育人,既要严格要求学生,又要满腔热情地关心与信任学生,使师生关系融洽和谐。感情息息相通,这种良好的人际关系,有利于学生能动地参加到体育教学中去。

(4)注意培养学生学习的内在动力

学生学习的内在动力,是鼓舞和推动学生的内驱力。教师应不断提高教学的艺术性和启发性,培养学生正确的学习动机和兴趣。动机是一切行为的前提,是推动学生学习、锻炼的心理依据。只有使学生形成了正确的学习动机,才能发挥学生的主体作用。

(5)培养学生自学、自练和自评的能力

自学、自练和自评的能力是养成学生经常参加体育锻炼习惯、培养终身体育锻炼意识的重要基础。在教师主导作用的前提下,要为学生自学、自练和自评能力的培养与发展,创设一个良好的外部环境,放手让学生独立自主、生动活泼、主动地学习与锻炼。

2. 直观性原则

直观性原则是在体育教学中,要充分利用各种直观方式和学生已有的经验,通过学生的各种感觉器官去感知事物,培养学生的观察能力和积极思维的能力,使学生获得直接经验和感性认识,为掌握体育知识、技术和技能奠定基础。

确定直观性原则的依据是辩证唯物主义的认识规律。从生动的直观到抽象的思维,并从抽象的思维到实践,这就是认识规律、认识客观实际的辩证途径。任何知识的来源,都在于人的肉体感官对客观外界的感觉。在体育教学中,学生掌握体育的知识、技术和技能,也是从建立感性认识开始的。首先,必须使学生感知所学的动作,在感知的基础上建立起完整的、正确的动作形象和概念,从而为学生掌握体育的知识技术奠定基础。贯彻和运用直观性原则的基本要求如下:

(1)综合运用身体的各种感觉器官,感知体育教材,扩大直观效果

在体育教学中除通过视觉、听觉来感知动作的形象、结构和要领外,还要通过触觉和肌肉的本体感觉来感知完成动作时肌肉用力的程度、方法,及空间与时间的关系等,以扩大直观教学的效果。

(2)充分发挥教师本身对学生的直观作用

教师自身的一切活动,都是学生观察的目标,特别是教师的动作示范、语言表达等都是学生获得生动直观的主要来源,学生模仿能力很强,所以,要求教师必须加强自身修养,提高体育理论和运动技术水平,重视动作技术示范的准确性和规范性。

(3)充分运用多种直观教具和手段

要借助于多种教学媒介和各种现代化教学手段,如模型、图片、幻灯、录像、录音、电影等,以发挥直观教学的作用。

(4)善于引导学生观察和激发学生积极思维的能力

直观性是通过学生直接观察运动动作的形象来实现的。学生在教师的指导下,通过分析、比较、弄清正在学习的与已学过的身体练习有何联系。辨别运动动作的技术结构,找出动作技术的关键,明确正确动作与错误动作的界限,从而形成运动

动作的正确表象。同时还要防止一般化的观察和单纯形式的模仿。

此外,选择运用好各种直观位置和把握使用时机,也将会取得良好的直观效果。

3. 因材施教原则

因材施教原则是指体育教师在教学中,既要面向全体学生,提出统一要求;又要根据不同班级和学生的个体差异区别对待,把集体教学和个别指导结合起来,使每个学生的才能和特长都能得到充分发展。

确定因材施教原则的依据是学生身心发展的客观规律及个体发展不平衡性。同一年级和年龄组的学生,他们的身心发展规律具有共同点,因而体育教学可以对他们提出统一的规格和要求。同时,同一年级和年龄组的学生他们的身心发展又存在着个体差异的发展不平衡性,如他们在身体形态、身体素质、运动能力、兴趣爱好、运动项目专长等方面都存有差异。这些不同点,又要求在统一的基础上,要注意区别对待,因材施教。贯彻和运用因材施教原则的基本要求如下:

(1)深入了解学生的一般情况和个体特点

这是进行因材施教的基础。教师要通过调查研究,全面了解班级学生的体育认识、兴趣爱好、思想品德、健康状况、体育基础、身体发展等多方面的情况。找出他们的共同点和差异,才能采取不同的方法,因材施教。

(2)面向全体,兼顾两头

教师要把主要精力放在提高学生的成绩。在制订教学计划、确定教学的目标和要求时,应该是大多数学生经过努力可达到的。同时,还要兼顾两头,解决"吃不饱"和"吃不了"的矛盾。对个别身体素质好,有体育才能的学生,要为他们创造条件,让他们参加课余体育训练,为提高专项成绩打基础。对体弱和身体素质差的学生,要热情关心、耐心帮助,使他们在原有的基础上逐步提高水平,完成教学要求。

(3)从客观条件的实际出发

教学中贯彻因材施教原则,还必须考虑学校的客观条件。不同地区、季节、场地器材设备条件,都会对体育教学起制约作用。教师在制定教学目标时,除了考虑教材、学生的特点、组织教法外,还必须考虑上述各方面的客观条件,这样才能更好地因材施教。

4. 身体全面发展原则

身体全面发展原则是指在体育教学过程中,教材内容的选择和安排要全面多样,使学生身体的各个部位、器官、系统的机能、各种身体素质和基本活动能力都得到全面发展。

在体育教学中选择多种多样的不同性质的教材,采用多种有效的教学手段,有利于学生身体的全面锻炼和身体各个器官系统的机能得到协调的发展,养成正确的身体姿势。而长时间进行单一的、局部的锻炼,就得不到理想的锻炼效果,有碍学生健康。人体是一个完整统一有机体。人体各器官系统的机能、各种身体素质和基本活动能力之间,都是相互联系、相互制约和相互促进的,某一方面的发展,会影响其他方面的发展与提高。因此只有以身体全面锻炼为基础,才能促进学生全面协调发展。贯彻和运用身体全面发展的基本要求如下:

(1)全面贯彻教学大纲(或课程标准)提出的目标和要求

认真学习和领会国家教委颁布的体育教学大纲(或课程标准)的精神,全面贯彻教学大纲所提出的目标和要求。制订全年教学工作计划和教学进度时,应注意各类教材和考核项目的合理搭配,保证学生身体的全面锻炼。

(2)身体全面发展的原则落实到课堂教学的全过程

课的准备部分,要全面多样;基本部分教材要进行科学、合理搭配,较理想的方案是,准备部分要以活动全身各部位肌肉、关节和韧带为主,使全身各部位充分伸展,为完成课的目标做准备;基本部分的教材,既有上肢为主的练习,又有下肢为主的练习,使学生身体得到全面、协调的锻炼和发展;课的结束部分,要做好放松活动,并布置课外体育作业,有组织地结束一节课。

（3）不断克服单纯从兴趣出发的倾向

体育教学中应激发学生的学习兴趣，使他们乐于上好体育课。古人说："知之者不如好知者，好知者不如乐知者。"因此采用一系列手段和措施激发调动学生的学习兴趣是必要的。但是，要把激发学生的兴趣，与单纯从兴趣出发两者区别开来。所谓单纯从兴趣出发，就是以学生的兴趣为中心，甚至背离体育教学大纲和全面锻炼的原则，学生喜欢什么，教师就教什么，练什么，这种片面迁就学生兴趣的做法，长此以往，就会带来不良的后果。教师要善于引导，使学生对如何上好体育课和教师教学内容选择，有一个科学的、正确的认识。

5. 合理安排生理负荷和心理负荷原则

负荷包括生理负荷和心理负荷两方面。合理安排生理负荷和心理负荷就是在体育教学中要使学生承受适当的生理负荷和心理负荷，并使练习与休息合理交替，以促进学生身心全面协调的发展。

确定合理安排负荷的依据：学生在体育教学中生理负荷和心理负荷变化的规律。从生理负荷变化的规律来看，人体功能的改善和提高，必须在适宜的生理负荷的刺激下才能实现，因此，在一定的限度内，生理负荷大，超量恢复的效果也就好，适应变化也加大；但如果生理刺激的强度过大，超过了一定限度，生理机能就会受到损害；而生理负荷刺激强度过小，对生理机能的发展也不会产生好的影响。

贯彻和运用合理安排负荷原则的基本要求如下：

（1）合理安排授课和复习课

学生的性别、年龄和健康状况不同，安排生理负荷时要注意区别对待。不同性质的教材，应考虑它们对身体机能的不同作用和影响，做出科学安排。此外，学生的生活制度、营养条件和其他体力活动的负担、所在地区的气候因素及作业场所的环境条件等，在安排生理负荷时也应给予全面考虑。

（2）正确处理生理负荷的量和强度的关系

正确处理生理负荷的量和强度的关系，负荷量和负荷强度应互相配合，逐步增加。在体育教学中通常是先增加负荷量,待适应以后再增加强度。在增加量时,强度宜适当下降,在强度再增加时,量则应适当减少,这样量和强度交替的增加和下降,密切配合,才能使学生承担负荷能力,逐步得到提高。

(3)正确处理生理负荷的表面数据和内部数据的关系

表面数据是指运动动作练习的量和强度。内部数据是指负荷量和强度所引起的一系列的生理、生化变化。生理负荷的表面数据和内部数据在通常的情况下是一致的。但因学生的体质强弱和身体训练水平不同,一定负荷的表面数据作用于不同的学生,可以产生不同的内部数据。因此,在分析生理负荷时,应把表面数据和内部数据结合起来,加以判断和评价。

(4)安排好心理负荷

安排心理负荷时,既要与教学进程相联系,又要与生理负荷相配合,使高低起伏,节奏鲜明,起到相互调剂,相互补充的效果。

(5)科学地安排休息的方式和时间

根据生理负荷和心理负荷的特点,科学地安排休息的方式和时间,以达到理想的效果。

(6)做好生理和心理负荷的测量、统计和分析工作

在评价体育课的质量时,既要安排生理负荷的测量,又要安排心理负荷的测量,以便从生理和心理两方面进行全面的客观评价。

6. 循序渐进原则

循序渐进原则是指体育教学内容、教学方法和负荷的安排顺序,必须遵循系统性和连贯性的要求,符合学生的年龄、性别特征,使学生按照一定客观规律的顺序,逐步得到提高与发展。

循序渐进原则的依据:人们认识事物的规律、动作技能形成的规律和知识、技术的系统性和连贯性。在体育教学中,必须遵循由易到难、由简到繁、由已知到未知、逐步深化,才能使学生更好地掌握体育的知识、技术和技能;贯彻和运用循序

渐进原则的基本要求如下：

（1）提高教师素养

教师要提高自己的文化素养，深刻了解学生身心发展的一般规律和特点，了解各项教材的系统性，以及各项教材之间的关系。

（2）制定好教学文件

制定切实可行的教学工作计划文件，保证教学工作系统连贯地进行。在制定教学计划文件时，每个运动项目、每次课、每学期的内容和教法，都应前后衔接，逐步提高。

（3）安排好教学内容

在安排教学内容时，既要考虑该运动项目的由易到难、由简到繁的顺序，又要考虑与其他运动项目之间的关系。先安排哪个项目，后安排哪个项目，要符合循序渐进的要求，使前一个项目的学习有利于后一个项目的学习。

（4）有节奏地逐步提高生理负荷

体育课中生理负荷的安排，应采取波浪式的有节奏地逐步提高。这是因为机体适应某种生理负荷需要有一定的时间。就一学年或一学期来说，应有节奏地交替进行不同负荷的体育课。本次课的生理负荷，应安排在前次课后的超量恢复水平上。但生理负荷总的趋势是逐步提高的。

7. 巩固提高原则

巩固提高原则是指在体育教学中，要使学生牢固地掌握所学的基础知识、基本技术和技能，不断地发展体能，增强体质，并逐步有所提高。

巩固提高原则的依据是运动条件反射建立与消退的生理规律。因为动作技术、技能的掌握、巩固和提高，是通过不断地反复练习而形成的。反复练习可以使运动条件反射不断地建立和巩固，并在大脑皮层建立动力定型。但是，动力定型建立以后，还要继续练习，不断强化，使动力定型更加巩固和完善，否则，已经形成的动力定型还会消退，从而影响教学效果。贯彻与运用巩固提高原则的基本要求如下：

（1）反复练习

组织学生进行反复、经常的练习,增加练习密度,反复强化,不断巩固运动条件反射,是贯彻巩固提高原则的基本方法。每次课都要使学生有足够的练习时间和重复次数。但是反复练习不是简单机械地重复,而是要在原有的基础上逐步提高要求,不断地消除动作的缺点和错误,使学生看到自己的进步,就能更好地激发起学生反复练习的自觉性,就更有利于学生巩固和提高所学的知识、技术和技能

（2）采用提问、测验、竞赛等多种方式

采用提问、测验、竞赛等多种方式,是贯彻巩固提高原则的有效手段。在运用这些手段时,要根据课的目标和要求进行。提问要有启发性。在某一阶段的教学告一段落时,可采取竞赛的手段,观察学生在复杂多变的竞赛条件下,运用所学的体育知识、技术、技能的熟练程度。

（3）改变练习条件

改变练习条件,对巩固提高体育基本技术、技能起到良好作用。改变练习条件包括场地、器材及动作结构、环境条件等。如平地跑改为斜坡跑,改变器械重量和动作组合等。

（4）课内外结合

教师在课堂教学的基础上,可以布置一定的课外体育作业或家庭体育作业,使课内外紧密结合,达到巩固提高的目的。

（5）培养进取动力

不断提出新的目标、培养学生的兴趣和进取动力。

以上体育教学原则是一个完整的体系,应相互联系、互相补充,在体育教学中全面正确地贯彻执行。体育教学原则是一个发展的范畴。但是在一定的时期内,又具有相对的稳定性。随着体育教学实践的发展,人们对体育教学规律认识的不断深化,体育教学原则也将得到不断充实和发展。

第二章　高校体育教学理念

第一节　"以人为本"教学理念

一、"以人为本"教学理念概述

（一）"以人为本"的理论基础

"以人为本"教学理念的提出是在现代人本主义教育思想的基础上发展起来的。人本主义教育思想的产生，源于对现代科学发展中人对科学产品的使用和在智能化时代发展过程中的人的价值的丧失的思考。

进入 20 世纪后，随着科学技术的快速发展，科学主义成为当代教育发展的主流。20 世纪 50 年代的教育改革中，各种教学思想、教学观点层出不穷，其中，认知心理学和行为主义者对人性的认识分析带来困惑，教育工具化，接受教育、获取知识的兴趣的快乐体验无法得到重视，教育单纯成为人们获得更高技能与认可的一个途径。

也正是在科学技术不断发展的影响下，人类社会的生产生活方式和模式发生了很大的变化，科学改变生活，对人们启发很大，人们依赖科技，也会越来越受制于科技，因此在教育层面，人们也越来越强调"人本主义"，旨在将人从"器物"中解放出来。现代人本主义强调，应将人类从依赖科技中解放出来，恢复人在世界中的本体地位，而非依附于科技发展。

从社会发展中人的主体地位的体现到教育领域中对作为学习者、施教者的教学活动参与主体的"人"的重视,"以人为本"思想在包括教育在内的各个领域得到重视。

教育教学中的"以人为本"教学理念旨在将教学活动参与者从传统教学中的非人性化的状态中解脱出来,恢复人的教学主体地位,强调了"人"的重要性。在教学中,真正关注教师、学生的自我的健康、可持续发展。

"人本主义"理论具有以下几个基本观点:①学习者是学习的主体,应受到尊重;②学习是丰富人性的过程,根本目的是人的"自我实现"。强调教育应促进教学参与者(尤其是学生)人格的完整,促进人的认知与情感的丰富、提高;③人际关系是最有效的学习条件;④"意义学习"是最有效的学习。

(二)"以人为本"的教学观点

"以人为本"肯定了人在教育中的重要作用,在教育教学实践的广泛应用过程中,体育教育工作者和许多学者逐渐总结概括出了以下几个观点:

1.教育的目的是促进师生自我实现

首先,在体育教学中,学生的自我实现是要促进学生的身体、心理、智能、社会性等全方面的自我发展,让每一个学生都能通过体育教学有所进步。体育具有多元教育价值,通过体育教学能促进学生的各种素质的综合发展。在"以人为本"的基础性理论人本理论的支持下,体育教育强调了在体育教学中不仅要重视健康知识和运动技能的学习,还要通过科学的体育教学环境创设和教学过程安排来促进学生的心理、情感、智慧、社会性发展,使学生情感和智力有机结合。教育学家卡尔·罗杰斯认为,体育教育的一个重要教学任务就是在体育教学中促进学生的认知与情感的共同进步与发展,通过体育教学,发掘和发挥每一个学生的学习潜能,培养学生在各方面的创造性,最终所培养出来的学生应具有创新、创造意识与能力,这样的人才才是社会真正所需要的人才。

其次,在体育教学中,教师的自我实现最基本的就是能创造性地完成体育教学任务,在教学中实现作为教师的这一角色的价值,通过体育教学培养出适合社会发展的合格人才,促进学生的发展与进步。同时,在体育教学中,通过对体育教学的科学设计与各种丰富多彩的体育教学活动的开展和教学媒体媒介的应用来提高自己的教学能力、组织能力、社交能力、科研能力、创造力等,促进自我综合教学能力和体育素养的不断提高,实现自我职业生涯的不断发展,并能在日常工作和生活中身体力行地从事体育健身锻炼,不断提高自身的身体健康水平,并能对学生和周围的人形成一种潜移默化的影响。

2. 课程安排应尊重学生的自由发展

在人本教育理念产生之前,传统的教育侧重社会价值和工具价值,人本位的思想和观念使得人们认识到了传统工具化教育是对其本质属性的违背,必须认识到,人是教育的出发点,人本教育将教育的重点落实到人身上,关注人的健康成长。

体育教学所面对的教学对象是人,每一个人都与其他人存在个体差异,教育不是为了"批量生产人才",而是旨在促进每一个人健康全面发展的基础上的个性化发展,因此,体育教学应在统一要求的基础上做到因材施教,教师必须要尽可能实现多种多样、侧重点不同的教学课程设计,使每一个学生都能在体育教学中有所进步与成长,通过科学体育教学活动组织与引导学生的正确、充分参与培养个性化的人才。

3. 教学方法选用应重视学生情感体验

人本主义教学理论强调"以人为本",主张教学以学生为中心,实现个性化发展,而学生的这种发展都是从学习经验中体悟和实现的,因此,这就要求体育教学中应重视科学化体育教学方法的选择,激发学生的体育学习兴趣,为学生创造良好的学习体验。

在"弘扬人的个性,强调以人为中心,尊重人的情感体验"的现代体育教学中,体育教师应全面了解学生、充分尊重学生、真正理解和信任学生,在此基础上,教师与学生之间的"高高在上""师命不可违"的关系才能彻底改变,才有助于教师与学生构建和谐的师生关系。而良好的师生关系的建立对于体育教学活动的顺利开展具有非常重要的意义。可以说,学生对体育学习的态度、个人爱好、获得学分是重要动机,来自教师的个人魅力因素也具有重要影响。此外,师生的和谐关系建立也有助于教学活动中师生能够更好地配合,从而提高体育教学的质量。

二、"以人为本"教学理念的高校体育教学指导

(一)重新定位体育教育价值

传统体育教学在对"育人"的认识上存在不少误区。长期以来,人们总是在理解体育科学化的基础上,常常采用生物学的观点来对学校体育的价值做出判断,并且过多地关注学校体育"增强体质"的功能。此外,在对体育运动的本质理解上,一些教师存在一定的偏差,以足球运动教学为例,我国体育教材普遍将体育运动确定为"是以脚支配球为主,两个队在同一场地内进行攻击的体育运动项目",针对此概念,有教师认为,"球"是活动争夺的目标,自然应该处于主体地位,因此也就忽视了"球"要受制于人,"人"才是整个体育活动中的活动主体。

在全球化的发展背景下,各种思想文化处在不断的发展和融合之中,教育思想也呈现出这一发展趋势,人本理论和"以人为本"教育理念的提出体现了当代社会对人的发展的重视,在体育教育教学领域,当前的学校体育更加强调人性的回归,学校体育的根本出发点和落脚点应是"育人"。

现代高校体育教学中,"以人为本"教学理念是符合当前时代的发展要求的。当前社会,人的发展在社会的各个领域受到了重视,即使是在智能时代,很多机器生产代替了人工生产,但是发明机器、操控机器的还是人,人在人类社会的发展中是起到关键作用的,任何时候都不能忽视人的作用。

人本主义教学理念与思想指导下的体育教学,就是要求教育者在体育教学活动开展过程中关注作为教学对象的学生这一因素,教师的教学活动开展需要学生的参与、配合,如果没有学生的参与,则教学活动就没有开展的意义了。

必须提出的是,教师也是教学活动中非常重要的参与一方,也是应该受到关注

的人这一要素。体育教师在教学活动中所发挥的作用也不容忽视。

现阶段,我国的体育教学思想呈现出多元化的发展趋势,诸多教学思想都围绕"人"的教育展开论述,讨论了体育教学中如何更好地促进和实现"人"的发展。

(二)体育教学目标的重构

在我国,传统的学校体育教学目标为增强学生体质、掌握"三基"和德育,体育教学过于功利化,过于追求竞技成绩和金牌数量,这些都严重忽视了学生的健康发展,不利于学生的健康可持续发展,也不利于整个教学的可持续发展。

随着体育教学的不断发展,新的科学化的教学理论、教学理念给了体育教育工作者更多的教育启发与指导,体育教学的育人作用被不断丰富和发展,多元化的学校体育价值体系对体育教学目标重构提出了要求。

新时期,"以人为本"教育理念在学校不同学科的教学中广泛应用并渗透,也有越来越多的学者认识到传统的体育教育体制不再适合当前的体育教育教学,不能单纯地追求学生的外在技能水平,而应该重视学生的全面、健康、可持续发展。新时期的体育教学的重点转移到"以人为主"上,在体育教学中,教师必须认识到,人是运动的参与者、是运动的主体,体育运动的教学和训练也必须以促进人的全面发展为根本目标。

(三)学生教学主体观的建立

现阶段,"以人为本"教学理念成为我国体育教学的重要教学理念,我国的体育教学实践活动开展过程中,越来越多的教师开始关注学生,从学生的特点、条件、基础和学习需要出发来选择教学内容、选择教学方法、选择教学组织形式与教学模式,高校体育更多以选修课形式设置,教师也正是通过个人教学能力和对学生的"因材施教"和关心关爱学生、研究学生获得学生喜欢,以此来促进更多的学生来选修自己的体育课程。

总之,学生是教学的主体,没有学生,教学也就不如存在。

（四）体育课程内容的优选

传统体育教学对学生的全面健康发展关注不够，体育教学课程内容主要是竞技体育运动技能，体育教学课通常被体能训练课、技能训练课代替，新时期的"以人为本"教学理念重视学生的全面、健康、个性化发展，在体育教学内容选择上，也更加科学。

在"以人为本"教学理念指导下，我国的体育教学有了很大的进步与发展，为了进一步促进我国体育教学的改革，教育部门先后修订各级学校体育教学大纲，强调在体育教学中要不断丰富体育教学内容，通过多样化教学内容旨在促进学生的身心健康与全面发展。高校体育教学中，教学活动开展也建立在落实"健康第一"的教学理念的基础上进行，通过丰富的体育教学内容来吸引学生参与体育锻炼，通过体育教学促进学生身心健康发展，而非传统体育教学中只关注竞技能力提高，有时为达到这"竞技力提高的目的"甚至安排不合理教学内容，超负荷地拔苗助长，可能对学生身心健康造成损害，这种行为是"健康第一"教学理念坚决禁止的。

此外，在丰富高校体育教学内容的同时，"以人为本"教学理念还强调体育教学内容与不同大学生的发展需求相适应，在体育教学内容优选中应注意以下几点要求：

第一，突出体育教学内容的趣味性，在课程改革过程中，激发学生学习的兴趣。

第二，强调体育教学内容的健身性，过度强调竞技技术提高的体育教学内容予以摒弃或改编，使之能更好地为促进高校大学生的身体健康服务。

第三，重视体育教学内容的适用性，体育教学内容的教学实施应有利于学生的当前身体健康发展，并能为高校大学生的终身体育意识和体育能力的培养奠定基础。

第四，关注体育教学内容的创新性，高校体育教学内容还应适应现代化社会发展潮流，应具有启发性、创新性，促进高校大学生的创新意识和能力培养。

第二节　"健康第一"教学理念

一、"健康第一"教学理念概述

（一）"健康第一"的理论依据

从世界范围来看,"健康第一"教学理念的提出是符合世界教育发展趋势和社会对人才的发展要求的。

1. 世界范围内对人类健康发展的重视

在人类社会的发展历程中,健康始终是一个备受关注的课题。人类健康是推动人类社会发展的一个必要条件。

随着国际的大众健康交流日益增多,各国和地区都非常重视本国和地区的大众健康发展,整个社会已对体育的功能、价值等方面形成了全新的认识,在教育领域,重视学生的健康发展,成为各个国家和地区重视本国体育事业和教育事业发展的一个重中之重,体育健康教育对增强青少年体质健康水平和通过青少年群体影响周围群众健康、实现青少年进入社会成为社会体育人口间接增进社会大众健康具有重要而深远的影响。

2. 社会发展对人才健康发展的客观要求

随着科学科技的不断进步、经济发展迅速、社会生活节奏日益加快,人类的体力劳动越来越少了,长时间伏案工作所造成的"运动不足""肌肉饥饿"严重影响人们的身体健康。

在当前和未来社会的发展过程中,健康问题将始终是影响个人和社会发展的一个首要问题,社会的快速发展与激烈竞争要求现代人才不仅要有正确的政治思想,具备扎实的科学知识和能力,还必须具备强健的体魄,"身体健康是其他一切健康的基础""身体是革命的本钱",身体健康是个体生活、学习、工作的基础,如果没有一个健康的身体,则很难在社会劳动力竞争中占据优势,社会竞争对劳动力的基本要求就是身体健康。要想在竞争中立于不败之地,必须首先拥有一个健康的体魄。

教育的最终目的是促进个人的健康发展、培养符合社会发展的合格人才,对学生群体的身体健康教育是体育健康教育的重中之重。

(二)"健康第一"的教育特点

"健康第一"教育理念内涵丰富,其在体育教学实践中表现出以下特点:

1. 强调身体健康是健康的基础

"健康第一",其中所提到的"健康"是全面的健康,是包括身体健康、心理健康、社会健康、生殖健康等在内的多维健康,健康的基础是身体健康。健康的体魄是人类发展的基本标志。教育应首先关注健康教育。

2. 强调多元健康发展的素质教育

"健康第一"作为一个现阶段的重要的先进教育理念的提出,强调体育教育应重视学生的健康发展,指出学校教育教学的首要目标是促进学生的健康成长,学生的身心健康比"卷面分数"更为重要。

3. 强调健康教育的全面性

(1)学生身体健康教育

在"健康第一"指导思想指导下,高校体育教学应时刻关注学生的各方面健康的综合发展,通过体育教学,关注和促进学生的身体健康发展,也促进学生的心理和社会性的发展,为学生奠定良好的身体基础、心理基础,并能在走出校园走进社会之后能有良好的身心健康状态和水平应对生活、工作、再教育中的各种挑战。

(2)学生心理健康教育

现代社会竞争日益加剧,各种社会竞争要求社会生活中的每一个成员都应具备良好的心理素质,如此才能正确地看待、应付学习、生活、升学、就业、恋爱、婚姻等过程中的各种问题,当前,就我国高校大学生群体而言,许多大学生都深受学业、就业、生活中的各种问题的困扰,存在不同程度的心理问题。因此,教育关注学生心理健康非常必要。体育具有促进运动者健康心理形成和发展的重要作用,现代大学生压力大,也容易受不良因素影响,高校体育教育应关注大学生的心理健康发展,通过体育教学活动开展,促进大学生心理健康发展。

（3）学生社会性发展教育

体育是一种独特的教育形式,学校体育教育可促进学生的社会性良好发展,应该在教学中有意识地培养学生的人际关系建立、竞争与合作能力。

因此,在高校体育教学活动开展中,深入挖掘体育的教育价值,在体育教学实践中充分贯彻"健康第一"的教育理念,切实促进学生身心健康、全面发展。

二、"健康第一"教学理念的高校体育教学指导

（一）树立体育教育新观念

"健康第一"教学理念对我国的体育教育的最重要的影响就是教育重点和方向的转变,新时期,贯彻"健康第一"教学理念,就必须转变体育教育观念,改变竞技化体育教育,关注学生身心健康发展。应该把教育的重心从单纯地追求学生的外在技能水平向追求学生的全面协调发展转移。

新时期,不断强化高校体育教育教学改革,必须落实健康教育,每一个高校、每一个高校体育教育工作者,都应该形成正确的体育价值观、培养良好的意志品质,不断完善性格特征。总之,现代科学化的体育教育应该将体育教育工作理念从以往单纯的"增强体质"为主转移到"健康第一"的新型教育观、发展观。

现阶段,社会发展对人才的要求是全面化的,一名合格的社会人才应该是健康发展的人才,身体健康、心理健康、社会性健康等缺一不可。

（二）明确体育健康教学目标

在当前的体育教育教学实践中,"育人"是学校体育教学工作的最根本目标,技术教育和体制教育并不能完全作为学校体育实践的重心,"健康第一"的教育理

念为促进我国高校体育目标多样性、多层次的建构提出了新的要求。具体如下。

第一，高校体育教育应重视加强学生的体育文化知识教育，提高学生体育文化素养。

第二，高校体育教育应充分融合健康、卫生、保健、美育等多种教育内容，通过内容全面的体育教育来培养学生健康的体育意识、健康的娱乐休闲习惯，远离可能影响个人身体健康的一切不健康因素和事件的影响。

第三，高校的体育教育工作的开展应紧密结合学生生长发育与生活实际开展健康教育，使学生会自我保护，预防疾病发生。

第四，高校体育教育应重视大学生青春期教育和心理健康教育，作为健康教育的重要内容来抓好，为学生在特殊时期的健康成长提供科学指导。

（三）完善体育教学课程体系

深化高校体育教学课程体系改革是促进高校体育教学发展的一个重要和有效途径，要贯彻落实"健康第一"体育教学理念，就必须在体育教学课程体系建设方面做好工作，不断丰富体育教学课程体系内容，以更好地满足当前高校大学生的多元化、个性化的体育健康发展需求。

在"健康第一"教育理念影响下，我国的高校体育教学课程现状发生了很大的改变，如体育课程内容的增加，教学方法的不断丰富、学校体育课内与课外活动的有机结合，体育选修课越来越考虑大学生的学习爱好与需要，体育课程与内容设置针对不同专业学生凸显出了专业特点等。

现阶段，要继续贯彻"健康第一"教学理念，建设更加完善的体育教学课程体系，应持续做好以下工作：

第一，在高校体育教学中，应始终坚持以学生为主体，将学生的身心健康发展放在首位，所有教学活动的开展都应围绕促进学生的健康发展服务。

第二，调整体育教学内容，充分了解学生的特点和需求，对体育教学大纲所规定的教学内容进行科学选择，对与本校实际教学情况和本校学生不适合的教学内容进行调整,使体育教学内容能更好地从理论落实到教学活动实践中。

第三,丰富体育教学内容。通过丰富的体育教学内容吸引高校大学生的体育学习与体育参与兴趣,通过丰富的体育教学内容满足大学生的不同体育学习需求。

第四,重视教学内容的因地制宜,根据本地区气候、资源以及学校自身教学特点来进行特色化的体育教学课程设置,并研究推出更能反映本校学生健康发展的健康检测内容与标准。

第五,重视高校大学生课内体育教育与课外体育活动的有机结合,加强体育课对学生的教育意义和提高学生对体育课的兴趣,并使学生养成科学合理的作息习惯、健身习惯,在课余时间也能科学健身,保持健康的生活方式。

（四）重视体育教学方法优化

良好的体育教学效果的开展受到体育教学方法是否正确的影响,在高校体育教学中,有很多体育教学方法可以供教师进行选择,不同的体育教学方法有不同的特点,同一种体育教学内容的展现可通过多种教学方法来展现给学生,体育教师应该判断出哪一种教学方法是最合适的,这样可以促进教学方法应用的最优化,进而促进体育教学效果的最优化。重视体育教学方法优化,要求体育教师具有良好的体育教学能力,有能科学选择各种教学方法、有效应用各种教学方法的能力。

（五）教学评价体系的完善

在"健康第一"思想的影响下,体育教学的评价应以学生的体质增强、身心健康发展为重要评价指标,完善体育教学评价体系。

"健康第一"教学理念指导下的高校体育教学评价体系的科学化构建与完善,具体要求如下:

第一,对学生的全面评价中,要重视对多方面的教学效果进行量化分析,并且,将定性评价和定量评价相结合,提高教学评价的科学性,促进学生能更好地认识自身的不足以及获得学习的动力。

第二，对学生的全面评价中，要做到评价内容的全面、评价指标的全面、评价方法的全面，还有尽量做到邀请不同的评价主体进行评价。

第三，体育教学不仅注重对学生进行全面的评价，还注重对教师教学方面的评价。

第三节 "终身体育"教学理念

一、"终身体育"教学理念概述

（一）"终身体育"的基本内涵

"终身体育"教育思想的形成是人类自身和社会发展的必然。终身体育包括两方面的内容：一、终身教育贯穿人的一生，从出生开始一直延续到生命的结束，在人的一生中，都应养成参加体育锻炼的习惯，体育是日常生活的重要组成部分；二、终身体育是科学的体育教育，在人的一生中的不同的阶段，都有正确的价值观念来指导和引导个体参加体育活动，并通过体育活动的参加实现身体的健康发展，终身受益。

具体可以从以下几方面来理解终身体育：①时间方面，贯穿于人的一生；②内容方面，项目丰富多样，选择性强；③人员方面，面向社会全体公民；④教育方面，旨在提高全民体质健康水平。

学校"终身体育"教学思想的树立和形成能有效促进我国体育教学的发展，是所有运动项目的体育教学都应该树立的一个正确教学思想和观念。

要切实推动终身体育教育理念在高校的贯彻落实，教师在推动"终身体育"教育思想的落实方面具有非常重要的责任与作用。调查发现，在学生对于体育运动的参与方面，有很多学生受到教师的影响，特别是教师业务水平的影响，教师应在教学中和课堂外都提倡学生积极参与体育锻炼。

在体育课堂教学中,教师应关注学生终身体育意识和能力培养,不能只关注和过于重视技术、技能教学。

在体育课堂外,教师可以组织学生开展各种体育活动、体育游戏,对高校大学生体育俱乐部活动的开展,教师应鼓励,并给出指导性意见和建议。

(二)"终身体育"的思想特征

1.体育锻炼时间的终身性

"终身体育"是一种先进的教育理念,其最为重要的一点就是它可以令个体一生受益。

从教育功能作用于个体的影响来看,"终身体育"突破了传统的学校体育目标过分强调学习和掌握运动技能的观念,打破了传统的体育教学把人接受体育教育的时间仅仅局限在在校学习期间,而是将体育教育时间大大延长,囊括了人的一生。

"终身体育"教育理念强调体育教学应符合学生生长发育、心理健康发育的客观规律,以及健身的长久性,注重培养学生对体育的爱好、兴趣,养成锻炼的习惯和能力,强调体育参与的终身参与、终身受益。

2.体育锻炼群体的全民性

"终身体育"的体育对象指接受终身体育的所有人,每一个社会成员都应该积极参与,"终身体育"是面向全体社会成员的,从学生在学校体育教学中逐渐培养起体育锻炼意识到走出校门走进社会之后能持续参与体育锻炼,为以后的整个人生参与体育锻炼奠定良好的基础。因此,终身体育教育的主体并不局限于在校学生,而是面向所有民众,应做到全民积极、主动参与。

从一种体育发展理念演变为一种体育教育理念,"终身体育"教育理念的教育对象是面向整个人类社会的成员的,"终身体育"教育不仅仅局限于学生,也包括社会大众。

体育教育是一个需要长期坚持的系统工程,生存、健康是社会和时代发展主流,健康是人们生存生活的重要基础,体育健身与生活是密不可分的。因此,无论个体的年龄、社会身份发生怎样的变化,都应该成为"终身体育"的教育对象。

3.体育锻炼目的的实效性

"终身体育"以适应个人发展和社会发展为根本着眼点的。因此,终身体育参与必须要做到因地制宜,因人而异,不同的人应结合自己实际选择具体锻炼内容、方式、方法等,同时,应融入日常的生活、学习、工作中。

在现代社会生活中,人们为了改善自己的生活质量,根据自身条件合理选择适合自己的体育方式,做到有的放矢,具有较强的针对性和实效性。

在高校体育教育教学中,体育教学的内容选择、方法运用都应为提高学生的体育知识、体育技能服务,不断提高学生的终身体育意识和终身体育能力,如此,在大学生毕业进入社会后,也能持续参与体育健身锻炼。

(三)"终身体育"与体育教育

1.终身体育与学校体育的相同点

(1)共同的体育目标——育人

体育具有多元教育价值,无论是终身体育参与还是体育教育的体育活动参与,其最终目标都是为了实现体育运动者的体育、智育、德育、美育等多元教育价值,更好地促进运动参与者的健康全面发展。

健康的身体是其他健康的前提条件,学校体育教学就是要培养学生的终身体育意识与能力,以为其健康的一生更好地实现个人价值和社会价值奠定健康基础。

(2)共同的体育手段——健身

终身体育活动参与和体育教育都是通过体育运动健身参与来实现体育的教育价值的,最终的个体行为也都落实在体育健身活动上面,终身体育强调个体应养成终身参与体育锻炼的习惯,在人生的每一个阶段都积极参与体育健身锻炼。体育教学以学生的身体练习为主要教学手段,通过身体活动促进身心、社会性全面发展。

（3）共同的体育任务——掌握体育知识,提高运动能力

个体的终身体育健康参与,离不开科学体育知识做指导,离不开体育健身锻炼实践活动参与,而同时,体育知识与体育技能的掌握也是高校体育教学的重要任务,只有掌握这两方面的内容,才能更加科学地去从事体育健身实践活动,才能通过身体力行的体育活动参与实现运动者的身心健康全面发展。

2.终身体育与学校体育的区别

（1）体育参与时限不同

终身体育贯穿人的一生,学校体育只负责学生在校期间的体育教育。

（2）体育教育对象不同

终身体育以全社会所有成员为教育对象,学校体育以在校学生为教育对象。

二、"终身体育" 教学理念的高校体育教学指导

（一）转变传统体育教学思想

"终身体育"教学思想指导下的高校体育教学,应该在体育教学内容、体育教学方法、体育教学评价等各方面都要做到以培养和提高学生的体育终身意识和能力为标准,通过与学生日常生活、学习、工作关系更密切、关联程度更大的体育项目教学,培养学生的运动习惯,而不是仅仅关注学生的运动技能掌握情况。

高校体育教育教学过程中,教师应将体育教学达标标准的制定从单纯和过度关注技能指标的思想观念中解放出来,关注学生的体育价值观、体育态度、体育意识、体育行为习惯,如此才能真正有针对性地开展体育教学,才能真正实现终身体育教育。

"终身体育"教学理念是高校体育教学改革的指导思想,也是高校体育教学发展的落脚点。

（二）重视学生终身体育意识的培养

个体的体育活动参与行为的实现,必须建立在对"终身体育"教育理念有一个

正确的认识的基础上，"终身体育"意识是高校大学生主动进行体育学习、体育参与的重要内部驱动力和动机。

当前社会，社会节奏快、生活压力大，每一个人都面临着各种各样的生理和心理负担，要获得高质量的生活，就必须确保身心健康发展，体育运动能有效促进运动者的身心保持良好的状态，终身体育对于学生的身心素质发展具有重要促进作用。学生走进社会之后，在社会上面临的各种压力并不比学生时代少，甚至要更多，体育健身锻炼是一种身心压力释放、身心健康状态重塑的过程，对运动者保持良好身心状态迎接生活、学习、工作挑战是非常重要的，可以有效提高个人生活质量，提高学习、工作效率。

终身体育活动参与对于个人的社会性发展是具有重要的促进作用的，大学生坚持体育健身锻炼，能有效增强身心适应能力，可以在毕业步入社会后更好地适应社会，提高自己的抗击压力的能力。

现代高校体育教学实践中，要培养学生的终身体育意识，要求教师应做好以下教育引导工作：

第一，引导学生树立正确体育价值观。

第二，端正体育学习态度。

第三，将素质、技能、知识、能力等教育内容渗透到终身体育教育中。

第四，通过体育教学丰富学生的体育知识、体育技能，提高终身体育参与能力，为终身体育锻炼奠定基础。

（三）丰富终身体育教学内容的设置

学生的个体差异性决定了学生的体育兴趣爱好不同、所适合从事的体育运动项目不同、所渴望学习的体育运动知识与技能不同，因此，在高校体育教学中，不能只追求学生某一特定的运动技能和运动的熟练程度，而是重视不同学生的不同体育发展需求，尽可能地丰富体育教学内容，使体育教学内容项目、层次多样化。

"终身体育"教学理念指导下的体育教学内容丰富化教学工作要求如下：

第一，延伸与拓展学校体育课堂教育，使学校体育向终身体育延伸。

第二，不同教学内容的课程目标设置应在充分了解与分析学生的现状的基础上进行，以体育课程终身体育教学目标为导向组织体育教学。

第三，选用体育课程内容时，应重视对休闲体育项目、时尚体育项目的引进，开展能够激发学生体育兴趣和潜能的体育活动。

（四）关注学生需求与社会需求的统一

"终身体育"旨在为学生提供一种健康的生活态度与生活方式。对于任何人来说，身体健康都是个体适应现代社会生活、工作、发展的必要条件。

高校体育教育的终身体育教育理念的贯彻，就是要在培养符合社会发展的合格人才的基础上，促进学生的个性化发展，实现学生的社会价值与个人价值的共同发展。高校终身体育教育对学生需求与社会需求的统一性的实现，要求应做好以下工作：

第一，重视国家需要、社会需要与学生个体需要的有机结合。

第二，明确学生需要与社会需要的彼此地位。这是正确处理学校体育发展与社会需要适配性的关键问题。

第三，重视体育教育的健身价值与人文价值的实现，重视体育知识、体育技能、体育习惯的共同培养。

第四，围绕学生开展体育教学，充分满足学生的学习和发展需求。

第五，全面提高大学生的体育素养，以符合社会发展对人才的体质、体能、知识、精神、道德要求。

"终身体育"教育有四个支柱，即"学会认知、学会做事、学会生活、学会生存"，但应充分考虑"终身体育"与"以人为本""健康第一"的有机结合。

第三章　高校体育教学方法的改革与创新

第一节　高校体育教学中多媒体技术的应用

一、多媒体教学技术的特征

（一）多媒体教学技术的多维性特征

所谓的多媒体技术的多维性特征，主要指的是多媒体教学技术所拥有的对信息范围进行处理的扩展与扩大空间的能力，而此种多维性职能能够变换、加工、创作输入的信息，使其输出信息的表现能力得到增加，显示效果得到丰富。例如，在高校体育教学开展的过程中，利用多媒体系统进行辅助，不仅能够保证学生对文本知识的学习，使其对静止图片进行观察，并且在多媒体技术的支持下，学生能够清楚地观察、了解体育教师的动作演示，使高校体育教学的效果得到加强。

（二）多媒体教学技术的集成性特征

所谓的多媒体技术的集成性特征，主要指的是多媒体技术能够将不同类别的多种媒体信息有机地进行同步组合，例如，声音、文字、图像，等等。进而促进多媒体完整信息的相册。此外，集成性还存在另外一层含义，指的是对这些多媒体信息进行处理的工具或者设备的集成，包含视频设备、储存系统、音响设备、计算机系统等的继承，总而言之，指的是在提供的各种设备上将各种媒体紧密地进行关联，使文字、声音、图片与音像的处理实现一体化。

（三）多媒体教学技术的交互性特征

所谓的多媒体教学技术的交互性特征，主要指的是人和人之间、人和机器之间、机器和机器之间的交互活动，也就是人和机器进行对话的能力，也就是使用者同机器之间进行沟通的能力。这也是多媒体计算机系统不同于传统音响、电视机等家电设备的地方。根据实际的需要，人们能够选择、控制、检索多媒体系统，同时，还能够参与到播放多媒体信息与组织多媒体节目的行列中。传统的只能对编排好的节目被动接收的电视机形式已经被打破。

（四）多媒体教学技术的数字化特征

所谓的多媒体教学技术的数字化特征，主要是指在多媒体计算机系统中，各种各样的媒体信息都是以数字的形式在计算机中存放，并得到处理。多媒体技术是在数字化处理的前提下被建立的，例如，以矢量方式储存与处理的图形、以点阵方式储存与处理的图像、以数字编码方式储存与处理的音频和视频。在数字化技术发展的背景下，多媒体教学技术得到了广泛的传播与发展。

上述的四种主要特征，多媒体教学技术还有其他的一些特征存在，通常来讲，还拥有分布性、综合性与实时性等特征。所谓的实时性特征，主要指的是对于同时间相关的心理，如声音与视频信号等的处理，还有人机的交互显示、操作与检索等操作都有在实施完成的要求。所谓的分布性特征，主要指的是基于多媒体数据多样性的存在，在不同的时间与空间都会存在它的素材，并且在不同的领域中，它也得到了广泛应用。所以，对于多媒体产品的开发，在离不开计算机专业人才参与的同时，更加需要的是听、视专业的人才。而多媒体计算机系统存在比较明显的综合性，它不仅能够综合集成各种媒体设备，同时还能够综合提成各种信息，使它们成为整体，促进综合效应的产生，不再是单兵作战，而是文字、图片、声音与音像的有机组合。

二、多媒体在高校体育教学中的应用优势

多媒体教学技术通过文字和图形的形式，同动画、音频与视频相结合，将体育课程的教学内容进行立体显示，具有表现形式和表现手段丰富多样、灵活多变的特征，使其独特的优势得到充分体现。

（一）多媒体技术使高校体育教学观念得到了更新

高校体育教学的传统教学模式是以教师的教作为重心，在高校体育教学应用多媒体技术，能够使此种传统高校体育教学模式发生改变。体育教师在进行授课的过程中，对现代化的多媒体教学手段进行了应用，同时还需要人机交互活动与学生间交流活力的开展，使学生的体育参与意识得到激发，将体育多媒体教学的教学思想进行了展现，即以学生的"学"作为中心。这都能够极大地促进高校体育教学方法的实践性与多样性变革，改变学生体育知识与体育技能的学习思路与方式。

（二）多媒体教师使高校体育教学的质量得到提高

在体育课程的传统教学活动中，教师主要应用的教学方式是讲授为主，挂图等展示方式为辅。在实践课中则需要体育教师进行讲解与示范，在主观条件与客观条件的约束下，很难做到完全规范、标准的技术动作示范，在较短的时间内，学生们正确的动作概念也很难形成，只有体育教师才能够反馈出学生的体育学习状况，而这样的高校体育教学效果也是可想而知的。

多媒体高校体育教学的实施使得上述的状况得到改变，在文字与图片的辅助下，体育课程的抽象概念得以具体化、形象化，而通过计算机，就能够对难度较高的体育技术动作进行模拟演示。而在对速度较快、结构复杂的技术动作进行讲解与示范的过程中，取得的效果则将会更加明显。在多媒体技术的支持下，通过慢动作使学生对这一系列动作进行清晰的感知，促进相关体育概念的形成与动作要领的掌握，方便进行模仿与掌握，使得高校体育教学的效率与效果得到极大提高。

（三）多媒体技术使学生的体育学习效果得到提高

多媒体技术能够使人的视觉、听觉等多种感官系统得到刺激,促进大脑不同功能区域交替活动的开展,促进体育学习内容生动化、形象化的发展,增强高校体育教学活动的趣味性与直观性,方便学生对体育技术动作的理解。多媒体技术对字体、色彩、图表、音乐、动画和闪烁等多种表现手段进行了综合利用,保证"声图并茂""有声有色",使得高校体育教学内容的艺术表现力与强烈的感染力得到增强,使高校体育教学的课堂氛围得到活跃,特别是多媒体高校体育教学资料中对肢体和谐美、力量美与技艺美的体现,使高校学生对体育的功效与个性的社会价值取得真正的认识,使他们的求知欲与体育学习的热情得到激发,进而使学生的体育学习兴趣与体育课堂教学的质量得到有效提高。

三、多媒体 CAI 在高校体育教学中的应用

（一）目前我国 CAI 的发展现状

目前,CAI 正迎来了一个多媒体大面积教学的时代,即使用先进的计算机技术、多媒体技术、网络技术、通信技术和设备,"让最好的教师面向最广大的学生的时代"。所以,保证 CAI 课件大数量、高质量的发展具有十分深远的意义。

（二）多媒体 CAI 的发展趋势

对于近年来,在 CAI 中多媒体技术的应用情况进行综合分析,可以得知多媒体 CAI 的应用存在三方面的发展趋势,具体内容如下:

1. 呈现网络化的发展方向

计算机技术的不断发展,尤其是网络技术的迅猛发展,使人们的生活方式与工作方式得到很大的改变。网络技术的发展需要多媒体技术的支持,而多媒体技术需要在网络中得到应用,进而使网络的表现力得到了增强。在网络中应用 CAI 课件,能够保证"最好的教师面向最广大的学生",进而使多媒体 CAI 的群体教学模

式得以实现。

2. 呈现智能化的发展方向

从功能上来讲,多媒体教学软件与只能教学辅助系统之间存在着互补的关系,如果能够将两者进行结合,那么就能够规避短处的同时而发扬长处,进而使得性能较高的新一代多媒体 CAI 系统得以顺势而生。如果想要使多媒体 CAI 具备一定智能性的问题得以实现,那么就不仅仅需要同人工智能领域的知识表达与知识推理紧密练习在一起,同时还需要对学生模型的建构问题进行考虑。在人工智能领域的知识表达与知识推理问题上,需要探求出一种能够与多媒体环境相适应新型的知识表达方式及与之相对应的推理机制。

除此以外,还能够更可能地应用方法保证多媒体知识库中导航功能的智能化发展。智能化导航在具备一般导航功能的同时,还能够按照当前学生的知识水平,对学生最合适的下一步路径进行及时的建议,如果学生碰到了困难,就要对学生进行帮助,等等。

3. 呈现虚拟现实的发展方向

虚拟现实的英文全称是 Virtual Reality,简称为 VR,属于交互的一种人工世界,需要多媒体技术同仿真技术的有机结合,在此种人工交互的情境中对一种身临其境的感觉进行创造。通常来讲,如果想要融入虚拟现实的环境中,那么就需要对一个特殊的头盔与一副特定手套进行佩戴。

在高校体育教学中应用 VR 技术,具有十分令人鼓舞的前景,例如,我们可以对一个"虚拟物理实验室"的系统进行建造,这种系统能够帮助学生开展各种各样的虚拟实验,如万有引力定量实验等,进而深入地了解物理的概念与规律。

伴随多媒体技术与仿真技术的不断发展,VR 实现的理论与方法也不断发展。例如,美国城市设计与规划专业的学生,对于这一套系统进行利用,从而能够对虚拟的一座城市进行设计、制作,如果学生能够改变城市场景的试图,那么就能够对于观光浏览真实幻觉的出现够起到一定的促进作用。

（三）同传统的高校体育教学方法相比，多媒体 CAI 具有的优势分析

在高校体育教学课堂教学活动开展的过程中，由于高校体育教学内容与高校体育教学任务方面存在着一定的需求，因此，多媒体 CAI 能够科学地、合理地对现代化教学媒体进行选择，并进行应用。而信息的全方位传递需要人体的多种感官，同时对于媒体组合开展的系统教学能够进行反馈与调控，在高校体育教学课堂教学开展的过程中，保证它的存在是始终有效的，从而实现高校体育教学过程的优化。

多媒体 CAI 高校体育教学同传统的高校体育教学活动相比较，存在的优点有以下几种。

1. 体育教师在指导学生体育学习活动的过程中对其系统进行利用

在现代化高校体育教学中，计算机能够对大量的教学相关信息进行承载，能够按照高校体育教学的实际需要，开展人机对话，并且能够对各种各样的高校体育教学活动随意地调用、开展。

2. 可帮助学生对动作概念尽快地建立

如果能够将多媒体 CAI 应用在体育课堂教学过程中，就能够促进力量教学效果的获得。例如，体育教师在对足球理论课进行教授的时候，提到"越位"这一概念的时候，大部分学生对此概念能够很好地理解，然而，在具体的实践中却不能较好掌握。在进行表达的过程中，体育教师可以对画图的形式进行利用，同时，还能够对声像资料进行应用，对于足球比赛活动中一些典型的与不典型的"越位"镜头编辑在一起，从各个角度出发，向学生及时展示什么是"越位"，同时还要将经过反复多次推敲的解说词列入其中，使学生的各个感官得到调动，从理性上与感性上使学生对这一概念进行理解。

3. 学生可用其对自我学习、自我测验与自我评价直接地开展

对于多媒体高校体育教学的使用方法，由体育教师向学生传授，保证学生的

体育学习活动，不仅能够在课堂上进行，还能够在课堂教学结束后开展，即复习或自学。

4.向学生及时、准确地反馈其学习进程，使体育学习效率得到提高

在传统的高校体育教学过程中，教师在对跳远动作进行教学的时候，会对学生做出的不规范腾空动作或者是没有达到规定标准的动作进行指出，但是有时候学生可能并没有意识到错误的动作，因此导致教师和学生之间出现了沟通障碍，需要注意的是，如果想要消除掉此种掌握，就需要在体育教师的悉心指导下，学生对某一种动作一遍一遍地不断重复，并且在不断地重复练习中，对动作的要领不断体会。如果是在学生需要改进某一个成型动作或者使自身运动成绩得到提高的时候，就可能会导致学生具有较低的训练水平与较慢的成绩提高。如果体育教师对每一次学生做的跳跃动作进行录制，进行慢动作处理。再组织学生进行观看，使学生对于存在的问题能够及时地发现，并予以纠正。还可以利用计算机的处理作用，将一些优秀学生所做的这一动作进行事先的录制，再将两者开展对比，就能够很明显地得出两者之间存在的区别。此外，这套编制的多媒体 CAI 在专业运动员的训练中也同样适用。

5.使学生的体育学习兴趣提高

在传统高校体育教学活动开展的过程中，鉴于单调高校体育教学形式与落后高校体育教学手段的存在，使得学生由于学习过程反复、辛苦、无聊而产生的不能积极应对学习的心理状态想要调整过来是不容易的，同时，多媒体 CAI 具有的形式是新颖的、变化多样的，能够对学生良好的心理状态进行调整，同时还能够有效刺激学生自身的求知欲，从而使学生的体育学习效率得到一定的提升。

综上所述，多媒体 CAI 能够刺激学生的各种感官，对知识或信息进行最大限度吸收。多媒体 CAI 在高校体育教学中的应用，促进高校体育教学软件多媒体化的发展，能够使学生心理上的不同要求得到更好的满足。它能够将信息编码成图像，经过同步识别以后，保证高校体育教学文件的声图并茂，绘声绘色，且清晰，便

于理解,使学生更加容易接受。

（四）体育多媒体 CAI 课件设计

体育课件的结构主要包含两个主要部分构成,即原理教学模式与训练教学模式。而对于体育多媒体 CAI 课件而言,总体的结构组成是高校体育教学内容与高校体育教学目标,其主要目标是使学生对体育基础知识和基本技术、技能进行掌握,使学生的身体素质得到增强,使学生的良好思想品德得到培养,促进学会观察能力与模仿能力的提高。而体育多媒体 CAI 课件的主要内容由理论课与实践课构成。

1. 体育多媒体 CAI 课件设计步骤

体育多媒体 CAI 在设计的过程中,主要包含四个主要步骤,具体内容如下。

（1）体育多媒体 CAI 课件设计的第一阶段

在体育多媒体 CAI 课件进行设计的第一阶段,首先要对题目进行确定,之所以对题目进行确定,目的在于对课件设计所依据的规范进行了解。

（2）体育多媒体 CAI 课件设计的第二阶段

在体育多媒体 CAI 课件设计的第二阶段,要对脚本进行撰写。撰写脚本的目的是对高校体育教学的内容进行安排。主要由具有丰富教学经验的高校体育教师或者作者来负责撰写。

（3）体育多媒体 CAI 课件设计的第三阶段

在体育多媒体 CAI 课件设计的第三阶段,需要编制软件,在前两个阶段中还只是纸上谈兵,但是在这个阶段,不再是字面上的,而是课件的实际材料。在这一过程中需要做的工作有三项,即:①通过对多媒体编辑工具的利用,对多媒体数据进行准确;②通过多媒体的编辑工具对多媒体课件进行制作;③对相关的程序进行编制。

（4）体育多媒体 CAI 课件设计的第四阶段

在体育多媒体 CAI 课件设计的第四阶段,需要测试、检验。当完成了体育多媒体 CAI 课件的开发、设计工作以后，就需要进行测试、检验。主要目的在于对体育多媒体 CAI 课件的运行情况进行测试，从而对课件能否达到规定的目标进行测验。

2. 体育多媒体 CAI 课件的选题原则

我们都需要承认的是体育多媒体 CAI 课件具有的特点与优势是非常强大的，然而，有时候也会有相对的不足与局限存在，因此，在完成全部教学任务的过程中，不能对体育多媒体 CAI 课件过分依赖，还应该对高校体育教学目标、高校体育教学条件、高校体育教学资源与高校体育教学内容进行考虑，保证选择的最优化，并精心设计。更是要同其他教学媒体紧密联系在一起，组合应用，才能扬长避短，使更加高效的教学系统得以构成。

我们首先要对体育多媒体 CAI 课件设计的价值进行考虑，即这堂课是否必须要使用课件。如果传统的教学方式就能够使良好的教学效果得以达成，就没有必要花费大量的精力去对体育多媒体 CAI 课件进行制作。所以，在对体育多媒体 CAI 课件的内容进行确定的时候，通常会很难使用语言对高校体育教学过程中的难点与重点进行清晰的表达，在这样的情况下，对于体育多媒体课件的形式进行使用是比较合适的。之所以这样，主要原因是对于体育多媒体课件而言，自身具备较为丰富的功能，能够将声音、视频、动画、效果汇集在一起，能够更贴切地模拟自然，表现自然，或者是在实验条件的支持下，通过局部放大、旋转与重复等多种方式进行展现，从而有效地突破高校体育教学的重点与难点。基于模拟训练的目标而言，特别是初级训练更是比较适宜对多媒体形式进行应用。体育多媒体具有比较强大的模拟功能，能够有效地实施高校体育教学中的各种模拟技能训练。例如，对于一些进展比较困难的危险实验进行替代，高校体育教学过程中学生的实际操作，周期较长或者代价较高的实验，但是，需要注意的是，在选择高校体育教学内容的时候，应该选择那些不存在演示实验或者是演示实验不容易做的教学内容，并且进行使用。

3. 体育多媒体 CAI 课件的设计原则

（1）体育多媒体 CAI 课件设计的结构化分析原则

在体育多媒体 CAI 课件进行设计的过程中，应该对结构化分析原则进行遵循，而我们这里所说的结构化分析原则，主要是指设计体育多媒体课件的时候应用系统分析的方法，按照结构要素组成对事物进行依次的分解，等到对于所有的要素都能够清楚地进行理解与表现的时候，就能够停止事物的分解了。基于结构化分析原则下的体育多媒体 CAI 课件，能够将高校体育教学的内容进行层次清楚的表达，纲举目张，不管是从系统宏观来讲，还是对于局部细节而言，所做的认识都是非常详尽的，因此，对于体育多媒体 CAI 课件中框架的展开与学科内容的设计都能够起到一定的促进作用。

（2）体育多媒体 CAI 课件设计的模块化设计原则

所谓的体育多媒体 CAI 课件设计的模块化分析原则，主要只是按照结构化分析的框架图指示，将相同或相近的部分设计成模块，使其相对独立，用模块图表示出单一功能模块的组成的结构，由此对课件系统及与之相应的功能结构进行确定，进而为结构化编程创造良好条件。

诸多实践证明，体育多媒体 CAI 课件的模块化设计不仅减轻了繁杂的内容编程的负担。还可保证课件的风格统一、制作程序化。

（3）体育多媒体 CAI 课件设计的个别化教学原则

在对高校体育教学内容进行选择与组织的时候，应该能够具有广泛的适应性，应该保证某一层次的所有学生都能够适用。同时，根据学生不同能力的差异，对相应的高校体育教学程序和对策进行设计。例如，学生能够对自己学习内容的深度和广度进行控制，并对自己的学习进度进行确定。

（4）体育多媒体 CAI 课件设计的反馈和激励原则

体育多媒体 CAI 课件应该对于每一个学生做出的反应都能够将与之相对应的信息不论时间、无论地方地进行反馈。在体育多媒体 CAI 课件中，要保证友好的交互界面，充分调动学生体育学习的积极性，使学生始终处在良好的学习状态中，同时，还要及时地、有效地强化高校体育教学的效果，使及时正向激励的作用得到有效的发挥。

（5）体育多媒体 CAI 课件设计的贯彻教学设计原则

对于体育多媒体 CAI 课件的设计而言，其理论与方法在将体育课堂教学呈现包含在内的同时，也存在体育多媒体 CAI 课件进行设计的方法与原则。在对高校体育教学的结构与内容进行设计的过程中，体育教师不能单纯地依靠传统的方法与经验对高校体育教学结构与内容进行设计，同时，还要适当地使用系统的技术和方法，进而对高校体育教学目标的设计与分析，以及高校体育教学的诊断工作进行实施。

4. 设计体育多媒体 CAI 课件的具体方法

体育教师在开始制作体育多媒体 CAI 课件之前，应该对课件设计工作的重要性进行明确。现阶段，有一些体育教师不能够把握住体育多媒体课件的精髓所在，只是一味地去追求最新的科学技术，一不小心就将体育多媒体课件的性质进行了改变，使之成为多媒体成果耳朵展示，这样是不够正确的。之所以出现这样的结果，主要是因为，没有对高校体育教学中体育多媒体课件起到的作用进行明确，需要注意的是，在高校体育教学过程中，体育多媒体课件发挥的作用不是主要的，而只是辅助性的。在体育课堂教学开展的过程中，教师仍然发挥着主导作用。只要将体育多媒体 CAI 课件的设计工作做好，才能够制作出更多优秀的讲件。所以，在设计体育多媒体 CAI 课件的过程中，可以考虑从以下几方面进行考虑。

（1）从体育多媒体 CAI 课件的可教性考虑

对体育多媒体 CAI 课件进行制作的主要目的是使体育课堂多学的结构得到优化，使体育课堂教学的效率得到提升，在保证促进体育教师教的同时，还要促进学生的学。所以，在设计体育多媒体 CAI 课件之前，我们应当对其存在的教学价值进行优先考虑，也就是说，对于这堂课是不是有必要对体育多媒体 CAI 课件进行使用进行考虑。通常来讲，如果仅仅使用传统的高校体育教学方式就能够使良好的高校体育教学效果得以实现，那么花费大量的精力对体育多媒体 CAI 课件进行设计就没有必要。所以，在对体育多媒体 CAI 课件的内容进行制作以前，应该尽可能地对那些不存在演示实验，或者是演示实验不容易做的高校体育教学内容进行选择、应用。

（2）从体育多媒体 CAI 课件的易用性考虑

对于体育多媒体 CAI 课件而言，应该能够清楚地表达出高校体育教学的目标、高校体育教学的步骤与高校体育教学的具体操作方法，同时，有一点需要注意的是，即在同本机脱离的情况下，在其他的计算机环境中，体育多媒体 CAI 课件也能够运行成功，因此，需要对于几方面具体的内容进行注意。

①体育多媒体 CAI 课件应该便于安装，且能够随意拷贝到其他硬盘上使用

首先，体育多媒体 CAI 课件应该保证启动比较快速，避免体育教师和学生焦急等待的情况出现。其次，体育多媒体 CAI 课件应该尽可能占据较小的容量，需要注意的是，对于体育多媒体 CAI 课件越大越好的错误观念必须要更正，伴随网络技术的日新月异，体育多媒体 CAI 课件的运行在网络环境下最好。

②体育多媒体 CAI 课件应该具备友好的操作界面

对于体育多媒体 CAI 课件而言，其操作界面应该包含一些具有明确意义的按钮和图片，同时还要能够通过鼠标进行操作，对于一些特殊的情况的避免发展，例如，键盘操作复杂等。此外，应该合理设置体育多媒体 CAI 课件各个内容部分间的转移，保证方便地操作跳跃、向前与向后等步骤。

③体育多媒体 CAI 课件的运行要保证一定的稳定性

对于体育多媒体 CAI 课件而言，在其运行过程中应该保证一定稳定性的存在，如果体育教师在执行体育多媒体 CAI 课件时做出了错误操作，那么就十分容易产生退出的情况，也会出现计算机重新启动的情况。因此，在体育多媒体 CAI 课件具体的操作过程中，体育教师应该尽可能地使死机的情况较少，甚至不出现，保证

体育多媒体 CAI 课件运行过程中稳定性的存在。

④体育多媒体 CAI 课件要保证及时进行交互应答

在体育多媒体 CAI 课件运行过程中,应该保证及时地进行交互应答。而不能将体育多媒体 CAI 课件等同于电影。同时,体育教师应该高度重视学生的学,使学生学习的过程是循序渐进的,为学生留出更多的思考余地。

(3)从体育多媒体 CAI 课件的艺术性进行考虑

对于一个体育多媒体 CAI 课件而言,它的演示在保证良好高校体育教学效果的同时,还应该是令人愉悦的,只有这样才能够将美的享受提供给体育教师与学生。如果上述的两项因素都能够保证,那么就表示这样的体育多媒体 CAI 课件存在着较强的艺术性特征,完美地融合了优秀的内容和优美的形式,值得我们注意的是,想要实现这两个目标一点也不容易。想要实现这些内容,体育教师不仅应该具备一定的美术基础,还要存在一定的审美情趣。所以,如果在这一方面存在过高的要求,就很难顺利实现的。

体育多媒体 CAI 课件的艺术性特征主要的表现是:具有柔和色彩的操作界面,科学合理地进行搭配,画面应该同学生的视觉与心理产生共鸣;为了能够保证将更加逼真的图像呈现出来,可以考虑使用 3D 效果;对于画面的流畅性要做出保证,避免停顿、跳跃的现象出现,需要注意的是,体育多媒体 CAI 课件画面中最多只能存在两个运动对象;此外,不仅要存在优美的音色,还必须通过适宜的配音进行辅助。

5. 体育多媒体课件创作工具的选择

在选择体育多媒体课件创作工作的问题上,如果能够恰当地选择体育多媒体课件的创作工具,那么就能够使得体育多媒体 CAI 课件的具体实施产生更加理想的效果。在本书的此章节内容的分析与研究中,作者主要从以下几方面简单地分析比较典型的体育多媒体课件创作工具与开发工具。

(1)在体育多媒体课件的创作过程中,选择体育多媒体创作工具的基本原则在体育多媒体课件创作的过程中,所选的创作多媒体工具,其主要用途是当用户编排、制作各种各样的节目能够起到一定的促进作用,多媒体的创作工具在向用户提供的过程中,通常是交互的设计环境与易懂、通俗的高级编著语言,如此一来能够为用户编制各种内容提供便利。如果在体育多媒体 CAI 课件设计过程中,恰当地选择多媒体创作工作,那么就能够保证体育多媒体 CAI 课件的效用得到最大程度发挥。

①高效原则

在体育多媒体课件创作的过程中,将会对多媒体的开发、创作工具进行应用。对于多媒体开发、创作工具而言,存在的特点主要有:具有容易实现、具有丰富多样的效果、较高的媒体集成度、看到的就是得到的,在体育多媒体课件备课问题与课件开发的开展方面,具有十分明显的效率优势,这一点传统"语言"系统是做不到的。

②易用原则

对于同一种知识而言,如果通过 1000 名教师进行教授,自然就会存在 1000 种不同的教学方式。而体育多媒体课件的实际操作具有简单、便捷、方便、容易使用等多项特征,如果想要体育教师真正地接受并使用他们,就需要体育多媒体课件的使用方法在较短的时间内被体育教师所掌握,即使这个体育教师对于程序设计一窍不通,甚至是对于计算机的操作也了解甚少。

③开放原则

在高校体育教学开展的过程中,可以使用的素材是富有变化的,因此,体育多媒体课件必须要拥有一个几乎被所有多媒体格式都能兼容的体育多媒体课件创作开发平台,在能够提供或者应用各种各样高校体育教学素材的同时,还能够支持各种各样输入的设备格式。还应该保证存在的所有素材都能够得到充分利用,自己的产品不管是在哪一台计算机中都能够适用。

④价廉原则

体育多媒体课件创作工具选择的价廉原则,是一种共同要求,在任何一个领域中都适用。当然，"质优"是必要的前提。

（2）体育多媒体课件创作工具简介

在体育多媒体教学课件创作的过程中，选择体育多媒体创作工具的时候必须要对其存在的功能进行了解。通常来讲，体育多媒体课件创作工具具备的功能有很多，例如，1）为体育多媒体的编程营造良好氛围；2）多媒体数据管理功能；3）超文本功能；4）超媒体功能；5）对于体育多媒体数据的输入和输出都能够有效支持；6）连接各种各样应用的功能；7）友好的用户界面；8）制作、编排动作的功能。

在体育多媒体教学课件创作的过程中，如果体育多媒体的创作工具存在于不同的界面中，那么就会同样存在不同的创作特点与创作风格，同时，每一种都会存在其各自的不同优点与缺点。但是，如何对这些界面不同的创作工具进行选择，主要依据是个人的偏爱与需要完成的创作任务。例如，如果仅仅是对学术会议的报告与研究生答辩内容进行制作，那么就不需通过更加复杂的编程软件来完成制作，只需要对幻灯创作工具进行选择、使用就可以了。但是，有一点需要进行说明的是，如果想要针对某一个领域中的教育教学软件进行制作，以便于更好地辅助个别化教育训练的开展，或者是实际操作的练习中使用，那么就应该选择具有较强交互性的多媒体创作工具。对于几种比较常见的多媒体创作工作，作者进行了如下的分析。

①幻灯式多媒体创作工具

体育多媒体课件创作过程中的幻灯式多媒体创作工具，一般来讲是一种呈现以线性为主的体育多媒体创作工具。而此种创作工具在应用中就是通过一系列的幻灯片的排列来对过程进行呈现，也就是按照顺序分离并展示屏幕。而此处所提及幻灯片，可以是简简单单的文字幻灯片，也可以是简单的图像幻灯片，还可以是由声音、图像、文字、视频或者动画等多种要素结合在一起的体育多媒体课件复杂组合，但是，有一点需要强调，那就是：一般来讲，此种体育多媒体课件创作的幻灯式多媒体创作工具，在开始使用之前必须要存在一个预先设置完整的展示程序。

对于体育多媒体课件创作的幻灯式多媒体创作工具而言，其某一些特殊存在能够将一定程度的交互提供出来，再按照一定顺序立体体育多媒体教学课件界面中存在的键盘操作、鼠标操作与按钮操作，在对体育运动技术动作进行设计的时候，必须要借助动作按钮的功能，完成超级链接，此外，也可以打开一些外部的程序。幻灯式多媒体创作工具中比较典型的就是 PowerPoint，其显著特点就是简单、易学、易用。能够将一个创作展示的完整软件环境展示出来，不仅包含集成工具、格式化流程、绘画，还包含了其他的多种选项。此外，对其包含的许多模板，我们可以直接进行调用，但是，此多媒体创作工具也是存在缺点的，即只存在简单的交互，甚至是缺乏交互，并且存在的交互只是在幻灯的线性序列的点之间进行跳转。在学术报告、汇报与演示过程中对此种幻灯式多媒体创作工具使用较多。

②书页式多媒体创作工具

书页式多媒体创作工具的主要特点是，将相关的高校体育教学内容制作成一本书的形式，当然也存在"页"，并且这些页像书稿一样，也有一定的顺序存在。而上述的这一特征同体育多媒体课件创作的幻灯式多媒体创作工具是比较相近似的，但是，两者之间也肯定会存在一定的差别，即在页与页之间也能够有效支持更多的交互形式，给人一种身临其境，能够浏览真实书稿的感觉。书页式多媒体创作工具的典型是 Tool Book，此软件能够对应用程序进行想象，使之成为具有很多页的书籍，在它自己的窗口中可以对每一页的内容进行画面展示，里面有大量的交互信息与媒体对象包含其中。可以说，书页式多媒体创作工具与幻灯式多媒体创作工具对比，在结构方面，交互能够在一页内完成，显示出更加丰富的特点。对于 Tool Book 来讲，在一个独立存在窗口上，每一次只能显示出一个的内容。因此，在应用程序中的实现智能只能是利用页值不同的现实才能够完成。此外，还能够在打开某一本书的某一页内容的时候，同时打开其他的书籍，所以，对于更加复杂化的一个层次结构的建立，可以进行充分的考虑，也就是所谓的书架式的应比程序。对于此种书架式的应用程序而言，其原理在于在 E 架上，把多种多样的事物当作一本书进行放置。

比较典型的创作工具就是 Tool Book，是由 Asymetrix 公司负责开发的。Tool Book 是水平较高的面向对象开发的一个环境，它能够将面向对象的一种程序设计语言 OPENSCRIPT 提供出来，两种相关的信息可以通过这种语言在一起链接，从而对于各种任务的完成起到一定的促进作用，例如，可以用于动画声音、计算数字、播放图像，等等。此种体育多媒体课件创作工具的特点，一般在其对应用程序的组织方面体现出来。此种创作工具具有较强的超级链接能力与超级文本能力。对于 Tool Book 而言，如果按照使用的角度对其进行划分，就能够分成两个主要层次，分别为 Tool Book 的作者层次与读者层次。从读者层面上而言，用户能够执行对书的各种操作，同时，阅览它的内容；从作者层面上来讲，设计者能够使用命令来实现对新书的编写；在修改对象或者程序中各个页次对象等的时候可以对调色板与工具箱进行利用。

③时基模式创作工具

我国这里所说的时基模式创作工具，是一种常见的多媒体编辑系统，主要将时间作为基础，通过此种编辑创作工具制作出的内容近似于卡通片或者电影。时基模式创作工具通常是利用看得见的时间轴来对显示对象上演的时间段与事件的顺序进行确定。在这样时间关系存在的情况下，它的出现形式可以是许多的频道，从而能够使多种对象得到安排，同时呈现出来。通常在这样的系统中会有一个控制面板的存在，主要是为了对播放进行控制，一般来讲就像是常见的录音机与录放像机，主要包含了演出、快进、倒带、前进一步、后退一步、停止等按钮。

④网络模式创作工具

对于网络模式创作工具而言，它可以允许程序组成一个自由形式的结构，即可以任何一个地方到另外的任何一个地方。同时，它存在着不固定的结构与呈现顺序。在利用网络模式创作工具进行创作的过程中，仍旧需要作者建立自己的结构，也就是说作者需要尽可能多地完成工作。但是，在所有模式的多媒体创作工具中,此种创作工具是一个存在多种层次的,比较适宜建立的应用程度。比较典型的软件是"MEDIA Script",能够从应用程序空间的任何一个对象使用户随意地跳转向其他的任何对象,访问是完全随机的。网络模式的实现可以对任何一种程序语言进行利用,然而,它存在较高的计算机方面的要求,首先需要作者至少是一名程序员。

⑤传统程序语言为基础的多媒体创作工具

对于程序员来讲,在编程方面比较擅长,通常对于多媒体编辑创作系统的限制及依赖工具箱产生对象的方式很难接受,所以,想要他们对多媒体创作系统进行应用,完全地丢弃他们所熟悉的语言创作工具是非常困难的,几乎不可能实现。在这样的情况下,不仅适当地保留传统语言的特征,还要对于设计程序过程中所涉及的环境进行改进,使之能够向可视化操作的一个系统转变。如果这样的话,就能在程序编写的过程中,使程序员在充分利用传统语言的同时,还能够对多媒体开发的工具箱进行应用,并且还能够直接使用工具箱内的这些编码,使之变成能够得到重用的编码。可以预见,此种多媒体创作工具存在的应用前景是相当广泛的。

四、基于 WEB 的体育多媒体网络课件的教学设计

(一)体育多媒体网络课件设计特点

基于 Web 的体育多媒体网络课件的设计,主要对高校体育教学过程中学生的中心地位进行了强调。在主动获取知识的环境下,教师和学生的地位、作用和传统教学方式已发生了很大的变化,相应的教学设计理论与传统教学相比也出现了差异之处。因此,就需要围绕以学生为中心、强调教师与学生充分交互这一原则对体育多媒体网络课件进行设计,保证能够将对网络教学特点进行体现的软件被设计出来。

1.对于"以学生为中心"的思想进行强调

在体育多媒体网络学习的过程中,应该使学生自身的主体性作用得到有效的

发展，将高校体育教学课内与课外相结合、体育锻炼活动自觉参与的精神得到展示。应该保证学生能够在自身联系反馈信息的支持下，形成高校体育教学理论与方法的独到见解。

2. 对于情境在获取知识中的重要性进行强调，对于高校体育教学信息的接受与传递不等同于知识建构的问题进行强调

在体育课程加强构建的实际情境中，能够开展一系列的学习相关活动，能够促进现有认知结构中的一些相关经验能够被学习者有效利用，使他们对于现阶段所学的体育课程教学的新知识可以更好地固化、索引。进而将某种特殊的意义赋予到新的高校体育教学知识中。因此，在对体育学习情境进行构造的过程中，必须要强调知识点与知识点间的结构关系，注意不能只是简单地罗列高校体育教学内容。

3. 对于获取知识方面，协作学习发挥的重要作用进行强调

在体育多媒体网络课件进行设计的过程中，对于学习者与周围环境之间存在的交互作用，还有网络环境能够强化协作学习环境的作用能够得到充分有效地发挥，这对于学习者充分理解高校体育教学内容有着非常重要的作用。

4. 对于学习环境的设计进行强调

我们这里所说的学习环境，通常指的是学习者能够自由地进行学习与探索的场所。在学习环境中，学生为了能够使自身的学习目标得到顺利实现，需要充分地利用各种信息资源与工具。基于 Web 的体育多媒体网络课件的设计，在以学生为中心思想的指引下，并不是从高校体育教学环境进行设计，而是针对学习环境展开一系列的设计。这样做的缘由是，更多的控制与支配产生于教学过程中，而更多的主动与自由则是会产生于学习过程中。

5. 对于学习过程中各种各样信息资源的有效利用进行强调

在体育多媒体网络学习开展的过程中，为了能够有效促进学习者对知识的主动获取与探索，需要将更多有效的各类信息资源提供给学习者，与此同时，对于学生自主学习活动与协作式探索的顺利开展得到促进，对于这些媒体与资源应该要

科学合理地利用。因此,在选择、设计同传统课件设计相关教学媒体的问题上,需要应用全新的、有效的处理方式。例如,充分考虑到如何获得信息资源、获取信息资源的途径有哪些、怎样有效利用信息资源等多项问题。

(一)高校体育教学内容选择与组织

只有对高校体育教学内容精心选择和组织,才能够使 Web 体优势得到充分利用。具体的做法主要包含以下几方面的内容:

1. 教学内容的多媒体化

在高校体育教学开展的过程汇总,不仅可以对文字和图片进行使用,还可以利用声音、动画和视频。如果高校体育教学内容具体多元化的形式,那么也要综合地设计高校体育教学内容的形式,对于文字形式、图片形式、声音形式、视频形式与动画形式等多种高校体育教学手段综合利用,翔实地解说体育运动技术动作的要点、方法、难点、练习方法、容易犯的错误、纠正错误方法等多方面的问题。

2. 补充体育课程教学相关内容与链接

在体育课程教学开展的过程中,在教学的各个知识点中不仅能够将体育课程教学大纲要求的内容引入其中,还可以融入大量的相关信息与知识。例如,在《篮球》中,不仅仅包含体育课稿教学大纲中规定的一些技术教学内容与战术教学内容,同时,对于篮球运动的所有技战术进行了扩展,同时,还补充了篮球运动技战术实战应用的内容。在完成体育课程教学大纲要求内容的同时,使爱好篮球运动的学生能够对于国内外先进的篮球运动技战术、教学与训练相关网络站点进行了解学习。此外,还能够对网络连接的特点进行利用。

3. 高校体育教学内容动态更新

在体育课程网络教学开展的过程中,学生体育学习教材由体育教师负责编写的传统方式已经不再适用了。之所以这样,主要是因为在体育课程网络教学中,对于高校体育教学课件的相关内容,学习者可以自由地进行浏览,同时,还能够通过网上教师答疑解惑与课程互动讨论等教学手段对高校体育教学内容进行讨论,同时，还可以将一定的修订意见进行提供，促进高校体育教学互动过程中教师与学生对教材进行共同编撰可行性的实现。经过了体育相关教材的共同撰写以后，对于自身的问题与意见，学生能够进行充分的表达，从而使体育课程网络教学过程中学生的参与感得到大大提高。

（三）体育多媒体网络课件的结构设计

在设计体育多媒体网络课件结构的时候，需要考虑的因素有：高校体育教学的目标、高校体育教学的内容、交互方式的性质。体育多媒体网络课件结构主要建立在高校体育教学内容的基础结构上面，它可以保证体育多媒体网络课件的相关教学功能与大致框架得到充分反映。

对于体育多媒体网络课件而言，其总体结构主要由两个部分内容构成，分别是高校体育教学的内容、网络交互。高校体育教学的组成内容，不仅包含体育课程教学大纲要求的全部内容，还包含一些扩充性的知识。在高校体育教学网络手段应用的前提下，大量同体育课程教学核心内容相关的补充性知识在体育课程教学内容中能够有机融合，进而促进高校体育教学资源的一个特定环境得到营造，对于那些存在不同兴趣、爱好的学生而言，能够保证他们的个性化学习活动给予适当的支持。在大量扩充性知识得到引入的情况下，极大地丰富了体育多媒体网络课件的内容。对于体育多媒体网络课件而言，其主要内容包含了体育理论课的教学内容与体育实践课的教学内容。

对于体育多媒体网络课件而言，其主要内容包含了多项内容，例如，相关课程的介绍、课程讲解的要点内容、教师答疑解惑、课程讨论、作业处理与课程公告，等等。其中，相关课程的介绍主要有对学习总体目标的介绍、考核的办法、学习方法、学习进度与课时安排等的介绍；课程讲解的要点内容主要有每一个项目的教学任务、技术动作的要点、技术动作的难点、练习方法、容易犯的错误与纠正的方法，等等。

（四）撰写脚本与设计素材

多媒体手段的引入使得高校体育教学内容的形式得到多元化的发展，在体育网络课件撰写中需要对素材的撰写和设计进行考虑，我们这里所说的素材，主要包含文字、图形图片、声音、动画和视频，等等。对于这些不同类素材之间的连接关系也要进行考虑。

1. 文字脚本的撰写

通常对 Word 软件进行利用，来实现文字脚本的撰写，在内容的问题上，不仅仅要对高校体育教学的知识点进行考虑，还要利用文字清晰地表达出教师的讲解，另外还要在引入图形图片、动画及视频的文字及超文本链接处做出标记，以便于后期的制作者使用，所以，在字数上，文字脚本是传统教材的 2~5 倍。

2. 声音脚本的撰写

在网络条件的制约下，如果在高校体育教学网络课件中对于大量的声音文件进行应用，很有可能会降低了其最终的运行速度，所以，声音文件的使用只能在特别需要的地方才可以，例如，对动画的解说、对视频的解说，等等。同时，在对这一种类别的声音脚本进行撰写的时候，首先要进行考虑的是目标动画与目标视频，同时，按照动画的解说与视频的解说，对时间与内容开展配音，需要注意的是，应该保证配音脚本的精练化，同时，将动画与解说的过程、配音的过程紧密地联系在一起。

3. 关于图形图片的设计

我们常说的图片，就是指利用拍照技术而生成的图片。当体育教师向学生讲解高校体育教学内容的时候，可能需要使用到大量的图片。我们常说的图形，就是指利用计算机的相关软件而绘制出来的示意图，例如，篮球运动技战术配合的相关线路，等等。在对图片进行拍摄以前，体育教师应该针对每一个技术动作按照文字讲解的实际需要进一步设计照片拍摄的地点与数量。通过计算机相关软件绘制出的示意图，不仅要对相关的内容进行表现，还要对图形的种类进行确定，可以是二维图形的绘制，也可以是三维图形的绘制。从原则上讲，为了能够使基于 Web 的体育多媒体网络课件的制作成本适当地降低,尽量对二维图形进行使用,而放弃对三维图形的使用。

4. 关于动画的设计

我国这里所说的动画,主要是指动态的图形或图片。在基于 Web 的体育多媒体网络课件中,动作的使用只是为了表达原理性的一些内容,例如,体育教师在讲解球类运动的战术配合问题的时候,就需要应用到二维动画。在对相关动画进行设计的时候,首先需要进行设计的就是最原始的静态图形,然后需要通过文字与图示对初始动态图形的每一个变化过程进行说明,同时,还要以文字撰写的形式编写相应的解说文字。对于动画脚本而言,其主要构成有:每一步动作的图形、说明性的文字与线条、图片中的文字提示、解说的文字等。一般来讲,一套规范的制作表必须要通过制作人员和脚本撰写人员一起来进行商讨、确定,这对于撰写脚本与双方交流活动的开展能够起到一定的促进作用。

5. 关于视频的设计

在基于 Web 的体育多媒体网络课件设计过程中,视频的拍摄类似于图片的拍摄。通常来讲,视频的拍摄和图片的拍摄在步骤上是一致的。同时,如果拍摄过程中使用的是数字摄像机,那么图片拍摄与视频拍摄事实上就是处在同一个过程中。

6. 关于功能的设计

对于基于 Web 的体育多媒体网络课件而言,其功能的设计内容主要有:对于课件界面的层次选择、导航模式设计、按钮的选择、功能按钮的确定、课程内容展示方式的确定、不同素材的连接方法确定、课件内容文件结构的确立,等等。功能设计的目的主要是最大限度地使用多媒体网络手段,以便于能够使特定内容对教学活动辅助作用的完成起到一定的促进作用。在基于 Web 的体育多媒体网络课件中,按照总体结构的相关要求,通常通过三级结构对界面进行设计,分别是:主要界面(也就是网络课件的主页面)、选择内容的界面、讲解内容的界面。

在基于 Web 的体育多媒体网络课件的主要界面中,通常存在两组可以选择内容的按钮,分别是:高校体育教学内容组按钮、网络交互组按钮。为了可以适当地减少页面切换的数量,从而提升基于 Web 的体育多媒体网络课件的运行速度。因此在选择内容的界面,在设置每一节内容选择按钮的同时,还要设置每一章节的切接按钮。针对某一个高校体育教学内容,综合利用各种各样形式的高校体育教学手段,可以采用的高校体育教学手段有:文字介绍、图画讲解、图像图片、录像片段等。不仅如此,基于 Web 的体育多媒体网络课件还可以设置其他超文本链接形式的按钮,例如,欣赏,友情地链接到其他的网站。在基于 Web 的体育多媒体网络课件中,其界面存在的各式各样的按钮充分考虑了学生各种需求。此外,还可以科学合理地增加按钮的趣味性与动态效果。

基于 Web 的体育多媒体网络课件作用的主要表现是,使实践课中理论讲授时间紧且不系统的问题得到较好的解决,可在网上将体育课的教学内容完整系统地进行讲授,供不同需求的学生在网上进行个性化学习;可以利用多媒体的手段对体育运动技术动作要领进行形象生动的讲解,保证统一的、规范的动作,可以便于学生重复多次地进行观摩与学习,从而保证基于 Web 的体育多媒体网络课件对于课外体育锻炼能够起到很好的辅助作用;对于网络上能够提供的条件应该充分地利用,对于相关的问题,体育教师应该指导学生进行讨论,并且为其答疑解惑,等等。

基于 Web 的体育多媒体网络课件,其应用与发展在对高校体育教学手段与高校体育教学方法进行改革与创新的同时,还会在一定程度上影响到体育教育理论的发展与高校体育教学模式的发展。在未来,多媒体课件中的一种重要形式就是基于 Web 的体育多媒体网络课件,同时它也将成为网络教学发展的重要资源基础之一。

第二节　高校体育教学中微课的应用

一、微课的概念

（一）微课概念

所谓的微课，主要是指以视频的方式把教师在课堂内外教学活动开展过程中传授的教学环节或者强调的主要知识难点与重点进行展示的一种新型的教学资源。微课具有一些比较显著的特点，即（1）碎片化；（2）突出重点；（3）具备的交互性比较强；（4）能够反复多次使用。微课作为一种全新的教学模式，能够使学生的碎片化学习活动随时随地地展开。

（二）微课的组成

对于微课而言，其组成内容的核心就是示例片段，也就是讲堂教学视频。不仅如此，也有同某个教学主题相对应的辅助性教学资源，例如，素材课件、教学设计、练习测试、教师点评、教学反思和学生反馈，等等。在一定的呈现方式和组织关系下，佗们共同营造了资源单元应用的"小环境"，而这里所说的资源单元具有的显著特征是主题式的半结构化单元资源，因此，微课同传统单一资源类型的教学资源之间是有一定的差异存在的，主要表现在教学设计、教学课例、教学课件与教学反思等方面，同时，微课与上述的这些教学资源之间存在一定的联系，即微课作为一种新型的教学资源，其发展基础就是上述的这些教学资源。

（三）微课的特点

1.碎片化

微课视频具有 10 分钟左右时长，将课程教学过程通过清晰的视频录制的方式进行呈现，一堂传统课堂教学的时间是 45 分钟，而原有的段状课程在微课的作用下,逐渐向点状课程转变,促进了更加精华、细致的课程内容的出现,因此,学生除了课堂的教学的时间以外,还可以利用课外的其他的零散时间,例如,当学生排队等待就餐的时候,可以利用这一小段时间进行学习,所以,微课的显著特点之一就是碎片化。

2. 突出重点

基于学生的学习特点,在微课显著碎片化特点的影响下,对于教师的教学能力,微课也提出了更高的要求。在微课视频的 10 分钟展示时间内,要求教师将严谨的逻辑性进行体现的同时,还要将课程内容的重点与亮点突显出来,真正地抓住学生的学习重点所在,才能够使学生的学习兴趣得到更好激发。

3. 较强的师生交互性

微课作为一种新鲜的课堂形式,它的出现在满足学生知识渴求与猎奇心理的同时,还能够有效改善传统教学模式中教学内容单方面输出的情况。在微课教学开展的过程中,教师与学生之间的互动得到加强,不仅仅及时收集了学生课程学习的兴趣点,同时,对于学生存在的疑问,教师也能够及时进行解答。这无疑会为教师课程后期的设计提供便利条件,使其能够同现阶段学生的知识渴求得到一定的满足,进一步提升课程的教学效果。

4. 能够反复多次使用的教学资源

在微课的模式下,学生能够按照自身的实际需要,对体育学习活动随时随地地展开,例如,在课程开始之前,学生可以通过微课来预习运动技能、巩固难点和重点、练习课后的动作,等等。上述的这些微课学习途径,在进一步提升教学效果的问题上都能够发挥出有效的促进作用,此外,对微课教学模式的使用,还可以使学生课程学习的积极性得到增强。

二、微课在高校体育教学中的应用

由于微课存在碎片化、突出重点、较强的师生交互性与可重复利用教学资源的特征,从体育微课的基本设计原则出发,开发质量较高的体育微课,进一步地改善当前高校体育教学的现状,使学生体育运动项目学习的兴趣得到提高,对于体育方法微课的应用要始终去探索,一般来讲,在高校体育教学中,主要会在以下几方面将高校体育教学中微课的应用体现出来。

(一)微课应用在学生体育需求调研中

鉴于高校体育教学传统模式中同高校体育教学内容间存在的关联,在高校体育教学实践活动正式开始前,体育教师应该按照课程逻辑将高校体育教学内容中的难点与重点提取出来,同时,还应该同现阶段体育栏目与体育热点新闻相结合,对体育微课进行制作,之后再将已经制作完毕的体育微课利用移动互联网的各种渠道实施学校范围内的广泛传播,通过对微课中学生的点击率与同帖评论内容的考察,体育教师能够有效地评定体育课程内容的合理性,保证体育教师更加深入地了解到学生兴趣与期待,此外。在前期对体育微课进行传播,能够有效地使学生体育学习的积极性得到调动,使学生更加期待即将要学习的新学习内容,使学生的被动学习行为转变为主动学习行为,进而提升学生的体育参与度。

(二)微课应用在体育课程设计中

对于体育微课而言,它不仅补充了传统的高校体育教学模式,还是多媒体时代下高校体育教学发展的必然结果。微课的逐渐出现使得原本的体育课程设计得到了重新定义,因此,就需要保证体育课程有理有据,有血有肉。在高校体育教学开展的后期阶段,将以往室内体育理论课与室外实践课分开开展的体育课程设计进行改变,将两者进行融合,同时,对于多媒体时代大数据的时代特征进行考虑,在设计室内理论课的时候,可以以教师和学生的信息数据交流为主,使他们的头脑风暴在体育课程中得到掀起,呈现出更加公平、更加自由的体育课程,此外,在这样的形式下,体育教师的教学思维能够得到更进一步更新,使学生体育学习的热情得到提升。

（三）微课应用在体育课程教学中

一方而,基于体育时事热点与体育课程的新内容等方面,体育教师能够对新颖的体育新课进行设计,并向微课导入,在体育课堂教学开展的过程中,组织学生集体观看,主要的目的在于吸引学生的注意力,激发他们的体育学习兴趣;另一方面,在高校体育教学实践活动开展的过程中,体育教师可以将复杂动作的教学制作成微课,同时,在体育课堂教学过程中,重复地向学生播放,将更加具体、更加直观、更加生动、更加形象的高校体育教学过程呈现出来。

体育教师可以根据新课内容和时事体育热点等方面设计新颖的新课导入微课,在课上给学生观看,目的是为了使学生的注意力得到吸引,使学生的学习兴趣得到激发,另一方面,对于高校体育教学中复杂的教学动作,教师可将其制作成微课,在上课过程中对学生进行重复播放,使高校体育教学过程教学更生动、更直观、更形象、更具体。

（四）微课应用在体育课后辅导中

对于高校体育教学而言,每一节体育课堂教学的时间是 45 分钟,有限的高校体育教学时间,使教师能够面面俱到地讲授内容,想要实现精细化教学几乎是不可能的,所以,一部分学生不能与教学节奏同步或者是学生不能对其所学运动技能充分掌握的情况必定会出现,所以,当体育课堂教学结束以后,教师可以将包含有高校体育教学重点的微课视频向学生发放,以便于学生能够在课堂结束以后,对于已经学习的技术动作进行练习,对课堂上所学内容进行复习,切实保证温故知新,提升学生的学习效果。

（五）微课应用在体育课程分享中

从本质上来讲,分享就是学习,学生们喜欢在朋友圈中分享一些好的视频课程,对身边的朋友、学生进行感染,使学生的学习圈子得到扩大。因此,我们应该对于一种倡导分享精神的学习共同体进行构建,这样能够保证学习共同体成员间能够互相督促,对有用的体育学习信息进行分享。例如,将微课应用在体育舞蹈教学过程中,在校园内学生可以对已经学习到的且比较感兴趣的体育舞蹈课进行分享,使越来越多热爱体育舞蹈的学生能够及时地对学习资源进行获取、分享,同时,学生还可以对校园内其他兴趣一致的学生进行自发组织,安排大家一起对体育舞蹈微课进行学习,保证体育舞蹈社团的更进一步发展得到促进,通过对社团活动的有效组织,例如"快闪"等,使学生的课堂学习以外的生活得到丰富。

第三节　高校体育教学中慕课的应用

一、慕课的概念

（一）授课形式

慕课不是搜,而是一种将在世界各地分布的学习者与授课者通过某一个共同的主体或者话题而联系在一起的方式方法。

几乎所有慕课的授课形式都是每一周话题研讨的方式,并且只会将一种大体的时间表提供给授课者与学习者,但是一般来讲,慕课课程都不会对学习者存在特殊的要求,一般会进行说明的内容比较简单,例如,阅读建议、每一周进行一次的问题研讨、每一周进行一次的问题研讨,等等。

（二）主要特点

1.规模比较大

所谓的规模比较大特点,指的是网络开放的大规模课程,而不是以个人名义对一两门课程进行发布。我们这里所说的网络开放的大规模,通常是指那些参与者发布出来的课程,这些课程一般会被人们称作是大规模的课程或者是大型的课程,慕课的典型形式就是这些课程。

2. 开放的课程

所谓的开放的课程，一般会对创用（Ce）协议严格遵守；可以说，开放的课程，就能够成为慕课。

3. 网络课程

网络课程的相关材料通常在互联网上散布，而不是面对面的课程。此种课程的显著特征就是没有上课地点的特殊要求。例如，如果你想对美国大学的一流课程进行享受，那么不管你处在什么地方，不需要花费太多的金钱，只要有网络连接与电脑的存在就能够实现。在一篇评论文章中，斯坦福大学校长约翰·汉尼斯曾经表达过这样的观点，即由学界大师进行授课的小班学习课程存在的水平依然很高，但是，经过证实，网络课程也是一种能够获得高校成果的学习方式。如果相比于大课的话，结果也是一样的。

二、慕课在高校体育教学中的应用

（一）高校体育教学中慕课的应用价值分析

自慕课引入我国以来，已经过了很长的一段时间，同时对于此种新式的教学方法许多的学校都开始进行尝试，然而，慕课在高校体育教学方面的应用非常少。实际上，慕课的教学方式在高校体育教学方面也是非常适用的。

随着社会网络的日渐发达，人们每一天都会上网，不管是对网页进行浏览，还是刷微博，我们都必须要承认的是网络在现代人们生活中承担的责任越来越重要，而对于慕课而言，就是对于此种现状进行利用，在学习开展的过程中充分利用网络条件。

除此之外，作为一种学习方式，慕课还具备一定的主动性特征，任何人的监督与强迫都不会对其发生作用，按照自己的个人兴趣爱好，使用者可以选择、学习自己喜欢的运动。同时，慕课所拥有的资源范围是非常广泛的，在高校体育教学开展过程中对慕课进行应用，教师和学生还可以实现对国外高校体育教学资源的分享与使用。

现阶段，学校体育课的开展形式主要是体育教师授课，学生接受学习，即高校体育教学课堂教学中，教师首先进行讲解、示范，之后学生进行练习。然而，我国大多数中小学、高中体育课的开展时间一般是 45 分钟，当体育课的准备活动做完以后，由体育教师进行体育技术动作的讲解与示范，但是，一堂体育课的时间已经耗费很多，学生们的练习活动无法在剩下的时间展开。然而，对于这个问题，慕课就能够很好地进行解决。

当体育课堂教学结束以后，学生在课后就能够自行复习。在体育微课视频中包含真人操作与讲解，能够帮助学生对于白天体育课堂学习的动作进行复习与记忆。尽管高校体育教学时间长达一个半小时左右，学生能够拥有足够的时间去学习、练习体育运动技术，但是，他们只能对每门体育课修习一次，由于基本上每一个学期所要学习的内容都是相同的，但是学生会存在差异，不利于一部分学生深入学习、练习的开展。

在高校体育教学中应用慕课的教学方式，不仅能够保证学生深入学习活动的开展，还有利于学生自己掌握学习进度。同时，由于慕课中存在的学习资源是非常丰富的，有利于学生寻找到适宜自己的运动方式。例如，对于一部分学生而言，可能剧烈的运动不适合他们，所以，他们能够在慕课中对比较适合自己的运动进行寻找，如此一来，不仅能够避免损伤自己身体的情况发生，还能够使体育锻炼的目的顺利实现。

实际上，如今许多家长也比较重视学生的体育锻炼问题，为了保证孩子的健康成长，家长总是喜欢带着孩子从事散步、晨练等体育锻炼活动。然而，这些体育活动的效果能够真正实现吗？大多数的时候，人们通常会认为，只要自己去参加体育锻炼了，那么就会有益自己的健康发展，然而，需要注意的是，如果人们不能应用健康的方式开展体育锻炼的话，那么在浪费体育锻炼时间的同时，还会在一定程度上造成身体伤害。如果在高校体育教学中应用慕课的方式，那么在体育运动锻炼的过程中,参考标准的动作,去完成体育锻炼,在这样的情况下,就像是一个专业的私人教练陪在自己身边,并对体育锻炼活动进行正确的指导。

(二)慕课应用在高校体育教学中的未来发展

慕课的教学方式来源于国外,在我国的高校才刚刚开始起步,而且有一些内容对于我国高校而言是不适用的,必须要进行一定时间的磨合才能够同我国的教学理念相适应。

基于这样的形式,我国大部分高校应该按照自己学校的特点自行录制慕课视频。同时,在录制慕课视频的时候,可以是多个学校的教师共同参与录制、讨论,然后对多个优秀的视频进行选择,并且上传到网上,方面学生们进行观看、下载、学习。由于不同的教师在讲课的风格与方式上也会存在不同,而教师们录制的慕课中包含多个教师的教学课程,那么学生就能够对最适合自己的教师进行选择。此外,这样一方面对于大课参与人数多的情况能够进行避免,还能够有效改善学生听课效果不佳的情况。将慕课应用在高校体育教学中,能够使小班教学的目的得以实现。同时,同一学科由多个教师进行录制,能够使比较与竞争更加容易形成,能够帮助学生对于自己的教学缺点更加仔细地观察,使高校体育教学质量得到提高。因为慕课在高校体育教学中的应用主要以网上教学为主,所谓的监督制度是不存在的,因此,要求学生的自主学习能力是比较强的。在高校体育教学考核的问题,计算机考核的方式可以不再使用,体育教师组织学生开展网络学习以后,再安排传统方式的考试即可。只有这样才能够使学生通过计算机检测进行作弊的情况得到有效避免。此外,还能够对于学生通过慕课进行学习的效果得到检测。需要注意的是,对于慕课教学的认识,教师与学生应该摆正。

对于慕课教学而言,并没有对教师完全地解放,例如,在高校体育教学开展的过程中,通过慕课教程开展教学的方式是可取的,然而,如果学生出现一些疑问,也只能是对同一个视频进行观看。因此。教师与学生之间的定期交流应该存在,如此一来,不仅能够使教师和学生之间的感情得到增进,还能够对学生的学习产生一定的帮助。尽管我国对于慕课的应用还处于刚刚开始发展阶段,然而,在现代网络发展的背景下,慕课的发展是一种必然趋势。将慕课应用在高校体育教学中,能够给教师未来教学的开展带来一定的启示,需要注意的是,在使用慕课方式开展高校体育教学的时候,还应该同国内的高校体育教学情况相结合。

例如,在篮球运动课堂教学开展的过程中,不仅仅要对手指上的动作进行教学,还要对脚上的动作进行教学,更重要的是还要将两者的教学活动紧密地联系在一起。因此,在制作相关慕课的时候,不仅要将这些动作进行分解,还要有一个规范的整体动作,以便于学生学习活动的开展。查阅相关的文献资料可知,尽管国内已经引入慕课的教学方式,但是慕课在高校体育教学中的应用还不广泛,如果想要对一个体育慕课的完整体系进行构建,那么就需要具备相关的慕课教程。一般来讲,由国外引入的教学资源通常都是外语,存在大量的体育专业名词,导致学生在理解上容易出现困难,面对这样的情况,在制作慕课的时候,可以聘请我国国内优秀的体育教师结合具体的教学情况进行制作。此外,针对制作慕课的情况,还要对一定的标准进行设定,如果慕课没有达到标准,那么就不能够被使用,这对于慕课的进步与发展是非常重要的。

第四节　高校体育教学中翻转课堂的应用

一、翻转课堂的概念

(一)含义

所谓的翻转课堂,词汇来源是英文词汇"Inverted Classroom"或"Flipped Classroom",通常是指重新调整教学课堂内外的时间,从本质上来讲,就是学习的决定权不再属于教师,而是由学生掌握学习的主动权。在翻转课堂教学模式的应用过程中,学生能够在课堂中有限的时间内更专注地开展学习活动,对于全球化的挑战、本地化的挑战、现实世界中存在的问题,教师与学生一起研究、解决,使得获得理解的层次更加深入。

在课堂教学开展的过程中,教师不会再耗费大部分的课堂时间去讲授信息,但是在课堂教学结束以后,学生需要自主地完成这些信息的学习,他们可以利用的方法有:听播客、看视频讲座、对功能强大的电子书进行阅读,或者是通过网络同其他同学互相讨论,综上所述,翻转课堂教学模式应用过程中,不管什么时候,学生都能够对自己所需的材料进行查阅。

此外,教师同每一个学生进行交流的时间也得到了增多。当课堂教学结束以后,学生就能够自主地对学习节奏、学习内容、学习风格与知识呈现的方式进行规划,同时学生的知识需要少不了教师对讲授法与协作法的使用才能够得到满足,使学生实现个性化的学习,最终的目的是通过实践活动保证学生学习活动的真实性。

(二)主要特点

在很多年以前,人们就对视频教学的方式进行过研究、探索。最直接的证据是,世界上大部分国家在 20 世纪 50 年代的时候就开展广播电视教育。为什么传统教学模式没有受到当年所做探索的任何影响,而翻转课堂教学模式却被人们广泛关注呢? 作者认为是由于"翻转课堂"具有几个明显特点所导致的,对于翻转课堂的特点,作者进行了如下的分析:

1. 教学视频的短小精悍

不管是亚伦·萨姆斯与乔纳森·伯尔曼的化学学科教学视频,还是萨尔曼·汗的数学辅导视频,很明显存在一个显著的共同点,即教学视频的短小精悍。即便是较长一点的视频也只有十几分钟的时间,而大部分的视频通常只有几分钟的时间。同时,每一个视频存在的针对性都是比较强的,如果能够对某一个特定问题进行针对,那么也就会比较方便进行查找;应该尽量在学生注意力比较集中的时间范围内控制视频的时间长度,同学生的身心发展特征相适应;在网络上发布的视频存在回放功能、暂停功能等,能够自己进行控制,使学生的自主学习能够得以顺利实现。

2.教学信息的明确清晰

在萨尔曼·汗的教学视频中存在一个比较明显的特征,即唯一能够在视频中看到的就是他的手,将一些数学符号不断地进行书写,并且将整个屏幕慢慢地填满,同时,在书写的同时,还有画外音的配合。对此,萨尔曼·汗自己的观点是,在这样的方式中,同我站在讲台上讲课是不一样的,这样的方式就像将我们聚集在同一张桌子前面,一起学习,在一张纸上写下内容使人感觉贴心。这也是同传统的教学录像相比,翻转课堂教学视频的不同之处。如果在视频中出现了教室中的各种摆设物品,或者是教师的头像,那么就非常容易分散学生的注意力,特别是当学生处于自主学习状态的时候。

3.重新建构学习流程

学生的学习过程一般会有两个组成阶段,即(1)第一阶段,传递信息。其实现需要教师与学生之间的互动、学生与学生之间的互动;(2)第二阶段,内化吸收。需要学生在课堂教学结束以后自己完成。在学生自己完成的过程中,因为缺少教师的支持与同学的帮助,因此,学生在内化吸收的阶段经常会出现挫败感,使他们丧失掉学习的动机与成就感。

"翻转课堂"的教学模式使学生的学习过程得到重新建构。第一阶段的传递信息,是在课堂教学开始之前由学生完成的,而教师在对视频进行提供的同时,也对在线的辅导进行提供;此外,第二阶段的内外吸收,是在课堂教学开展的过程中,由互动而实现的,对于学生存在的学习困惑与困难,教师应该提前进行了解,同时在课堂教学开展过程中对学生进行有效的指导,而学生与学生之间的互相交流活动,对于学生内化吸收知识的整个过程,还能够起到一定的促进作用。

4.复习检测的快捷方便

当学生观看完教学视频以后,就会看到视频结尾处出现的几个小问题,通常是四个或五个,能够帮助学生及时检验自己教学内容的学习情况,同时,根据自身的学习情况做出合适的判断。如果对于这几个问题,学生的答案不是很理想,那么学生就应该回放一遍教学视频,对于出现问题的原因仔细思考。同时,通过云平台,将学生回答问题的实际情况及时地进行汇总、分析、处理,使教师对学生学习情况的了解更加客观、全面。教学视频的另一个明显优势,就是能够在经过一段时间的学习以后,方便学生对学习到的知识进行复习与巩固。伴随评价技术的不断发展跟进,使得学生学习的相关环节具有足够的实证性资料支撑,这对于教师真正意义上的了解学生是非常有帮助的。

二、体育翻转课堂的实施策略

(一)做好在线虚拟教学平台的建设

在线虚拟教学平台搭建的主要目的在于为翻转课堂的实施创造前提和基础,这一平台主要包括教学内容上传模块、师生交流与答疑模块、在线测试与评价模块、学习跟踪与监控模块以及学习总结与成果展示模块等。体育教师通过这一平台,就可以将与高校体育教学相关的微视频、PPT、各种音频等教学材料向在线虚拟教学平台上传,还可以借助这一平台实现作业发布、在线测验、监控督促、在线交流、在线评价等;学生则可以通过这一平台进行学习材料下载或在线学习,并同体育教师之间实现及时的交流与沟通。

(二)注重评价机制的创新

翻转课堂教学模式下的高校体育教学评价不能限于传统的纸笔测验,评价内容、评价主体、评价标准和评价方法等都应区别于传统教学,否则,翻转课堂的实施就会流于形式。翻转课堂模式下的高校体育教学评价应该把"以评促学""以评促教"作为评价的主要目的,并将学生的进步程度作为评价的主要指标并注重多元化评价的采用,只有这样,评价才能既有针对性又不失全面性。多元化评价主要表现在评价主体、评价内容、评价方法、评价阶段等方面,紧紧围绕促进学生的学和促进教师的教两方面,最终将提高教学实效作为评价的主旨。

（三）注重提高体育教师的综合素养

无论何种教育教学改革，教师始终是改革成败的核心与关键。作为信息化社会的产物，翻转课堂不仅仅是一种先进的教学理念，还是一种先进的教学方法，它对体育教师的综合素养提出了较高的要求。体育教师既是在线虚拟教学平台的搭建者、设计者和使用者；又是教学视频等学习资源的开发者和上传者；既是学生学习与实践的组织者、引导者，又是学生学习成果评价的设计者和评价者；既是学生在线学习情况的监控者和督促者，又是教学设计的完善者。

（四）对体育课堂实效进行追求，对避免翻转课堂异化进行避免

翻转课堂作为一个新生的事物，虽然它顺应了信息化社会的时代背景，但还没有形成公认的科学实施模式，各个学科对翻转课堂的研究成果较为丰富，但各类研究也存在很多的不足，综合起来主要表现在以下几方面。

1.要对弱化体育教师的作用而过度强调以学生为中心的情况进行避免

翻转课堂模式下，体育教师虽然把课堂讲解与示范的时间让位给了学生，但并不代表教师的作用被弱化了，事实上，体育教师的作用变得更加关键，而不是被弱化。课前教学视频的录制和收集、教学资料的优化与整合、在线虚拟教学平台的建设与管理，课中体育教师的讲解与示范、学生活动的设计与组织，课后学生学习结果的考核与评价、教学方案的优化与修订等，每一项工作都离不开教师的付出。如果对体育教师的作用过度弱化，学生的学习就会失去系统性和效能，高校体育教学最终难逃沦为"放羊式"的结果。

2.要对忽视学生课前学习的跟踪和监测而高估学生的自主性的情况进行避免

对于翻转课堂教学模式而言，"掌握学习"是其建构的重要基础。翻转课堂的有效实施离不开学生的自主学习性。作为现实社会中的复杂存在，学生在课堂教学开始之前的在线学习中，并不是每一次都能够针对高校体育教学内容有效地、自觉地学习。因此，教师有必要对学生进行适当的检测与跟踪，它不仅仅能够对学生的技能学习和知识学习的完成起到督促作用，还能够有效培养学生的自主学习

能力。

3.要对忽视学科的差异而一味借鉴其他学科的经验的情况进行避免

现阶段，对翻转课堂教学模式的相关理论研究成果与实践研究成绩，主要是基于其他学科的基础之上。在体育学科的理论等方面的研究还并不十分成熟，在对高校体育教学中翻转课堂教学模式的应用进行研究的视乎，我们对于其他学科的实践经验不可避免地要进行借鉴。但是，学科与学科之间的差异是肯定存在的，在其他学科领域比较适用的理论和经验，在体育学科中不一定能够适合使用。因此，在翻转课堂教学模式进行具体实施的时候，我们应该要把握好体育学科本质特点，应该有选择地吸收、借鉴其他学科的理论与经验，对于生搬硬套的情况要避免发生。

4.要对偏离翻转课堂的本质而过度追求形式的情况进行避免

实施翻转课堂教学模式的主要目标是在一定程度上提升高校体育教学的时效性，这一点是毫无疑问的。高校体育教学的存在离不开价值的支持与丰富，体育课程教学一种至高境界是对于既正当又有效的高校体育教学进行贯彻，如果过分追求形式而对高校体育教学的效果不够重视的话，那么即便是翻转课堂的教学模式得以实施，也不存在任何的意义。

在高校体育教学改革深入发展的特殊阶段，在广大体育教师积极投身于高校体育教学改革的今天，对于翻转课堂教学模式我们依然应该谨慎地对其缺陷与优势进行审视，尤其是要避免对于偏离翻转课堂的本质而过度追求形式的情况。

三、翻转课堂在高校体育教学中的应用

（一）高校体育教学中实施翻转课堂的价值探析

1.当前高校体育教学中存在的典型问题

（1）教学指导思想混乱

教学指导思想反映的是体育教师的理念问题，它会直接影响高校体育教学主旨的确定、教学方法和手段的选择以及整个教学组织管理过程，最终影响教学实效。"健康第一""快乐体育""终身体育"等各种体育课程指导思想的提出，有力地促进了我国高校体育教学的发展，但也会让体育教师感觉无所适从，众多的体育指导思想让体育教师很容易迷失教学的主旨，最后只能依据个人理解万里挑一并从一而终。可见，混乱的教学指导思想很容易让体育教师片面理解高校体育教学，最终会影响我国高校体育教学的良性发展。

（2）失去工具性和人文性之间的平衡

对于高校体育教学目标而言，存在三个维度，而里面包含的知识与技能目标能够展示出体育的工具性特征，而态度、情感与价值观目标能够展示出体育的人文性。体育课堂教学所具备的工具性对于实践性与实用性进行强调；体育的人文性对于情感与精神进行强调。

现阶段，高校体育教学能够充分地表现出其工具性特征，然而却忽视了人文性方面的特征，体育教师只是对应该教什么内容、怎么样的方式进行教学、学生如何进行学习、学生能否真正学会等问题给予重视，但是却很少关注在体育课程教与学中态度、情感与人格等方面的发展需求。最终导致的结果是，尽管学生已经对体育知识进行了学习，同时还对一定的体育实践能力进行了掌握，但是，在学生的体育实践意识与整体体育素养方面仍需要加强，对于体育课和体育教师，学生往往表现出淡漠的情感，致使"学生不喜欢体育课却喜欢体育""体育锻炼意识与习惯缺乏"的现象时有发生。由此可见，在传统的高校体育教学过程中，轻视人文性、重视工具性的方法存在的缺陷是非常显著的，如果想要高校体育教学的最终目标得到实现，就需要对高校体育教学的人文性和工具性的统一始终坚持。

（3）缺少个性与人本化

现阶段，我国体育实践中存在的问题有很多，虽然我们已经充分地意识到它们的存在，同时对力气持续加大，为了能够将这些问题解决掉，对于多种措施进行了应用，然而，却没能够有效地解决这些问题，导致瓶颈状态的出现，在我国高校体育教学中,这样的情况是非常明显的。在高校体育教学活动开展的过程中,体育教师通常从主观意识出发,将"一刀切"的特点表现出来,尽管打着面对全体学生的旗号,实际上却忽略了学生的个体差异;为了能够使传递知识和技能的目的得以实现,体育教师所发挥的作用是至关重要的,这主要是因为体育课堂教学的时间基本上都是在体育教师的示范和讲解中度过,在课堂容量的约束下,学生知识和技能内化的实现根本上是很难的,几乎不可能,更不要说提高学生的综合能力了。

在高校体育教学实践活动开展的过程中,体育教师需要面对非常复杂的学习群体,之所以这样说,是因为他们在性格特征、知识基础、学习方式、学习能力、学习习惯与学习需求等方面会表现出较大的差别,因此,体育教师需要深入了解学生的实际情况,同时实施区别对待,展开个性化教学。在传统的高校体育教学中,如果缺少一定的个性化与人本化,那么想要将因材施教落到实处是很困难的,很容易导致学生两极分化的情况出现,即好的学生没有办法更好,而差的学生则是越来越差,在体育课堂教学过程中,学生的主体性与独立性是根本无法实现的,严重背离了人才培养的要求。

(4)学习评价结果的失真

在我国传统的高校体育教学过程中,唯一的评价主体就是教师,而一贯使用的评价方法是纸笔测试与技能考核,在统一的标准下对学生进行考核,在按照相关标准由教师进行打分,这样的评价方法尽管看起来是公正的、客观的,但是实际上对于学生的学习效果与进步程度却很难反映出来,而"通过评价促进学习"的目的更是难以达到。一旦碰到考试,学生就如临大敌,经常出现的现象是:考试以前临阵磨枪,考试以后惶恐不安,课程结束以后就像是逃离了地狱一般。

对于传统的高校体育教学评价模式而言,对于学生的学习效果不能真实地反映出来,同时,学生体育学习的兴趣很难得到激发,其体育锻炼习惯也很难养成,更为严重的是,还会使学生对体育课程学习的抵触情绪得到增加,不存在任何的意义。

2.翻转课堂在高校体育教学中的核心价值

当前,翻转课堂在我国的兴起已经成为不争的事实,但对于翻转课堂的价值进行深入探讨似乎还未引起理论层面的重视。为了更好地应用和推广翻转课堂,对其在高校体育教学中的核心价值予以探讨。

(1)翻转课堂使高校体育教学与信息技术的有机结合得到实现

在信息化社会的今天,学生的生活方式和学习方式发生了深刻的变化,借助手机、电脑等信息化平台进行学习和交流已经成为日常习惯,为适应学生在行为和习惯上的变化,教学信息化在所难免。

翻转课堂作为信息化社会的产物,它使教学与信息技术之间有机结合,高度迎合了学生的日常习惯,改变了传统课堂呆板的模式和形象,使学生的学习变得更加自然和有趣。体育教师通过上传视频、三维动画、PPT等丰富而直观的教学材料,设置系统有序的学习导航,加上教师对学生客观而有趣的在线评价和在线交流,一个有益于学生身心发展的教学环境被创建出来,这不仅有效增进了师生之间的情感,更提高了学生的学习情趣和自主性,也为体育教师有效组织课中的教学活动奠定了基础,这对提高高校体育教学的实效性是非常有利的。

(2)翻转课堂有助于实现高校体育教学的精讲多练

学生课中学习和练习的时间总量是一定的,新知识、新技能的学习耗时过多,学生从事体育练习的时间势必减少,体育课的健身性以及学生对知识、技能的掌握和内化就会大打折扣,因此,精讲多练符合体育课堂教学的要求。在翻转课堂模式下,课前,学生通过观看教学视频,对高校体育教学内容有了初步的认知,对体育学习中的难点深有感受,在遇到无法解决的问题时,学生通过在线交流平台及时反映给体育教师,这样教师就会对学生的课前学习情况有所把握;课中,体育教师依据学生所反映的问题进行针对性极强的讲解或个别指导,不需要每个问题都进行讲解,这样就省去了很多讲解的时间,学生在课中进行体育实践的时间就被延长,精讲多练的目的自然达到。

（3）翻转课堂使高校体育教学要素的优化组合得到实现

从高校体育教学要素的层面上来讲，翻转课堂同传统的高校体育教学模式之间存在的区别并不是很明显。对于翻转课堂而言，它主要是利用科学合理地重构高校体育教学要素来使高校体育教学的效能实现增值的。我们之所以将翻转课堂判定为一种革命性的高校体育教学方式创新，主要是由于此种教学模式在对高校体育教学要素的各种功能进行准确定位的情况下，体育教师与学生的主体性地位得到了转换，使体育课程的资源得到拓展，促进了高校体育教学目的、高校体育教学方法手段与反馈机制的合理调整，对学生体育学习的良好环境进行创设，进而从质的层面改变高校体育教学的形态与结果。同时，需要注意的是，翻转课堂在组合高校体育教学要素的问题上并不是固定不变的，而是动态的，不是呆板的，而是灵活的。在高校体育教学的实践活动中，按照实际的需要，体育教师对于各教学要素间的组合关系可以随时进行调整以保证特定高校体育教学目的的实现。只有对于这一点充分认识，才能够保证我们能够将翻转课堂作为固定范式进行看待，进而使高校体育教学中应用翻转课堂教学方法流于形式的情况得到避免。

（4）翻转课堂能够促进高校体育教学中素质教育的实施

素质教育的主要目的是对于受教育者的综合素质进行全面提高，而值得注意的是，综合素质的提升离不开人的全面发展，同时，对于学生个性的培养，我们也不能忽略。个性的完善，不仅仅是素质教育开展的价值理念，又是素质教育的目标理念，培养个性、促进人的全面发展是素质教育的真谛。

在翻转课堂教学模式应用的过程中，学生的学习目标是统一的，同时，按照学生的具体实际，体育教师可以对学生的个体目标进行制定。通过对在线高校体育教学视频的观看，可以保证学生自主学习的实现，按照学生的学习能力来确定高校体育教学视频的观看次数，而按照学生的学习基础来由学生自主选择观看的内容；从反馈问题的层面上来讲，通过在线交流平台，学生能够将学习中的问题随时向教师反映，同时，获得教师的及时教导；从学习评价的层面上来讲，体育教师对于学生进行评价的根据是学生的进步程度，同时将小组评价和个人评价融入最终评价结果之中，这种评价模式有助于让学生明确在学习过程中的优点和不足，并时刻感受到自己在不断提高。可见，翻转课堂这种个性化的教学模式对于学生端正学习态度、激发学习兴趣、提高沟通能力、培养正确的价值观以及促进学生的全面发展都是有益的。

（三）将翻转课堂教学方法引入高校体育教学的全新高校体育教学模式

我们常说的高校体育教学模式主要是指在一定高校体育教学理念、高校体育教学思想的引导与高校体育教学理论的指导下，因此而建立的各种各样高校体育教学活动的基本框架或者基本结构，一般来讲，高校体育教学模式主要包含了多种要素，即高校体育教学理论依据、高校体育教学原则、高校体育教学程序与学习程序、教学资源与实现条件，以及高校体育教学效果评价，等等。将翻转课堂教学方法引入高校体育教学的全新高校体育教学模式具体包含以下几方面的内容。

1. 高校体育教学的理论依据

高校体育教学中应用翻转课堂的教学模式主要的思想基础是"先学后教"思想，对于高校体育教学活动中学生的教学参与与学生的主体性进行强调。从高校体育教学的特征与行为心理学原理出发，特别是对斯金纳操作性条件反射的训练心理学进行考虑，对高校体育教学的程序进行确定，具体是：利用视频学习——对于联系吸收理解——再通过视频回顾——互动反馈—强化实践——学习、掌握，并且在这样循环、反复的高校体育教学过程中，对于行为目标进行有效塑造；同时，按照学习的过程与教学的实际效果、学习主体对体育"教"与"学"的活动过程进行不断完善与创新，促进预期高校体育教学目标与学习目标的实现。

2. 高校体育教学的目标与原则

对于高校阶段的高校体育教学目标而言，主要是为了对中小学阶段高校体育教学目标进行巩固与提高，即体育锻炼的思想、体育能力与体育习惯，对于学生科学、积极、主动参与体育锻炼的行为进行引导与教育,对于现代体育科学中的基础知识、基本技术和技能、方法进行巩固;使学生体育锻炼的参与意识得到强化,使其体育文化素养得到提高。

为了能够保证高校体育教学目标的顺利实现,对于将翻转课堂教学方法引入高校体育教学的全新高校体育教学模式而言,而教学原则是体育教师应该遵照学生的认知水平与心理发展特征,加工整理高校体育教学内容,高校体育教学设计、制作通俗易懂,同时还能够紧密地联系到自身已经掌握的认知结构,同时,对于优质的、适宜的高校体育教学视频进行选择;对于一个宽松的、民主的、轻松的交互式学习社区或网络教学平台进行构建,对于学习反馈信息及时地掌握,并能够有效地发现问题、解决问题;在对总体学习情况进行把握的条件下,对于个体学习发展的过程给予重视,将高校体育教学过程中与学习过程中学生的主体性作用充分发挥出来,尽可能地使学生自己发展,对存在的问题自己进行分析与解决,同时对于自我认识、能力与技能进行深化、拓展。

3. 高校体育教学程序与学习程序

将翻转课堂教学方法引入高校体育教学的全新高校体育教学模式,其主要基础是优质的交互学习社区与视频资源,因此,可以将高校体育教学程序与学习程序进行如下的设计:对于高校体育教学内容进行预习——对于高校体育教学视频有针对性地进行观看,再进行示范、讲解——使学生学习动机得到激发,对学习过程中的问题进行发现——在课堂教学中由教师对新课进行讲授,对于学生的疑惑进行解答,并进行示范——学生自主进行练习与实践,对体育学习效果进行巩固——对体育学习效果进行反馈,由教师、学生进行评价——通过资源拓展完善、知识和技能结构的扩展,以及反复练习实践对理解与训练效果进行加强。

4. 高校体育教学的实现条件和教学资源

近些年来,慕课教学平台的快速发展与互联网的广泛普及,创造了良好的条件以便于翻转课堂高校体育教学模式的实施。然而,对于现代高校体育教学来讲,我国的高校体育教学相关视频与学习资料还是相对较少的,所以,我国的体育教师应该从体育课程与教学内容出发,自行制作与设计高校体育教学资源。对于高校体育教学内容而言,主要有理论教学内容与动作讲解、演示的视频,保证体育练习活动的理解性与课余训练活动的实践性。既要有动作示范的要领分析,又要有训练实践的摄像记录视频,此外,还要有拓展性的教学资源和学习资源,以及专题性的研讨问题等。不仅如此,体育教师在组织学生观看教学视频、开展练习活动和训练活动的同时,还要保证在交互社区体育教师能够对于学生的疑惑及时地进行解答、讨论与指导。

5.高校体育教学效果与评价

将翻转课堂教学方法引入高校体育教学的全新高校体育教学模式,其实施能够使学生体育学习的兴趣得到激发,使学生自主发现、学习、探索、分析、解决问题的综合能力得到培养,同时促进学生技术和技能的提升,同时还能够有效促进学生自主学习能力、社会发展适应能力、互相合作能力的发展与培养,体育名师应该通过交流与活动对学生的学习情况与进度实时地进行了解,还要对反馈信息及时掌握,同时再从所获的情况出发,适当地进行引导,对于学生的学习积极性进行鼓励并充分调动,在高校体育教学与讲解活动开展的过程中,针对不同的学生因材施教。将翻转课堂应用在高校体育教学中的相关活动适宜于小班教学,所以,在大班教学中一般很难实施。而对于学生的评价而言,需要注意的是,它同其他文化课程是不同的,在对其学习好坏进行衡量的时候,不能单纯地将考试成绩作为标准。在学校体育教学中,应该对"健康第一"的指导思想始终坚持,同时,还要在体育考试的各个环节中渗透"健康"的标准,对于标准化的项目应该适当地减少技能考试,同时,还要有效改进高校体育教学的评价标准,尽可能地避免学生由于害怕考试而出现厌学心理与逆反心理,此外,对于学生应该积极地引导,使他们加强对高校体育教学的相关认识,使得学生体育锻炼良好习惯的养成得到促进,并且同高校体育教学目标相适应的人性化测试方法要积极构建。

第四章　高校体育教学模式

第一节　高校体育自主教学模式

一、概述

（一）自主教学内涵

1. 自主教学概念界定

关于体育自主教学，目前学界并没有统一的定义，许多研究者从不同的角度和层面对体育自主教学的内涵与外延进行了阐述。体育自主教学即将学生作为参与教学的主体，教学目标、教学模式、教学内容和方法都应该紧紧围绕学生展开，并和教师因素共同构成体育自主教学系统。同时，健康、愉悦、放松等积极因素应该成为教学的主要源动力。

2. 自主教学外延释解

体育自主教学具有两个层面的双面性，对于教师而言，它是一种教学模式与方法，而对于学生而言，则是一种学习的模式与方法。因而，从整体上来看，高校体育自主教学就是为了实现一定的教学目标，将学生作为教学的主体，围绕这一主体开展教学模式、教学内容和教学方法的选择，充分发挥学生的主观能动性，激发学生参与热情的一种全新体育教育模式。从教师的角度进行阐释，自主教学就是为了实现一定的教学目的，根据体育教师的安排和规划，学生根据自身的条件制定学习目标，确定学习内容，最终完成学习目标的体育教学模式。

（二）自主教学模式的特点

关于自主教学，目前学界并没有一个严格的定义，大致上可以理解为通过多种形式丰富教学手段，引起学生学习的欲望进而对学习内容进行自发性、连续性的发散学习行为。具体到我国高校的体育教学中，可以将其定义为"在老师基本教学的基础上学生针对自身情况制定学习方法，自我监控、自我调整、自我评价，最终实现体育教学目标的教学方法"。根据自主教学的描述，不难发现它的主要特点：

1. 主观能动性

主观能动性是素质教育的重要内容，也是高校构建体育自主学习模式的核心性特点，还是自主教学模式的基本特征。在传统教学模式中，体育教学和其他学科一样，教师往往处于教学的中心，学生往往需要"跟着教师的节奏走"，并按照教师设定的内容、方式、进度、目标进行学习。在这一模式下，学生的学习很大程度上是被动的，学生按照既定的模式进行，一方面没有充分结合学生的特点和个体差异，同时也使得教学墨守成规，学生的主观能动性和积极性受到一定程度上的局限。

在自主教学模式中，首先关注的便是学生的个体特征，并将学生作为整个教学的核心，所有的教学工作必须紧紧围绕学生开展，同时学生在教学中也必须扮演起重要的角色。在这一教学模式中，学生应该根据自身兴趣爱好和个人特质，结合教学实际情况，和教师一起确定教学的主题、方式和内容，并在教师的指导帮助下进行自主学习，自行选择学习目标、内容和方法，并积极主动地推进教学，充分发挥自身的主观能动性，逐步成为体育教学中体育知识、体育技能和方法模式的构建者。

2. 教学有效性

在教学实践中，教师讲的内容都一样，但学生的学习效果却有天壤之别，成绩优异的学生无一例外都进行了相当程度的自我学习，而正是自主教学的深入开展，让他们学会了发现问题、解决问题，并适应了自我分析理解的能力，实现了从"鱼"到"渔"的过渡。由此可见，自主教学模式的学习是有效的，因为在这一模式中，学生成为积极主动的主体，自主教学模式水平越高，学生的学习效果往往就越好，学校体育教学的质量通常也就越高。

3. 相对独立性

自主教学模式和传统的自学既有联系也有区别,虽然两者都鼓励学生在整个学习过程中充分发挥自身的主观能动性,摆脱对他人的依赖,实现自身学习能力的提升。但是,自主教学模式同时也强调了自主学习过程的系统化,强调教师的引导与帮助和学生之间的分享与交流,因而自主学习系统的独立是相对的,学生不可能脱离教师和学校,完全进行独立的自我学习。相对独立性体现在两个层面:从宏观来看,体育自主教学模式中的构成元素,学生不能完全独立,教学目标、教学内容、教学方式、体育训练的内容、阶段、时间等,学生不可能完全脱离教师的指导和帮助;从微观来看,每一个元素从开始到设计,再到实施及总结,每一个过程学生也需要来自教师和同学的资源共享、帮助与支持。因而,高校体育教学中自主教学模式的独立性是相对的,需要分清学生的学习在哪些方面和过程是自主的,只有这样才能设计出更加符合教学实际的自主教学模式。

4. 情感丰富性

情感是现代教育中一个重要的概念,21 世纪兴起的情感教育便是对这一要素的深入挖掘,情感对于教学具有明显的影响作用,积极乐观的情感会对教学产生积极的推动作用,而压抑消极的情感则无疑会对教学产生负面作用。在自主教学模式中,学生的主观能动性得到积极调动,其情感得到释放和良性的引导,和传统的教学模式相比,学生在教学中往往可以表现出更加丰富的情感和积极的情绪,自主教学模式带来的轻松活泼的课堂气氛,互助共享的教学资源以及给予学生的展示平台,都将有利地推动学生正面情绪的释放,而这种正面积极情绪的释放,将对教学产生积极的推动作用,同时拉近教学双方的距离。

5. 范围有限性

自主教学模式并不是适用于所有的教学,因为对于某些要求极高,且教学资源十分集中的高精尖项目,采用自主教学模式未必能适用,或者是教学环境不允许。

因而在教学实践中必须注意到，并不是所有的教学内容都可以完全采用自主教学模式，很可能某些学科只能部分采用或借鉴其思维。高校的体育教育和其他学科的教学目标存在巨大差异，通常来说，高校的体育教学并没有在知识模式方面有严格的教学目标，而更多是让学生认识体育，热爱体育，并建立起积极乐观的心态和坚持体育锻炼的习惯，从而全面提升国民的综合身体素质。因而，高校体育教学是可以灵活化及自由化的，只要能实现最终教学目的，无须拘泥于传统的教学模式。

二、高校体育自主教学模式的构建

（一）高校体育自主学习模式的构建策略

1.强化学生自主学习的理念

在多数学生的观念中，体育课就是打球、跑步，然后获得相应的学分，对体育课本质缺乏理解和认识，体会不到体育锻炼增强身体素质的重要意义。

（1）改变学生的传统观念

使学生认识到体育课对自身身体素质提升的重要性，让学生了解到自主学习体育课程能提升自身的交际能力，同时有效提高自身解决问题的能力，更好地适应未来社会的发展需要。这样能够增强学生自主学习的意识，树立自主学习的观念，积极主动地、发自内心地参与到体育锻炼和体育知识的学习当中，从而有效地提升学生自主学习的能力。

（2）促使学生正确认识自我

高校学生体育课程的选择和体育锻炼计划的制订都要以学生的身体条件为依据。所以，学生要对自身的状况有全面的了解和正确的定位。只有这样，才能够制定出适合自己的学习目标，进而制订出相应的学习和锻炼计划。

（3）增强学生自我监控与调节能力

在培养学生自主学习能力的过程中，教师要注意培养学生自我监控和调节的能力，让学生通过自我测试和反省等方式对学习目标和锻炼计划进行控制和调节，及时改变学习策略和方法,对自己获得的能力、技能和知识及时进行评价,树立自信,扬长避短,不断激发学生学习的创造性和积极性,为自主学习能力的提升创造空间。

2.打造"自主选择"的体育学习模式

在高校体育学生自主学习过程中,教师应充分尊重学生,根据学生的不同体育运用情况,适时打造"自主选择"式学习模式,这主要包括自主选择学习的时间、内容和方法等方面,使体育真正走向学生自主,努力提高体育学习质量。

(1)"自主选择"体育学习时间

在大学阶段,学校的教学管理形式是学分制,这种制度给予学生在课程选择上较大的自由,学生可以根据自己的具体情况来安排体育课的上课时间,不管是专项体育课,还是普修的体育课。除了学分制之外,学校还应该有针对性地创造条件,让学生自由选择上课时间,这样能够有效地激发学生上体育课的积极性,在保证与原有学分制同步管理的同时,有效地提升学生的自主学习能力。

(2)"自主选择"体育学习内容

学校应该不断地丰富体育课可选择的教学内容,给学生更多的、依据自己的兴趣爱好自由选择的机会,但是高校需注意调控学生的学习活动,加强教学管理。

在高校体育自主教学过程中,应注意以下教学侧重点:第一,充分利用高校丰富的体育资源,给学生更大的自主选择空间。在普修体育课上,要尽量根据学生的兴趣爱好来安排教材的内容供学生选择。在专项体育课上,在完成统一教学内容之后,尽可能留出适当的时间给不同基础的学生进行自主的学习和锻炼。第二,学生自主选择教学内容之后,教师要加强对教学的监督和管理,对学习要求有严格的标准,并安排相应的人员组织学生之间相互交流和学习,在这一过程中教师要适时给予指导,保证学生学习的质量。

(3)"自主选择"体育学习方法

每个人的身体素质都存在着非常大的差异,所以要求教师因材施教,根据学生对教学内容理解和接受能力的不同，引导学生自主选择适合自己的练习方法。此外，在不严格要求技术规范的教学内容时，不要限制学生的练习方法，允许学生用不同的方式完成同一内容的练习。例如，在进行篮球运球训练时，教师应该引导学生以个人独立、小组合作等不同模式学习运球，并且结合运球竞赛、游戏等方式，激发学生自主学习的积极性。

（二）建立并完善科学合理的自主教学教育模式

建立一个科学合理的自主教育模式是发展高校体育自主学习的基础，为此，应该彻底改变传统高校体育教育的教师本位思想，将学生完完全全作为教学的核心，所有的教学都围绕学生展开。建立这样的模式，应该考虑到以下一些因素：

1.组织引导系统

组织引导系统是高校体育自主教学模式的首要环节，也是这一系统的基础和流程导向，具有重要的基础性作用。组织引导系统的主要作用在于宣传自主教学模式的理念和基本模式，并通过宣传让学生逐步认识、感知并接受这一新兴教学模式。此外，组织引导系统的另一重要作用在于激发学生对自主教学模式的参与热情，通过丰富多样的形式将学生引入相关体育教学之中，并让学生对学习产生深入理解和挖掘、自我探索的欲望。可以这样说，组织引导系统是激发学生参与自主学习的首要和关键性环节，这一环节将为高校体育自主教学模式提供强大的原动力。

组织引导系统的核心在于教师的组织和规划，首先，教师应该对教学目标进行宏观设置和整体把控，并进一步将目标细化为整体目标和阶段性目标，根据目标的设置规划相应的课程与教学手段。在组织引导阶段，课堂教学的内容与形式十分重要，需要快速抓住学生的注意力和兴趣，并给予其广阔的想象空间，这对于后续自主学习系统的推进十分必要。以课堂教学的引入为例，传统的体育教学往往缺乏课堂教学的引入环节，而在组织引导系统中，高校可以尝试以下热门的话题来展开本堂教学，即设置相应的课堂教学引入机制，如精彩的奥运比赛、街舞、扣篮进球集锦等。这些内容紧扣教学内容，可以在很大程度上激发学生的兴趣和激情，对比传统的集合加解散模式,显然更有利于营造教学氛围,并能够鼓励学生积极参与其中,在课堂的一开始便抓住学生的注意力,从而为后续教学带来方便。

2. 学习系统

这是自主学习模式的核心组成部分,即建立并完善学生的学习模式,学习系统主要包括内容和方式两个层向,这也是学习系统需要明确的两个基本要素,内容,即学生需要明确地选择出学习内容,这一内容可以是多样的,但应该充分结合学生的个人身体特质和兴趣爱好,经过教师的帮扶和建议,最终确定;而形式则是指学生自主学习的方法,学生可以自己进行,也可以分小组进行。分组进行是常用的一种学习系统方式,其学习效果也比较突出,高校可以在学习系统中参考这一模式。首先,教师根据学生的意愿和自身的教学计划综合划分小组,并对各个小组设立考评机制,主要根据小组学习情况和最终教学目标的实现程度进行评价。这样,小组之间便可以形成良性竞争的机制,而在小组内部,各个成员之间亦可以进行经验分享与学习上的互助,从而在内外两个层面提升学习系统的效率和教学效果。

除了内容与方式两个基本层面,学习系统还需要设置一定的后续配合内容,如在学生选择了学习内容之后,则期末的体育检测便可增设考核学生自己选择的项目并保持一定的权重,这样会使得学生在选择的时候十分用心,能够充分结合自身的实际情况,而后期学习也十分努力。同时可以在课堂上组织大家讨论采用什么样的方式来进行教学,讨论之后教师再综合考量大家的意见实行。通过反复地练习来不断反思和总结,再向同学和教师寻求帮助。

3. 过程控制系统

过程控制系统属于自主教学模式中的控制性和辅助性环节,也是自主教学模式区别于传统自学的重要因素。一般来说,过程控制模式分为两个部分,即帮助和监管。高校可以基于这两个模块构建过程控制系统。帮助模块主要为解决学生自主学习过程中遇到的各种问题。由于体育运动的内容深入社会生活中的各个层面,在学生自主学习的过程中,不可避免地会遇到各种学习和体育运动实践方面的问题,如锻炼方式、运动技巧、各项体育运动的细节动作、比赛规则等,如果没有科学有效的帮助系统,那么学生的疑问将会越积越多,最终严重影响自主教学模式的推进。在帮助模块中,可以设置师生之间、学生之间和小组之间等多种形式的帮助,学生可以自我解决,也可以讨论解决,当然也可以寻求教师的帮助。通过帮助模块的设置,学生在自主学习过程中的疑问可以得到及时有效的解决。

除了帮助模块,监管模块也是过程控制模式的重要组成部分,自主学习模式在推进的过程中,教师必须对整个过程进行监管,保证教学的正常进行,同时保证教学目标的实现。换言之,教师必须通过一定的手段,及时有效地掌握学生学习情况,当出现偏差或者教学环境发生变化时,教师应当及时调整教学计划和自主教学模式。监管模块的方式十分多样,例如,教师可以定期开展座谈会,开展学生小组内部讨论和小组之间的讨论,在讨论中分享学习经验,共同探讨学习问题,而通过这样的讨论,教师可以及时地把握学生的学习动向,以便于洞察当中存在的问题,进而进行纠正和调整。从这一层面来看,过程控制系统是保证自主教学模式按照既定模式发展的有效保证,这一系统的缺乏,将很容易导致自主教学模式变得散乱无序,进而偏离教学目标。

(三)分层教育法的构建

分层教育法是近年来兴起的一种全新教育模式,特别适合大学教育,和高校体育自主教学模式的构建有着良好的切入度。根据目前的教学实践效果来看,分层教育系统是实现和推动自主教育模式发展的强大工具和有效手段。分层教育法的主要特点在于对学生群体的重新划分,它充分结合了自主学习的特征与客观要求,更加重视学生的个体差异与个体特征,从根本上颠覆了传统体育教育的模式和教学目标,在灵活开放的大学教学环境中特别适用。

在目前的高校体育教育中,体育教育类别的划分往往比较粗略,仅仅是将专业与非专业类的学生进行分类,而大量的非体育专业学生沿用一个教育模式。除了进行专项培训的学生之外,其余学生统一划为非专业类进行体育教学,采用公共教育课程和体育兴趣选修相结合的模式进行教学。这一模式沿用多年,取得了一定的教学效果,但是面对新世纪素质教育的深入拓展和教学环境的变化,逐渐显现出越来越多的问题。首先,学生的个体意识不断增强,兴趣爱好各不相同,体育基础和发展锻炼方向各有差异,不仅如此,在非体育专业学生群体中,也不乏对体育运动充满激情,渴望得到专业培训的学生,而传统的划分模式,对这些问题的处理显然心有余而力不足。

(四)建立科学人性化的检测模式

在传统教学中,教学检测是体育教学的末端环节,实际上每一次教学检测都是对整个教学系统和教学效果的总结与评价,经过总结与分析,可以为后续教学的改进与进一步发展提供有效的支撑依据,因而科学人性化的教学检测模式,对于教学模式的实施与发展同样具有重要意义,对于自主学习模式而言,亦是如此。在体育教学的检测模式方面,大体上采用的是"评分制"和"及格线"的模式,即根据学生学习的内容设置相应的考试内容,如立定跳远、跳高、百米跑、一千米长跑等,根据学生的测试成绩打分,再判断是否及格。当然,在素质教育不断深化的今天,测试的手段和内容在不断丰富发展,考试的内容也趋于多样化,结合学生实际开设了乒乓球测试、网球测试等项目,同时引入许多先进的体能测试设备,在提升检测精度的同时提高检测活动的趣味性。可以说,这些措施是行之有效的,相比传统单一生硬的检测模式更加有效生动,但是必须注意到,在现代化的检测模式下,"评分制"和"及格线"的模式并未得到根本性的转变。在这一传统模式的影响下,体育教学效果检测受到较大不利影响。首先,学生的身体机能和体育综合素养存在必然的差别,划分统一的"及格线"显然不够准确和科学;其次,对于学生的测试结果,简单地以是否"及格"进行评价,显得太过粗略,对于学生后期学习的改进和教学方法的调整并没有明确的指导作用;最后,这种检测评价模式很容易挫伤部分学生的自尊心,从而进一步削弱其参加体育运动的兴趣与热情,甚至对体育教学产生抵触情绪,这对于高校的体育教学十分不利。因而,为了完善自主教学模式,高校在体育检测环节应该尝试更加人性化和更加科学的模式,只有这样,才能真正有效地检测自主学习效果,同时为后续学习教学工作的调整提供有效的支撑。

(五)积极扩展课堂外延

为了发展自主教学,必须将体育教学的课堂从单纯的操场分离出来,将普通教室、多媒体教室、网络化教室等元素引入体育教学。例如,跳高的教学,传统教学方式就是教师简单的示范和学生反复的练习,而当中的细节动作和技巧,教师的讲解未必能让学生充分理解,同时有时教师的示范本身就不甚标准。若扩展课堂的外延,在教师简单讲解之后便可在多媒体教室给学生播放跳远比赛的视频,这样的效果来得更直观,学生也更容易理解。在教室中则可以组织学生讨论,这样可以激发学生的学习热情,从而为自主学习的开展带来便利。不仅如此,开展第二课堂也是发展自主学习的有效方式,可以经常开展篮球比赛、乒乓球比赛、羽毛球比赛等活动,这样的活动很容易吸引学生的参加,而为了在比赛中有较好的表现,学生对相应的活动进行精心的准备和大量的练习,在这个过程中不可避免地会对相关的体育知识和技巧进行学习和研究,这其实在很大程度上推动了自主学习的发展。

(六)加强现代科技与自主学习的结合

1.加强 CAI 系统与体育教学的结合

CAI 是计算机辅助教学系统,凭借其强大的多媒体功能和良好的互动性在教学中得到了广泛的运用。体育教学强调身体语言,不论是广播体操、篮球、乒乓球还是羽毛球,都是由一整套复杂连续且节奏较快的动作组成,传统的讲解很难让学生产生直观的印象,也使得学生把握不住当中的难点与易错点。借助 CAI 系统,可以给学生播放相关视频,让学生对整套动作和流程有一个非常直观的印象。以广播体操为例,可以给学生播放国家体育教育制作的标准动作示范,在此基础之上给学生讲解当中的要点,这样给学生的印象才十分直观。对于体操动作当中的难点,可以暂停、慢放、定格、反复重放,让学生看清楚,并及时地组织讨论,保证学生能够真正地理解当中的要点。

2. 逐步推广新兴课件化教学系统

课件化教学系统主要由播放设备、投影设备和遥控设备组成，用户群日益庞大，网络资源也十分丰富。以篮球教学为例，篮球运动十分剧烈，不论是相关动作还是复杂的规则都不易讲解清楚。对此，可以制作形象生动的课件，在课件中融入图像、视频等元素，由于课件系统高度的自创性，因此 CAI 更加人性化。比如，"单手肩上投篮"是一个常用的投篮动作，可以在课件中以 Flash 的形式对当中的"蹬、伸、屈、拔"等关键性动作进行分解，还可以用 Flash 小游戏的形式来让学生进一步加深自己对所学内容的印象。

3. 搭建网络教学平台

网络教学平台并不是新生事物，在我国的高校教育中也得到了较为普遍的推广，利用校园网、学生电脑端口和学校的资源库，学生可以及时查阅、下载相关信息，并进行教学、考试、报名、缴费等一系列操作，其便利性和完善性较好，这为体育自主学习模式网络教学平台的搭建提供了良好的基础平台。

网络平台虽然在教学管理和部分学科教学中得到广泛应用，但高校在体育教学领域并没有充分利用网络平台，体育教学很大程度上还是更加重视操场和场地训练的作用。实际上，根据分析可以看出，在自主教学的模式中，教学双方以及学生之间及时有效的沟通交流和资源共享是十分重要的，这贯穿于组织引导、学习、过程控制和总结评价这四个子系统，因而高校在这一方面应该充分利用自身已经具备的校园网络软硬件设备，加快构建体育自主学习网络平台。

第二节　高校体育快乐教学模式

一、概述

（一）快乐体育的基本要素

1. 环境优化

"硬环境"美化、协调；"软环境"（人文因素）健康和谐。

2. 情感驱动

教学中要引起学生快乐和成功的情感体验；教师应从情感教学入手，以自己对学生、对教材、对教学活动的热爱来激发学生勤奋学习；建立民主、合作的师生关系。

3. 协同教学

协同教学是指运用协同论的原理，在体育教学过程中重视教与学诸要素之间的参量配置协调、同步以及互补，以形成体育教学活动协同高效的运行机制，使体育教学的整体功能得以放大、增值。协同教学要求启发式的教法与创造性教法有机统一，其突出特点是在内容上强调"发现学习"，在形式上强调"学习过程自组"。

4. 增力评价

由口头的形成性评价和激励性评价组成，是一种即时的教学反馈。在具体运用时，应注意以下几点：①形成性评价要及时准确，激励性评价要适时并保持较高的频率；②要有效实用；③要避免超负荷；④要强调多项性。

5. 快乐体验

快乐体验主要指快乐的运动体验与成功体验，在教学中强调不同的体育活动所独具的乐趣，实践中应强调以下几点：①教材要适合学生的身心特点，照顾学生的体育兴趣，满足他们的体育需要；②"情知交融"，使学生产生强烈的学习欲望；

③加强学法指导,使学生的学习在"我要学"的基础上做到"会学";④强调非同步化教学,要因材施教,区别对待,力求使每个学生都有自己的学习目标和自我实现的机会。

(二)快乐体育教学模式的基本内涵

1.注重学生在体育教学过程中的主体地位

快乐体育十分重视体育教学过程中学生的主体地位,在教学中充分发挥学生的内因作用,即学生的主体作用。快乐体育理论认为,重视学生的主体地位,激发和维持学生学习的兴趣与动机是提高教学效果的有效手段。从人的发展来看,兴趣和动机是构成人的人格特征的一个重要组成部分。另外,学生从事体育学习的基础、追求目标、个性心理、学习的方式方法等均不相同,教师只有最大限度适应学生的需要,因材施教,积极地鼓励、引导学生,才能取得良好的教学效果。

2.建立和谐的师生关系

体育教学是双向多边、复杂的活动,体育教师掌握着教学方向、进度和内容,用自己良好的思想品德、丰富的知识、高超的运动技艺,活泼、生动的形象教育和影响学生,在教学中发挥主导作用。学生是学习的主体,其学习目的、态度、动机、积极性、身体状况、兴趣、思维能力、情绪等都直接影响教学效果。快乐体育强调体育教学中师生之间、学生之间都存在着双向信息交流,建立和谐的师生关系、生生关系。

3.追求学生个性的和谐发展

快乐体育认为推动学生个性的和谐发展是快乐体育思想的根本精神所在。快乐体育与学生的个性发展存在着辩证关系,一方面是学生的个性倾向性和个性发展水平,在运动项目的选择以及参与运动项目的积极性和主动性上充分表现出来;另一方面快乐体育过程又能促进学生个性的和谐发展,帮助学生更深地挖掘从事体育运动项目的潜力和参与运动的乐趣,这两方面相辅相成,在增强学生体质的基础上,促进所有学生在智力、心理素质、美育和能力等方面都能得到发展。在快乐体育的思想指导下,培养学生的独立性、自主性、创造性以及热爱美、鉴赏美、表现美的情感和能力,丰富精神生活,促使学生个性的全面发展。

4.体育教学活动本身应是快乐的有吸引力的

体育教学艺术的本质在于促进学生乐于进行体育学习,为深化旨在追求运动乐趣的体育学习,学生们自发、自主的学习活动成了一个非常重要的条件,满足学生们的运动欲求就会产生运动的乐趣。这种欲求的水平越高,越明确,其满足后获得的喜悦也就越大。因此,体育课不能是带有教师强制性的,而必须能使学生自发、自主地享受运动中的乐趣。体育课丰富多样、生动活泼的教学方法,新颖有趣、逻辑性强的教学内容,可以不断地引起学生新的探究活动,从而激发起学生更高水平的求知欲。

5.进行思想品德教育和提高运动技能

体育教学不仅要育体,而且要育心。社会越向前发展,对人的道德情操和适宜社会生活的能力的要求也越高。体育教学可以培养学生具有一定的适应社会生活要求的个人行为和社会行为,具有符合时代精神的思想品德、文明修养、道德情操等。快乐体育在注重学生的主体地位和发展个性的同时,也要求运动技能在积极参与中提高,培养终身体育的能力和习惯。

(三)快乐体育的实施原则

1.教育性原则

在体育教学中渗透德育是体育教学的基本要求。快乐体育以"乐学"为支撑点对学生良好心理素质的培养更加广泛而深刻,包括目的、兴趣、情感、意志等全部非智力因素。

2.趣味性原则

"授之以趣",教师乐教,学生乐学,形成良好的教学气氛。使学生在轻松的、舒适的、快乐的环境中进行体育课,从而使学生快乐地学会动作及技术。

3.情境性原则

将体育教学活动置于一定的情境之中,使学生贴近生活,使体育学习变得亲切、自由和愉快。

4.激励性原则

教学中一方面要"激情""激趣""激志",激发学生主动学习精神;另一方面要"激疑""激思""激智",激发学生的心智活动,达成在快乐中求发展,在发展中求快乐的目标。

5.实效性原则

近期目标是培养学生良好的学习习惯和乐学精神,提高教学质量,远期目标是面向终身体育,发展体育素质。

二、体育游戏与快乐体育教学模式重构

(一)体育游戏的内涵

体育游戏作为一种社会现象,其随着人类社会的产生和发展而不断发展。在人类社会漫长的历史中,体育游戏经历了一个由萌生、发展到不断完善的过程。何谓体育游戏?有学者提出它是游戏的一种,是以身体练习为基本手段,以增强体质、娱乐身心、陶冶性情为目的的一种现代游戏方法,它是按照一定目和规则进行的一种有组织的体育活动,也是一种有意识的、有创造性和主动性的活动,其基本特征是大众性、普及性和娱乐性。也有资料指明,体育游戏是以游戏为活动形式,以身体练习为基本内容,以促进德、智、体全面发展为目的,按照一定规则进行,具有浓厚娱乐气息的身体练习和思维练习方法的一种特殊的体育运动。它对人体基本动作形成、增强人体能力和智力、陶冶情操、培养锻炼兴趣起着积极作用。

综合以上对"游戏"和"体育"含义的理解,可以明确体育游戏的定义,即体育游戏是按照一定目的和规则进行的一种有组织的,以身体练习为基本手段,促进人身心全面发展为目的,是体力活动和智力活动相结合、是有浓厚娱乐气息和鲜明教育意义的自主活动。由于体育游戏理论是游戏理论的一个分支理论,所以具有完整的有逻辑的游戏知识体系。

（二）体育游戏的特征

1. 趣味性

辞源中说，"游戏乃玩物适情之事也"，即游戏是有趣的玩耍一类的事情，它能使人在精神上得到某种欢娱，能满足人们对娱乐的需求。尽管它不能直接创造物质财富，但是能吸引各种不同的对象主动参加，不管何种类型的游戏，组织参与游戏活动，首先是有趣好玩，从中得到欢乐。体育游戏也是如此，所以趣味性是体育游戏的第一大特征。如果没有趣味性，则不能称之为体育游戏，而只能称之为体育练习或身体练习。

2. 教育性

体育游戏是学生的"良师"，是体育老师的"益友"。体育游戏教学丰富了教学内容，激发了学生的学习动机；培养学生的思维能力、创造能力和竞争力；提高学生的注意力，改善学生的心态；完善个性；培养学生的意志品质；建立良好的师生关系；提高学生的身体素质和健康水平，使学生在德、智、体、美诸方面全面发展。体育游戏教学实施并实现"健康第一"的指导思想，在未来的体育教学中一定会发挥更大的作用。

3. 竞争性

体育游戏大多都具有以个人或集体取胜为目的的竞争性特征。通常以游戏完成的数量、质量、速度为判别胜负的依据。因此，它充分体现游戏参与者体力、智力上的竞争特点，通过游戏活动可提高参加游戏者的身体活动能力、思维能力、应变能力、创造能力，并在游戏中培养学生团结互助的集体主义精神，使参与者在竞争中实现精神上的满足。

4. 科学性

体育游戏在组织的过程中要考虑到学生原有的知识、技能、身体素质和训练水平，根据由易到难、由浅入深、循序渐进的原则，对不同年龄和性别的学生要区别对待，科学组织，做到"因材施教"。同时，游戏过程中要密切观察学生身体状况的变化情况,科学合理地掌握运动密度和运动量。

(三)基于体育游戏的快乐体育教学模式重构措施

1.贯彻"安全""健康"和"娱乐"三者统一的教学指导思想

"安全"问题是体育教学中最先考虑的问题,由于这个问题会带来严重的后果,就限制了体育活动的开展,而这里寻求的是在保障安全的活动环境下,学生德、智和体等方面全面发展,即"健康"成长;"健康"是体育教学的追求,而"娱乐"配合"健康",在这里把两者并列,主要因为"娱乐"是"健康"不可或缺的途径。因此,只有统一三者,才能准确定位快乐体育教学的指导思想,三者合为一体才是一个良好的教学指导思想,快乐体育的本身原则就在于更"安全"、更"健康"、更"娱乐"地完成课程,三者的关系相互联系、不可分割。"安全"是课程完成的基础,学生的基本保障。"健康"体育课的根本所在就是要提高学生的身体素质,通过锻炼方式来予以提高,从而达到健康的目的。"娱乐"就是在前两者的基础上通过娱乐身心的方式,在安全的基础上来达到活跃身心健康的目的,这也是快乐体育所带来的一种教学效果。

2.建立以增强体质,促进人格完善的教学目标

众所周知,科学合理的体育活动能使身体更加健康,随着深入的研究,人们发现学生在积极参与运动的过程中,思维变得更加活跃和敏锐,创新能力大大提高。同时,由于受到活动环境的熏陶,也能够加速个性社会化的形成,而学生认知能力的培养和个性社会化的形成则能促进人格的完善,社会的发展对于人才的需要越来越高,人本身的基本素质也需要提高,在基础的课程中,培养学生身体素质、健康能力是体育课的一方面。当前的社会需要及课程要求的改变,培养的是学生能力,能力的提高体现在动手能力,体育课的转变方式就在于如果在基本的思想上让学生更好地完成教学目标,快乐体育的融入把学生的思想精力带动起来,融入课堂里,在环境因素影响的同时,身心得到了锻炼,人的身体得到锻炼,思维方式得到锻炼,从而达到体育课的教学目标。

3.建立"因人而异"的教材体系和"因材施教"的教学方法

教学方式及教学方法是教学课程的基本体系，好的教学方法能更好地来完成教学，有针对性地采用好的教学方法能够更好地提高教学质量。学生由于受到诸多因素的影响，其素质表现出明显的个体差异，因此教师要根据实际情况因材施教，具体在选择教学内容和方法以及制定练习的难度与要求时，表现出选择和制定上的灵活性，尽量满足每个个体的实际需求。人性化的教学更好地体现了快乐体育教学模式的重要性，因人而异地来进行教学。

4.建立以游戏理论为辅，不断创新并达到培养学生身体发展为目标的教学内容

如今的体育课程大多以传授基本技术、基本学习方法为主，始终没有使学生能够更好地理解和掌握技术，在教学过程中运用多种游戏方法进行教学，以此提高学生的积极性，促进学生身心的发展。让学生在娱乐的过程中学到知识和内容，可以通过游戏的趣味性加上教学方法来完成。游戏的理论基础颇深，在运用上没有局限性，也要有一定的人文融入其中，所以教师在安排教学内容上要有所体现，这才能体现出新型体育教学模式中的新型元素，重视娱乐教学，但是不能把体育课程变成根本的游戏课，用游戏的方法和理论去辅助教学，达到良好的教学效果。

5.建立以教师为主导，教师与学生共同为主体的教学群体

学生虽然是学习的主体，但其所需要的体育知识、技能，仍然需要由教师来传授；其在学习中的自学积极性，需要由教师来激发和培养；学生进行自主学习、合作学习和探究学习，也离不开教师的指导等。然而，教师在主导的过程，也要让自己成为主体，与学生一起感受和体验，共同互动起来，让体育教学过程中的所有成员成为一个随时随地的信息反馈系统。

6.建立以重视情感投入为主并培养学生自主学习和合作学习的教学过程

体育教学的过程不仅是体育知识、技能的传递过程，而且还伴随师生之间的情绪、情感交流，伴随态度和行为方式的相互作用与影响。教师根据学生的自身需求，

激发其兴趣,最后变成学习动机,而学习动机能克服许多传统教学模式中学生所处的被动状态的弊端,能够培养学生学习的自主性,也能改善师生关系和生生关系,从而在活动过程中互相学习,共同提高,为学生提供愉快的学习经历,这也有利于营造和谐合作的学习气氛。

三、高校快乐体育教学模式的应用

（一）理论基础与实践结合

每种教学模式的创新都需要扎实的理论基础作为支撑,在不断的摸索实践中逐步完善。快乐体育教学想要实现模式创新,不仅要在教学内容、教学方式、教学评价方式等方面下足功夫,还要注意调整在实际运用中因为某些因素导致教学模式的不间断变动。结合不同的时期、不同的教师、不同的学生顺序等多方面的因素,实现灵活性、多样化的教学。例如,个性教学模式结合快乐体育理论为社会培养全面的人才;发现问题教学模式结合布鲁纳发现法理论;增强体质教学模式结合享受活动乐趣快乐体育教学基础理论。

（二）情绪感染，调动学生的学习热情

大学生在快乐体育教学过程中,教师的热身设置非常重要。在这样的过程中如果加入情绪预热,可以帮助学生在最短的时间内参与互动。由于传统的体育教学中,教师在传授运动技能或是体育课上的活动内容时,"说教"占据了相当大的部分,体育教师与大学生之间侧重的是"教育",体育教师在肢体语言运用技能上的缺失,导致情绪感染严重不足,很难调动学生的学习热情。加上难懂的各种技术动作相关术语,学生与教师交流的主动性与互动性丧失,最终导致快乐体育的教学目标难以完全实现。

（三）强调学生的主体性

快乐体育教学在实施上采用的组织形式应以学生为主体,在各个环节中体现

并带动学生的主观意愿。但要杜绝盲目地以学生为先。例如,在设计掌握技能教学模式中教师可以让学生选择自己的强项体育技能,并同步录入教学系统,然后根据学生的自身特点制定健身运动的方式。此外,还可以在目标教学中,让学生自己选择符合自身能力的学习目标。

(四)体育教学手段要丰富多元化

快乐体育教学中包括了教材内容、教学方法、教学形式以及教学评价等内容。因此,快乐体育教学模式的创新就需要在这些环节中体现出来。例如,在对增强大学生体能教学的过程中,可以引入我国竞技体育领域中发展较快的体能训练方法,提高核心力量训练等。抑或将拓展训练的形式与体育教学结合起来,并引入健康周期理论,做好运动技能评价等教学内容。

(五)体育游戏让学生收获快乐

大多数学生潜意识里认为体育课应以"玩"为主,因此教师就应该抓住学生这个"玩"的心理,同时结合教材来进行体育游戏练习。体育游戏具有组织形式生动活泼、内容丰富多彩、操作简单易行等特点,能够在给予学生充分的愉悦体验的同时,将体育教学的目标充分渗透进去。

(六)利用现代科技发展促进体育课程改革

伴随着科技革命的不断深入发展,学科之间的渗透与交叉、分化与综合、知识结构的变化,推动体育课运用新的教学手段、组织形式、教学方法,最大限度地调动学生的积极性和主动性。快乐体育强调体育教学中应注意满足学生的动机需要,让学生愉快自主地从事体育学习与锻炼,充分发挥学生现有的能力去从事、创造、享受体育运动,并在运动过程中自觉积极地发展体能和提高运动技能。

(七)培养学生对体育运动的兴趣

遵循运动技能的形成规律,以系统传授运动技能为核心的一种体育教学活动体系,注重对技能掌握效果的评价,也称为"三段制"教学过程。在体育的教学过程中,要重视对学生体育能力的培养,使学生从体育锻炼中体验到乐趣,激发长期参加体育锻炼的欲望和兴趣,为其今后的终身体育锻炼奠定坚实的基础。

(八)努力建立融洽的师生感情

我国高校体育新课程理念中已经明确提出,教师教授知识和实施教学活动的过程其实是一种知识传递的过程,更加是一种学生和教师交流情感的过程,任何一个科目的高效课堂教育教学都建立在教师与学生之间情感交融的基础之上,因此,在大学体育课堂中应用快乐教学法,必须要建立起一种融洽的师生感情和平等的师生关系。例如,教师可以在自己的体育课堂中采取小组合作学习的教育方法,在大学生进行小组讨论的过程中,大学体育教师所扮演的角色并不是领导者与裁决者,而是评价者、指导者以及组织者,具体来说,就是要对学生进行指导,使他们能够对体育教材的知识和内容进行深入理解,并且要对大学生自身所显现出来的问题和错误进行详细分析,教师不能劈头盖脸地批评学生,而是应该耐心地引导学生抛弃错误的知识和观念,接受正确的知识和内容,教师必须要明确学生出现错误的原因,究竟是学习态度原因、学习方法原因,还是其他原因。然后,让学生实施小组合作学习以及交流,小组成员共同研究应该如何对学习过程中遇到的问题进行解决。

第三节　高校体育网络教学模式

一、概述

(一)相关概念

1.网络教学

网络教学是利用计算机设备和互联网技术,在此基础上实行信息化教育的教学模式。借助互联网平台实现异地、实时的教学和学习,平台将多媒体视频、音频、图像、动画等资源融合在一起。网络教学的主体是教师和学生,教师制作多媒体课件或开发网络课程时参考教学大纲、学生学习特征和学生认知水平,有针对性地调整课程、课件内容,将制作好的多媒体课件或网络课程与相关资源、扩展信息发布到网络教学平台。学生则通过网络设备接入网络学习平台,可按教学要求选择课程或针对自身特点进行学习,同时师生双方可通过平台的交流模块针对学习问题及时进行交流。

2. 教学管理

教学管理是学校正常教学秩序的保障,教学管理者通过一定的管理手段,使学生按照学校既定的培养方案进行学习,包括教学大纲、教学计划、教学运行、教学质量评估、学籍的异动审批以及学科、专业、教室、考场等管理,在确保正常教学秩序的前提下,同时对教师及学生在校期间开展的各类活动的辅助与监管。

3. 网络教学管理平台

网络教学平台是建立在以互联网为基础的现代远程教育的支撑平台,为在网络上进行学习的学习者和教育者提供交流的平台,可以方便教育者进行授课、答疑、谈论以及作业的批注。它是支持共享和交互的平台,为学生学习质量提供了一定的保障,且符合统一的标准,它是现代网络教学必备的教学支撑平台。

网络教学管理平台建立在网络教学平台的基础上,教师可以在这个教学平台上开设教学课程,方便学习者自主选择要学习的课程并进行自主学习内容的挑选。不同学习者根据教学内容来进行交流互动,教学活动围绕着教师的教和学生的学来开展,方便教师和学生进行讨论和交流。它是支撑教学活动最重要的应用管理系统,为教师和学生提供了强大的施教和网上学习的环境,同时,将学校教务管理平台的内容进行融合,教师可以在平台上对学生的作业进行批注,可以编辑教学课件,可以在线对学生进行考试等。平台可根据教学的课程需要,定制个性化的学习工具。同时,学生也可以在这个平台上选修课程,安排学习计划,查看选修课程的内容,向教师提交作业,汇报协作学习的情况等。

（二）理论基础

1.教育传播理论

教育传播理论是教学技术的重要理论基础,现代远程教育的教与学活动,是一种以教与学的异地分离为特征,以媒体传播信息为特点,以学习者的自主学习为主的获取知识量的新的学习形式。由教育者按照一定的教育目的和要求,选定教育内容,并借助媒体通道,将知识、技能及思想等传输到特定的教育对象的过程。

2.人本主义理论

人本主义心理学主要体现在以培养"完整的人"或"自我实现"为目标,强调人的认知发展和情意发展的统一,强调人的情意发展和认知发展的同时,罗杰斯认为人的学习倾向和内在潜力是天生的,保持学生的好奇心将会推动终身学习的发展。好奇心可以帮助学生解决学习中的困难,而且可以不断激发学生自主学习的潜力。从这个意义上说,网络教学管理平台的个性化学习有利于学生学习目标的实现,以兴趣为引导点,推动学生学习,提高学习效率与品质。

3.混合学习理论

混合学习理论的主要特点是将现代教学与传统教学融合在一起,通过综合运用不同的教学手段来满足不同的教学需求,在传统的教学中,只要存在不同教学手段的结合,就可以称为混合式。例如,在课堂中播放录音、录像等。需要教师对"混合"的内涵有充分认识,才能将教学活动有效地体现出来,并将混合式学习的思想融入教学活动之中。

在网络教学平台的教学活动中,将传统学习与网络学习结合起来。根据学习者自身的特点和教学内容要求,针对实际的教学环境和教学条件来选择多种传递通道进行知识传输,不局限于任何一种教学方法、教学手段和教学设施,同时通过教师有效的引导和规划,学习者根据自己的能力去进行自定步调的学习,以取得更好、更有效益的学习效果。

4. 绩效评价理论

绩效评价理论是组织依照预先确定的量化指标及评价标准, 运用科学的评价方法, 对评价对象的工作能力、工作业绩进行定期和不定期的考核与评价。在网络教学管理平台中, 师生双方均可互相评价、互相监管。同时, 引入第三方监管机制即教务部门对师生同时监管, 既可以考核评价教师日常教学活动的开展、课件资源的上传、师生日常的交流情况, 又能够对学生完成课程进度、日常考试、教师评议、学业完成情况进行考核评价, 在一定程度上督促师生双方有序地进行教学活动, 保证教学顺利开展。

二、网络教学模式在高校体育教学中的应用

（一）网络技术在高校体育教学中的应用发展的特点

网络技术应用于高校教学的快速发展和变化, 是以网络技术为核心, 通过运用网络平台实现高校师生之间教学辅助功能的过程。与传统模式下的高校体育教学相比, 高校体育教学的信息化、智能化是计算机网络技术、信息技术高速发展的必然结果。学校开展体育网络化教学, 需要建立一个完善的体育教学管理系统, 包含体育教学管理系统、体育教学资源管理系统以及体育课堂教学的网络管理系统, 从而营造基于互联网的信息化、智能化的体育教学环境。丰富的体育教学信息资源提高了网络技术的应用效率, 能够有效地整合各方面的体育教学资源, 实现高校体育教学信息资源的及时整合与分享。通过网络技术可以及时对高校体育教学资源进行更新, 及时满足体育教学知识更新的需求。为高校体育教师和学生提供丰富的体育教学资源, 提高学生自主学习的积极性。在高校体育教学中, 使学生突破被动"灌输式"的教育方式, 学生可以根据自身需求设定符合自己特点的学习目标, 从而极大地提高体育教学过程中学生自身的积极性。在这种新的体育教学环境中, 体育教师不仅仅是传统体育教学中知识的教授者, 也是学生自主学习过程中学习的引导者, 丰富了师生之间的交流渠道, 方便了学生学习过程中教师的指导。这种

模式极大地丰富了体育教学形式,拓展了学生在体育课堂之外的学习环境,营造了不受时空限制的体育教学环境。总之,对高校体育教学模式进行改进,有利于高校体育教学质量和效益的提高,而传统模式下的体育教学也能够得到开放性的发展,网络技术在体育教学中的应用使得体育教学形式日趋多元化,高校体育教学过程中环境更加自由,为学生提供了更加方便接受体育教育的教学形式。

网络技术应用于高校体育教学,使得高校体育教学更加适应时代发展的需求,这也是现代信息化社会发展对于高校教学发展的现实需求。网络技术应用于高校体育教学提高了高校体育教学的学习效率,这也是网络时代背景下学生接受学习知识的方式之一。体育知识的更新频率高、时效性快,将网络技术运用到高校体育教学之中,可以及时让学生接收到最新的体育科学知识信息。

网络时代的到来使得网络技术得以飞速发展,各大高校越来越多地采用网络技术进行网上选课以及教学管理。高校体育教学管理工作的智能化发展离不开网络技术的支持,运用网络技术开发的教学网络管理系统为高校体育教学繁重的管理工作带来巨大帮助和改善。通过体育教学网络管理系统的运用、建设,及时掌握学生体育课程的选课情况信息,方便高校教师结合所教授的体育专业课程及时进行教学计划的调整,更加有效地应对高校体育教学的需要,全面详细地掌握本校体育类学科教学过程中教学资源的分配情况,并对本校体育教学的相关数据信息做出更加准确的统计。体育教学网络系统可以根据管理员以及教师和学生操作人员的身份以及功能需求的不同来进行不同功能使用权限的分配,保障体育教学网络管理系统的正常运行。管理员掌握整个系统数据库的安全操作权限,其中学生拥有查询自己考试成绩以及管理选课等权限,体育教师则可以通过使用网络教学管理系统,及时了解体育教学所需的有关信息,并对所教授学生的学习进度与成果进行了解,从而方便教学计划的顺利实施。

新的网络时代背景下的体育教学环境更加致力于发展学生个性、培养学生终身体育学习能力、促进学生综合素质的发展,从而最大限度地发挥网络技术对体育教学资源的作用,构建良好的体育教学环境,为实现终身体育做贡献,对实现全面育人和终身体育的目标有着重要意义。

(二)网络时代在高校体育教学中的应用策略

1.体育信息化背景下高校体育教学改革的需要

高校体育教育是高等教育的重要组成部分,而高校现代化体育教学又是高等教育现代化发展重要组成中的关键环节。同时,高校体育教学在大学生接受高等教育的过程中肩负着全面提高高校学生身体素质的重要使命,为现代化素质教育发挥着重要的作用。网络技术在高校体育教学中的应用为改变传统模式下高校体育教学提供了技术上的支持和保障,同时也为高校体育教育工作者未来信息化教学的发展带来了难得的机遇。网络技术应用在体育教学中,并与其他学科进行多学科教学辅助整合后的教学方式得到了迅速发展,并且受到了学术界许多专家学者以及高校体育教师和学生的认同,在网络技术运用于高校体育教学的过程中展现出其特有优势。与此同时,高校体育教学工作者在体育教学过程中,通过将网络技术融入传统体育教学过程中来设计新的教学模式,使网络技术更好地服务于高校体育教学的需求,为高校体育教学的现代化发展起到良好的辅助作用。将网络技术应用到高校体育教学管理的工作中,可以有效地促进高校体育教学管理效率的提升,为高校体育教师与学生提供了良好的教学科研环境以及更加便捷的交流途径。未来一段时期,网络将从根本上改变原有的高校体育教学模式,并更加有效地整合高校体育教学资源,极大地推动高校体育教学的现代化发展。

建立和完善高校体育教学网络技术应用平台的环境,需要加大高校计算机硬件设施的投入,加强高校校园网中体育网的建设。良好的高校体育教学网络技术平台环境是建设现代化高校体育教学的基础,其中包含标准化的网络技术设施和系统化的教学软件。随着网络时代背景下网络技术的快速发展以及高校已经基本普及的网络多媒体教室和大量的体育教学网络应用软件,高校体育教学网络技术平台的应用环境得到较好的硬件保障,具备良好的教学环境可以促使高校体育教师在体育教学中更好地应用网络技术来完善高校体育教学。

随着当前网络时代背景下网络技术的发展与广泛应用,网络技术给高校体育教学带来的影响越来越深刻,应用网络技术的体育教学网络平台受到了广泛关注。在高校体育教学中应用网络技术,营造对软件和硬件建设的良性教学环境也有要求,如果不具备良好的体育教学软件和网络硬件教学环境的支持,那么在体育教学的过程中就发挥不出应有的教学效果。高校应加大对高校体育教学软件开发的力度,使之可以更好地为高校体育教学提高优质的服务。高校体育教学中运用多媒体网络教学离不开体育教学网络资源的支持,丰富的体育教学课件和教学素材是未来高校体育教学的保障,高校应及时对体育教学所需的网络教学资源库进行更新,增加体育教学所需的相关课件,对体育教学所需数据信息资料进行教学共享。高校体育教学网络资源库的建立为高校体育课程提供了充足的体育教学课件,为体育教学课件的自主设计提供了丰富的体育教学素材,而且体育教学网络资源库的建立也拓展了学生的学习途径。高校体育多媒体教学网络资源库的建立和完善离不开高校体育教师对体育教学资源的制作和收集,需要多方面的支持,及时建立有效的激励机制提高积极性,使广大师生积极地加入体育多媒体教学网络资源库的建设中来。高校之间应加强合作,实现体育教学资源库的共享,及时对优秀的体育教学资源进行收录,并建立长期稳定的教学合作和共享关系,进而加强高校体育教学网络资源库的建设。

2.改进传统体育教育模式,提高教学管理的质量和效率

在高校体育传统的教学模式中,多数是体育教师课堂讲述的形式,其中大多依赖于体育教师的板书以及静态投影图等单项式教学。这种传统的教学模式形式和方法都比较单一,使得高校体育课程的教学效果受到了局限,没有得到充分的发挥,网络多媒体技术是集各种网络信息载体平台于一体的技术,通过网络技术把图文以及视频动画等影像进行体育教学信息的整合,是网络技术应用于高校体育教学的重要表现方式之一。网络多媒体技术在体育教学中的应用,从而辅助高校体

育教学，已经得到了高校体育教师的广泛认可。在高校体育教学中应用网络多媒体技术，可以针对高校体育教学的特点发挥其特有的优势，结合不同体育教学中实际教学网络软硬件设施的具体情况，应采用相对多样的体育教学课件制作软件进行网络多媒体课件的制作。这些方法的运用有利于节约教学成本，提高高校体育教师工作效率，改进高校体育教学的质量。其中，在高校体育教学中，体育理论课程教授的各项运动技术的理论与方法以及动作理论分析，还包括运动技能的教学步骤与方法和影响成绩因素的分析，都需要有与之相应的图像解析和相应的视频教学，这样不仅能极大地提高学生课堂学习的积极性，还能增强课堂上体育教学的效果。网络技术的运用可以使体育教学中，及时选取最新的优秀赛事中运动员的数据材料和视频做教学示范，这将能够较好地调动学生学习过程中的积极性。在体育教学过程中运用情境式的教学使得体育教学的效果成倍增加，利用网络多媒体技术对体育教学进行科学处理是高校体育教学现代化发展的重要表现。体育教学智能化的管理涉及高校体育教学的方方面面，体育教学网络信息化管理可以加快体育教学工作的进度，提高高校体育教学工作效率。高校体育教学管理还包括高校体育教学资料和文档的智能化管理，当前高校体育工作中存在着一些单调、烦琐、重复的细碎工作，如高校举行校园运动会，从校园运动会的报名准备、赛程编排，到各项赛事的成绩记录以及对应的统计分析。随着现代网络信息技术的快速发展，基于高校体育教学的实际需要，对高校体育教学管理所需要的软件加强开发和运用，从而推动高校体育教学智能化管理的发展。现代化的高校体育教学不应仅仅局限于传统模式的体育教学方式，尤其在这个网络技术飞速发展的时代，网络技术应用于高校体育教学已经成为未来高等体育教育发展的必然趋势。网络技术在体育教学中的运用有效地突破了时间与空间的限制，弥补了传统体育教学中所使用的纸质教材的不足，极大地拓宽了学生体育学习的知识面，拓展了新的体育学习方式，丰富了高校体育教学内容，强化了高校体育教学效果，增强了学生在体育教学中自主学习的积极性，提高了高校体育教学的教学效率。

　　高校体育教学有其独有的特性,由于体育教学中体育运动项目的种类比较多,不同的运动项目其运动技术相应也有所不同,在不同运动项目和运动技术的教学中都需要体育教师进行相应动作的示范。高校体育教师由于自身随着年龄增长等原因,对于体育教学中的体育运动技能的动作示范能力有所降低,不能保证每个动作都能做得符合标准。网络技术在体育教学中的运用,有利于克服体育教师自身因素的限制,引用与相关体育课程所需的体育运动项目的标准进行示范,并整合运用到教学之中。这样不但不会因为体育教师自身年龄增长、身体技能的退化而受到影响,反而以更好地利用体育教师本人对该运动项目多年的体育教学实践经验,达到更高标准的体育教学水平。网络多媒体技术能够将不同运动项目的技术动作全方位地展现在体育教学课堂上,同时还可以对相应的体育运动项目中的细节动作进行细致的分解教学。通过视频动画的视角转移,每个时间点的定格等,给学生在运动项目每个时间段多个视角的视觉呈现,保障学生对所学的体育运动项目每个细节的学习都有科学直观的认识,激发学生进行体育学习的兴趣,提高高校体育教学的效率。网络信息技术作为体育教学技术的一种,其被广泛地应用到高校体育教学的课程之中,以促进高校学生对体育知识的学习。在当前高校体育教学过程中,不能一味地只对单一体育学科的相关的体育知识、运动技能进行教学。在如今知识信息迅速更新的时代背景下,为了更好地提高高校的体育教学的效率,应该考虑将体育教学的课程与其他学科的课程进行整合。

　　由于计算机网络技术与网络多媒体技术的迅速发展,新的网络信息技术不断被运用到高校体育教学的课堂之中,与体育教学的课程相结合,出现了许多新的现代化的体育教学模式和学习方式,多学科间的课程整合就是把与课程相关的交集部分进行教学内容的辅助融合,在体育教学过程中运用教学技术融为一体的体育教学理念。这些对高校体育教学有很大的帮助,在体育理论课程的教学中,通过集合网络多媒体技术进行课程的设计,能使体育理论的教学过程变得形象生动,同时能够提高学生在体育课堂上的学习积极性和课堂学习效率。网络技术的运用可以使体育教学中各项体育运动技术的分析更加细致准确，在高校体育教学运动训练过程中对学生的体能监测十分重要，网络技术的运用促进了高校学生体能监测的科学化，通过网络技术及时反馈出每个学生在运动训练中的负荷等相关数据并加以合理系统的分析，从而达到体育教学过程中科学化的训练效果。体能监测借助于先进的网络信息技术可以使体能监测标准化，对于体育教学过程中运动训练及时进行科学数据分析，并对相关的数据进行准确的保存，有助于历史数据的统计和分析研究。使高校体育教学中运动训练计划更加合理化，从而对体育教学中运动训练的全过程进行跟踪，包括对训练的目标和制订的训练计划以及实施训练的目标实现等。高校体育教学在保障学生掌握一定的运动技能的基础上发挥学生自主练习的积极性，使训练的过程更加科学有效。

3.加强网络技术在体育教学中的普及与相关师资队伍建设

高校体育教师是高校体育教学过程中的指引者和实践者，高校体育教师是否具备现代化的教学技术运用理念，直接影响到高校体育教师自身的教学行为。高校体育教学中网络技术的应用使传统模式下的体育教学理念和方式都发生了转变，有效地促进未来高校体育教学的改革和推动高校体育教学现代化的发展。高校体育教师在高校体育教学中运用网络技术辅助教学，需要突破传统体育教学理念的束缚，不断促进高校体育教师体育教学理念的提升，这有利于高校体育教师在网络教学技术等专业技能方面的提高，有效地建立现代化的体育教学教育理念，使高校体育教师对网络技术应用于体育教学过程中，对体育教学的效果以及教学模式和方法的提高有准确积极的思想指导。因此，高校体育教学中体育教师对网络技术在高校体育教学中所发挥的具体作用，要用准确的高校体育教学理念进行指导，才能在高校体育教学中提高高校体育教学效率，有效保障高校体育教学质量和高校体育实现现代化教学。网络技术全面应用于对高校体育教学中对体育教学智能化的发展，高校体育教师工作效率的提高和学生学习效率的提高方面产生了极大的推动作用。网络技术在高校体育教学中的应用，可以有效地发挥其特性来提升高校体育教学的效果,使高校体育教学发展符合当前信息化社会现代化发展的需要,为高校的体育教学效率提高提供保障。

网络技术应用于高校体育教学,使得高校体育教师的教育职责不仅仅停留在体育课堂教学上,网络技术的运用拓宽了体育教师在课堂之外与学生交流的渠道,使得高校体育教师在课堂之外的时间可以方便快捷地解答学生在体育课程学习中遇到的问题。高校体育教师应及时对高校体育教学的网络素材库进行完善建设,为高校体育教学提供一个良好的网络支持平台和体育教学环境,这些都需要体育教师彻底转变传统模式下的体育教学理念,从而促使高校体育教师熟练掌握运用网络技术于体育教学之中的特性。现代化的体育教学技术对高校体育教学中学生的学习有积极的促进作用,能够更好地增强未来高校体育教学效果。实现这些,需要高校体育教师把现代化的体育教学技术合理地应用到体育教学实践中,为网络时代下高校体育教学建立一个体育教学多媒体网络平台,为高校大学生自主学习和合作交流提供良好的学习环境,从而更好地培养高校大学生的创新能力和合作精神。

高校应及时建立完善的体育教学网络技术管理激励制度,为高校体育教学更好地应用网络技术提供完善的保障体系:高校体育教学管理制度应跟随网络教学技术的不断发展进步,及时更新有关新网络技术应用的管理规定,从而不断完善高校体育教学管理体系。高校为保障现代化体育教学技术的运用,需要重视高校的教学网络管理系统,及时采取应对措施,完善体育教学网络管理系统。要及时建立高校体育教学现代化教学技术运用的有效激励制度,如设立行之有效的奖励措施,并纳入高校评定考核体系之中,积极利用网络多媒体技术制作的体育教学课件开展教研活动。对优秀的体育教学课件及时给予相应的奖励,充分调动高校体育教师在体育教学中运用网络技术的积极性,使高校体育教师及时掌握最新的现代网络教学技术,从而积极促进高校体育教学现代化的发展。

第五章 高校体育教学过程与评价的革新

第一节 高校体育教学过程的优化发展

一、体育教学过程的概念

体育教学过程是为实现体育教学目标而计划、实施的、使学生掌握体育知识和运动技能并接受各种体育道德和行为教育的教学程序。这个程序具有学段、学年、学期、单元和课时等不同时间概念。

二、体育教学过程的性质

（一）高校体育教学过程是学生对运动技能进行掌握的过程

高校体育教学过程是学生对运动技能进行掌握的过程。从本质上来讲，体育课程的教学就是在身体练习不断反复开展的过程中，使学生能够对运动技能进行掌握，同时，在对运动技能掌握的前提下接受其他方面的养成教育，同体育课程不同，其他学科的教学过程实际上就是，使学生对概念进行识记，并且对推理、判断等思维方式进行应用，去对科学知识进行掌握，同时使学生的智力得到发展。因此，我们可以将高校体育教学过程理解为学生对运动技能进行掌握的过程。

（二）高校体育教学过程是使学生运动素养提高的过程

对运动技能进行掌握的前提就是，使运动素质得到提高，同时，还要使大肌肉群的运动素质得到有效提高，运动技能与运动素质提升之间存在的关系是互相促进。所以，高校体育教学过程可以理解为是使学生运动素质得到不断提高，且以此能够使学生体能得到增强的一个过程。在高校体育教学活动开展的过程中，在重视学生掌握运动技能程度的同时，还应该对学生运动素质的提升给予一定关注，并且，在对高校体育教学进行设计，对高校体育教学进度进行安排，对高校体育教学内容进行选编的过程中，将运动技能与运动素质的提高紧密地联系在一起，保证二者的协调发展。

（三）高校体育教学过程是知识学习、运动认知的形成过程

体育学科作为一门综合性课程，包含了自然学科与人文学科。在高校体育教学活动开展的过程中，不仅强调学生对运动技能的掌握，还会组织、安排学生对其他知识进行学习，获得一定的运动认知。在某些时候，这也是运动技能掌握与运动素质提高的重要前提条件。所以，高校体育教学过程也是对体育知识与运动认知进行掌握的一个过程。

体育是涉及人文学科和自然学科的一门综合性课程，在以掌握运动技能为主的高校体育教学过程中，学生也会涉及许多知识的学习和运动认知的获得，有时，这也是掌握运动技能和提高运动素质的基础。因此，高校体育教学过程也必然是一个掌握体育知识和运动认知的过程。

（四）高校体育教学过程是集体学习与集体思考的过程

高校体育教学的教学形式主要以"集体学习"和"小集体学习"为主，之所以这样，原因在于绝大部分的体育运动项目的完成都是通过集体形式或者小集体形式，所以，也应该在集体性学习与集体性撕开的过程中完成体育技能的学习。此外，现阶段的高校体育教学目标也是更加倾向于学生的集体学习，旨在使集体教育的潜在作用能够得到充分的发挥。同时，在高校体育教学中，集体性学习与集体性思考能够使教师与学生之间、学生与学生之间的沟通和互动得到加强，同时，还能够促

进学生社会适应能力与社会交往能力的培养,所以,对于高校体育教学过程,也可以认定为是开展学生集体性学习与集体思考的一个过程。

(五)高校体育教学过程是对运动乐趣进行体验的过程

从生理学的角度上来讲,学生体育学习的过程是一个充满汗、累和苦的过程,是对学生身体实施生物学改造的过程,同时,对运动固有乐趣从身体方面与心理方面进行体验的一个过程。这种乐趣体现了体育运动的生命力,同时是高校体育教学的重要内容与目标,还是对学生体育参与意识进行培养的重要手段与途径,是终身体育运动开展的前提条件,所以,对于高校体育教学过程,我们可以理解为学生对运动乐趣进行体验的一个过程。

三、体育教学过程存在的主要矛盾

在体育教学过程中,主要矛盾存在三对,分别是:(1)体育教师的教同学生的学之间存在的矛盾;(2)体育教师同教材之间存在的矛盾;(3)学生同教材之间存在的矛盾。在这三对矛盾中比较显著的就是体育教师的教同学生的学之间存在的矛盾。

在高校体育教学过程中,体育教师与学生是两个重要的主体性因素,因而导致体育教师的教与学生的学之间双边互动的矛盾关系得到构成,并且在高校体育教学过程中,这一矛盾是始终存在的,同时,还能够对其他矛盾的存在与发展起到一定的支配作用,从而作为原动力,促进高校体育教学过程的发展。

四、体育教学过程的功能

高校体育教学过程从根本上来讲,就是认识与实践之间统一、协调发展的一种活动过程,这一过程的最终目标在于,使学生的全面发展得到促进,换句话来讲,高校体育教学过程的主要功能在于使学生身心诸方面的和谐发展得到促进。对于高校体育教学过程的功能进行全面地认识与开发,能够使高校体育教学成为有效途径，以促进高校体育教学目标的更好实现。高校体育教学过程的功能主要会在以下几方面的内容中表现出来。

（一）体育教学过程的教育功能

在体育教学开展的过程中，不仅能够增长学生的知识，使其能力得到全面发展，还能够熏陶、改变学生的思想情感、道德品质与精神面貌。在体育教学中，教师应该将教书与育人自觉地统一起来，充分发挥体育教学过程的教育功能，使学生思想品质与道德素养的发展得到促进。

（二）体育教学过程的知识传递功能

体育教师通过体育教学过程的开展，能够将科学文化知识与基本技能技巧系统地向学生传递。体育教学过程实际上就是对学生有目的、有组织、有计划进行培养的一个过程，因此，体育教学过程的知识传递功能能够高质量、高效率地发挥。

（三）体育教学过程的智能培养功能

在知识传授与技能形成的统一发展过程中，智能培养得以实现，上述三个因素之间的关系是非常紧密的，是互相促进、互相依存的统一体。首先，智力活动的主要内容就是知识；其次，对知识进行学习与应用的活动，本身就能够实现智力的锻炼与能力的培养；最后，形成技能可以使智力活动过程得到大大简化，使智力活动水平的提高更加迅速、更加经济、更加有效。

（四）体育教学过程的审美功能

作为教学艺术与教学手段，"美"的因素始终存在体育教学过程中，并且在体育教学活动的各方面都存在，在"美"的多样形式下，使学生对"教"所要传递的各种各样教育信息顺利吸收，同时，获得教学美的体验与享受，使紧张学习导致的疲劳得到消除，促进一定审美趣味、审美观念与审美能力的形成。

（五）体育教学过程的发展个性功能

发展个性的主要内容是对知识进行传授，对智能进行培养，促进技能的形成、在原有生理条件与经验背景的基础上，每一个学生都有可能会形成独有的知识、智能结构与技能，同时能够对自己新的知识体系进行构建，从而为个性发展创造良好的条件。

然而，需要注意的是还受到其他几方面内容的影响，即身体素质的健全，态度、情感、动机、意志、品德、思想、价值体系等方面的培养。对于上述能够对学生个性发展起到决定性作用的这几方面内容，体育教学过程能够发挥积极的影响作用。

五、与体育教学过程有关的概念

本节内容主要是对体育教学过程的基本概念进行分析，但是本书的许多章节也都与体育教学过程存在十分密切的联系，只是从不同方面出发对体育教学过程的内容进行阐述，例如，体育教学模式、体育教学设计、体育教学原则、体育课堂教学活动等都是从不同的角度来描述体育教学的整个过程，并且对相关规律进行揭示。所以，表述、分析体育教学过程是体育教学论的重要内容，本节只是对其进行简单的探讨。

为了便于大家更全面和综合地理解体育教学过程，在此就体育教学过程与体育教学原则、体育教学模式、体育教学设计、体育教学计划以及体育课堂教学等概念的关系做一简析。

（一）体育教学过程与体育教学原则

在许多"教学论"著作中都称教学原则，实际上就是教学过程的原则，由此可以看出，体育教学过程和体育教学原则之间有在的关系是非常密切的，但体育教学过程与体育教学原则又是不同的概念范畴。它们之间的联系主要体现在：

（1）体育教学原则是体育教学过程实施的基本要求。

（2）体育教学原则是体育教学过程优化的基本内容。

（3）体育教学原则在体育教学过程的各个层次中始终存在。

但是，体育教学过程与体育教学原则之间也存在一定区别，在区分过程中需要

注意以下问题:

（1）体育教学过程是时间和流程的范畴,体育教学原则是要求的范畴。

（2）体育教学过程可以分阶段、有重点,体育教学原则是贯穿始终的。

（3）体育教学过程与内容关系密切,体育教学原则与方法关系密切。

（二）体育教学过程与体育教学模式

体育教学模式实际上就是在体育教学中采用的一种特定的教学组织形式、教学手段和教学过程,是本着某种体育教学指导思想设计的教学过程类型,体育教学过程与体育教学模式是"抽象"和"具体"的关系。因此可以说,那些具体的、有特色的、长短不一的体育教学过程设计以及其中的方法体系就是体育教学模式。

（三）体育教学过程与体育教学设计

从本质上来讲,体育教学设计就是体育教师构想与安排体育教学过程,对于体育教学的任一个过程而言,都有某一种体育教学设计存在其中,而体育教学设计是包含在体育教学过程中的工作。但是我们也不能认为有了一个体育教学过程就有了本教材所说的体育教学设计,因为本教材所讲的体育教学设计是"教师经过精心设计的为实现体育教学过程最优化的工作"。

（四）体育教学过程与体育教学计划

所谓的体育教学计划,主要是指体育教学过程的设计方案,我们对它的理解,通常是存在于纸上的体育教学过程。对于体育教学过程与体育教学计划而言,二者是一一对应的关系,例如,如果有学期体育教学过程,那么就会存在学期体育教学计划;如果有单元体育教学过程,那么就会存在单元体育教学计划;如果存在学时体育教学过程,那么就会存在学时体育教学计划,等等。

（五）体育教学过程与体育课堂教学

体育课堂教学是教学的场景,通常指一个课时的体育教学,也是作为时间基本单位的体育教学过程。而体育课堂教学的各项因素同体育教学过程之间都存在十分紧密的联系,都是体育教学过程的主要构成因素,同时,也是对体育教学过程进行观察的最佳视角。一般来讲,体育教学论是为了让大家更清晰地理解体育教学过程,也是为了各个章节的平衡才予以分别论述的,这一点请大家注意。

六、体育教学过程的动态与静态分析

(一)体育教学过程的动态分析

从上述体育教学的层次中可以看出,里面的主要结构处于相对的稳定状态,然而,在对具体的过程与阶段进行安排与应用的时候,应该从不同的教材内容、教学目标、环境条件与学生特点等因素变化等方面进行考虑,保证体育教学过程与体育教学阶段安排与应用的灵活性。

(二)体育教学过程的静态分析

1.体育教学系统的构成要素

在对体育教学过程进行分析的过程中,可以应用整体性观点,首先,将体育教学作为一个完整的系统进行考虑,而整个体育教学系统的构成主要是很多互相联系的部分或要素。主要存在如下的关系。

2.现代体育教学过程的本质

(1)体育教学是交往的一种特殊形式

在对人的本质进行分析的过程中,马克思提出了这样的观点,即从现实性的角度上看,人属于一切社会关系的总和。由此可以得知,通过社会这个媒介,人的本质才能够得到展现,而只有交往的存在,才能够在一定程度上促进社会的运行与发展。

从本质上来讲,体育教学过程就是一个教师和学生之间互相作用的过程,一旦这样互相作用关系不存在,那么也就不存在体育教学活动,换句话说,体育教师与学生之间有一种特殊的社会关系存在,因此,他们之间的互相交往也是一种特殊的形式。

体育教学的特殊性主要会在以下几方面表现出来。即：①它的交往目的比较独特。②它的交往内容比较特殊。③它的交往主体比较特殊。④它的交往方式比较独特。

（2）师生间的主客体关系由对话构成

体育教学属于一种特殊的师生交往过程，主要表现形式是对话，而双方之间的对话使教师与学生之间的特殊关系得以构成。在存在的特殊关系中，教师与学生都将对方看作是教学目的达成、教学目标实现的合作者，而不是一个对象。通过对话的形式，人与人之间的互相交往、沟通更加和谐，如此一来，教师与学生之间的关系也就发生改变。在基础教育课程改革与体育新课程改革中，对于教师与学生间关系的变化趋势已经进行了明确。

3. 体育教学过程的规律

所谓的体育教学过程的规律，主要指的是在体育教学的过程中或者是现象之间会有本质的、必然的联系存在，而这种联系能够将体育教学发展的特点体现出来。由于体育教学过程中存在许多的构成要素，并且这些要素之间还存在特别复杂、广泛的联系，所以，体育教学规律就不是单一的，这一点也是同其他现象所具规律相比的不同之处；体育教学规律也不会像其他规律一样，直接地展现出重复有效性；生物学刺激具有十分明显的反应规律，而体育教学是同人的身心发展相适应并促进的。对于体育教学存在的特殊规律，作者进行了如下分析。

（1）动作技能形成的规律

体育教学的最终目的是使学生对一定的运动技能进行学习并掌握。而事实上，掌握运动技能的过程并不是单纯地从不会到会，从不熟练到熟练的发展过程。动作技能的形成会经过三个阶段，对动作粗略掌握阶段、对动作改进与提高阶段，巩固与熟练运用动作阶段。

（2）动作技能迁移规律

从学习理论的角度上来讲，迁移是指一种学习情境对另外一种学习情境产生的影响。而我们这里所说的动作技能的迁移，就是指已经形成的动作技能对于所学习的新动作技能存在的影响。如果存在的影响是积极的，那么我们会把这种具有促进作用的迁移称作是正迁移；如果存在的影响是消极的，那么我们就会把这种带有负能量的迁移称作是负迁移。

在体育教学开展的过程中，迁移的现象是普遍存在的，同时，迁移规律对于体育教学过程还存在一定的影响，尤其是对于动作技能形成的影响更加明显。如果没有通过迁移，就不能够使已经形成的动作得到进一步的熟练、检验与充实。迁移的重要基础是已经拥有的知识技能，作为重要的环节，从掌握知识与技能向形成能力过渡，因此，为了迁移而开展教学的思想被人提出。

（3）人体机能适应性规律

在体育教学开展的过程中，对于身体活动与反复练习，学生积极地参与，长此以往，由于体能的消耗导致身体疲劳与身体技能水平下降的情况出现，然而，事实上，疲劳的过程也会是使恢复得到刺激的过程，能够促进能量储备的加强，使超量恢复得以实现，使机体的适应能力得到提高。

因此，在体育教学开展的过程中，学生对于负荷的刺激要进行一定的承担，使新陈代谢与机体能力提高的过程得到促进。在开展体育教学的时候，为了能够使学生的机体能力得到提高，使健康得到增进，最应该要做的就是对负荷和休息合理地进行安排。由于运动负荷的大小与人体新陈代谢能力的不同，超量恢复也会出现一定的改变，在一定的范围中，如果肌肉存在较大的肌肉活动量，那么也就存在激烈的消耗过程，进而就会出现更加明显的超量恢复，而一旦产生了机体适应性的变化，那么学生的体质也会有所改善。

①工作阶段

在这一阶段，学生对一定的运动负荷进行承担，即身体练习的强度与量，对机体的潜在能力进行动员，加强身体内部的异化作用，将会消耗掉能量储备，会出现下降趋势的曲线。

②相对恢复阶段

在这一阶段,经过了休息与调整以后,身体的各项机能指标向工作之前的水平恢复,会出现上升趋势的曲线。

③超量恢复阶段

在这一阶段,通过能量的补偿与合理的休息,物质储备与能量储备远远多于原本拥有的水平,进而使机体的工作能力得到了提高。

④复原阶段

如果经历的间歇时间较长的话,那么超量恢复阶段的效果就会失去,导致机体的工作能力慢慢降低到原本水平。

(二)高校体育教学过程优化分析

综上所述,体育教学过程中会同许多的要素相联系,对此笔者对体育教学过程包含三个要素的观念表示赞同,因而,在对体育教学过程的优化问题进行分析的过程中,本书主要通过对教师、学生、教材(教学内容)等几方面的分析来进行探讨。

1.优化体育教师

使体育教师的主体能动性能够得到充分发挥,也就是在整个体育教学活动开展的过程中,使体育教师的主导作用得到有效的发挥。在体育教学中,体育教师是教学的主体,发挥着主导的作用。通过对体育教学过程展开动态分析可以得知,教师的主导作用主要会在三个阶段体现出来,即体育教学的准备阶段、体育教学的实施阶段与体育教学的反思阶段。因此,在优化体育教师的时候,应该从上述的三个阶段展开分析。

(1)体育教学的准备阶段

在体育教学的准备阶段,体育教学方案得以形成,是指按照体育教学的理论与实际条件安排、规划、确定体育教学过程、体育教学目标与体育教学评价等。对体育教学方案进行优化设计,能够保证体育教学整个过程的优化。

（2）体育教学的实施阶段

体育教学的实施阶段事实上就是对体育教学进行管理、组织、实施的阶段，同时也是体育教学目标与体育教学方案具体执行与实现的过程。体育教学的实施阶段是体育教学过程的重要组成部分之一，在这一阶段中，体育教师承担着很多方面的任务，例如，使学生的学习动机得到调动，学生的学习过程得到指导与组织，等等。这一阶段也是对体育教学过程进行优化的重点内容。

（3）体育教学的反思阶段

体育教学的反思阶段，主要是指评价与反馈体育教学效果的过程，在这一过程中，需要对体育教学效果进行检查与评估，同时，这一阶段也是体育教学过程的最后一个步骤。体育教学评价的开展，能够使体育教学活动是否达到体育教学预期目标的问题从实际效果上得到解答，同时，还能够将基本的反馈信息提供给下一个体育教学过程。对体育教学效果进行科学的、合理的评价，不仅仅是体育教师的重要责任，同时还是优化体育教学活动的客观要求。

2. 优化学生

在我国的国家基础教育改革中，以学生为主体的全新教育理念被提出。在体育教学活动开展的过程中，学生是主体，具体来讲，学生自身的主体性能够得到发挥，同时，其主体性就是整个主体结构的表现功能。所以，在体育教学开展的过程中，学生的主观能动性应该得到发挥，对体育教学内容的选择进行参与，使体育锻炼与学习的动机、兴趣与愿望得到体现，通过体育练习活动的开展，使学生的运动能力、运动经验与运动技能储备等得到发展。在体育教学实践活动开展的过程中，只要学生的主动性、创造性与独立性得到全面的发展，才能够保证学生对体育知识、体育技能有所掌握，使其自身的能力得到发展，促进合理主体结构的形成。

3. 优化体育教学内容

在优化体育教材，即体育教学内容的时候，需要对以下几方面的要求给予重视。

（1）保证全面性的体育教学内容

体育教学主要目标是使学生的全面发展得到培养，为其将来接受更高层次的教育建立良好基础。所以，应该将体育锻炼方法、体育科学知识与体育价值观念等多方面的内容紧密地联系在一起，只有保证体育教学内容的全面性，才能够为日后学生的全面发展创造有利条件。

（2）保证基础性的体育教学内容

体育教学的内容，主要会在以下几方面表现出基础性，使学生的正常生长发育得到促进，保证学生身体素质与运动能力的全面发展，保证获得扎实的体育知识与体育技能，促进良好体育锻炼习惯的养成，创造终身体育运动的重要条件。

（3）保证活动性的体育教学内容

体育教学内容是学生开展学习活动的主要材料，通过主体活动的完成，使学生掌握了体育教学内容。体育教学内容的设计应该保证能够促进学生主体活动的开展，使学生的体育学习兴趣得到培养，也就是说体育教学内容应该是整体性的规划，主要从学生的思维、观察、体验、练习、互动与探索等方面出发。

4. 体育教学过程的控制、管理与评价

体育教学过程的控制、管理与评价，应该从体育教学目标与体育教学效率等指标出发，并且保证控制、管理的过程中做到有组织、有目的、有计划地开展，同时还要对体育教学速度、体育教学时间等因素进行综合考虑，争取在体育教学开展的过程中，做到在较低消耗的情况下，取得理想的体育教学效果。

总而言之，在对体育教学过程进行优化的过程中，应该同教师教学活动的科学组织与学生学习活动的有效开展紧密联系在一起，对于体育教师教与学生学的双边活动科学地进行组织，同时，对于体育教学的规律、体育教学方法、体育教学模式、体育教学的内部条件与外部实际条件要全面地进行考虑，从既定目的出发，使体育教学过程的有效作用得到发挥，促进最佳体育教学效果的实现。

第二节 体育教学评价的改革创新

所谓体育教学评价,主要是指在体育课程中一般性教学评价的具体应用,同时也是体育课程教学的重要环节。要卓有成效地开展体育课程教学工作,真正实现提高学生综合素质的目标,就必须在实际教学中贯彻新的教学理念,利用新的教学方式和丰富的、与实际社会生活相配套的体育课程内容来进行教学,而所有这些都需要有与之相对应的教学评价配合。因此,只有对当代体育课程的教学评价有较深入的了解,树立全新的教学评价观,充分发挥其在体育课程教学中的导向作用,才能更好地促进新课程改革背景下体育课程的教学工作。本章就体育教学评价的概念、特点、原则、功能进行了论述,同时还对新课程改革背景下体育教学评价及评价的新方法做了简要的介绍,使教师在教学中能够熟练地运用更多的评价方法,有效地对教学进行评价。

一、体育教学评价概述

(一)教育评价

评价是客体对主体需要被客体满足程度的一种判断,属于价值活动。通过评价,使学生不断地学习、进步、成功,对自我充分认识,使能力的全面发展得到促进;根据反馈的信息,教师可以进行适当的调整,并且使自身的教学能力得到提高。根据学生情况进行教学管理方式的改善。

评价所涉及的范围很广泛,主要是指在教学目标和标准的基础上对学生和教师进行具体调查,评价优缺点进行改进。我们可以粗略地将教育评价分为:学生评价、教师评价、教学评价、课程评价、学校与教育机构评价、教育政策与教育项目评价等。

（二）体育教学评价的概念

所谓的体育教学评价，主要是指从体育教学目标与体育教学的原则出发，判断、评估体育教学的过程，以及所取得的成果。从体育教学评价的概念中可以得知，它主要将三个基本的含义包含其中。

（1）体育教学评价的开展需要从体育教学目标与体育教学的原则出发

体育教学目标作为一种评判依据，可以测试体育教学预先设定的成果是否已经实现，预期的任务是否已经完成；而体育教学的原则作为一种评判依据，可以测试体育教学开展的合理性，及其能够满足体育教学的基本要求。需要注意的是，上述的两个评价依据，在具备一定规范性与客观性的同时，还具备教育评价的信度与效度。

（2）"体育'教'与'学'的过程和结果"是体育教学评价的对象

体育教学评价主要将体育教学过程中的受教育者——学生的学作为重点对象，主要包含了对学生学历水平与品德行为的评价；此外，体育教学评价也会评价教师的教学，主要包含对教师教学水平与师德行为的评价。

（3）"价值判断与量评工作"是体育教学的工作内容

"价值判断"属于质性的评价，一般是指对体育教学方向的正确与否与体育教学方法是否得到进行评价；"量评工作"属于量性的评价，一般是指对可以量化的学习效果进行评价，例如，身体素质的增长、掌握技能的数量，等等。

（三）体育教学评价的结构与评价内容

1.体育教学评价基本构成的四个要因

对于体育教学评价而言，其结构的基本要因是"为什么评""谁来评""评什么""怎么评"这四个基本问题。

2.体育教学评价的结构与内容图

依据"评价什么"与"谁来评价"的主要因素作为横轴与纵轴对一个象限进行制作，就能够将体育教学评价的结构与内容图得出来。

体育教学评价的组成主要包含四个大类，如果再细致划分的话，就是八个小类。如果也将如家长对学生评价的这种非主要性评价算在其中的话，就应该存在九种类别的体育教学评价,同体育教学课程评价之间存在非常密切的关系。

（1）对于体育学习过程教师做出的评价

在体育教学评价过程中,比较传统的评价方式就是对于学习过程体育教师做出的评价。在此种评价方式中,经验丰富的教师是主体,而体育教学过程与参与其中的学生就是评价的主要对象,之所以将他们作为评价的对象,主要是因为他们能够将体育教学效果反映出来。所以,此种评价方式一直以来都被人们关注。此外,对于体育学习过程教师做出的评价又存在两种不同形式,即在体育学习过程中,教师对学生进行的激励评价；当体育学习过程结束以后,作为学习结果,体育教师评定学生的体育成绩。

（2）对于体育学习过程学生做出的评价

在新的教育理念与新的《体育与健康课程标准》中都对一种评价方式给予了重视,并积极倡导,那就是对于体育学习过程学生做出的评价,此种评价方式主要包含体育教学过程的评价与体育教学效果的评价。评价形式主要有两种,即学生与学生之间的互相评价,学生的自我评价两种。并且,这两种评价方式,对于学生形成民主素养是有一定帮助的,同时,还能够在评价的实践中,使学生对自身民主权利正确行使的能力与对事物进行观察,对问题进行分析的能力得到不断培养与提高。然而,在应用此种评价方式的时候,应该要考虑学生的年龄阶段问题,年龄较小的学生不能够应用此种评价方式,我们在对学生的评价给予强调与重视的同时,还要注意不能对学生的评价完全依赖。

（3）对于体育教学过程学生做出的评价

现代教育理念中比较重视与强调的评价方式就是对于体育教学过程学生做出的评价,此种评价也包含了两方面的内容,即体育教学过程的评价与体育教学效果的评价。同时,还存在两种类别的评价形式,不仅有体育学习过程中,学生对教学的随时反馈,还有学生参与的相关评价活动,前面的评价活动是非正式的,而后面的评价活动是比较正式的。

（4）对于教学过程教师做出的评价

对于教学过程教师做出的评价,其目的是使体育教学质量得到不断提高,一般也包含两种评价形式,其一是对于自身教学情况教师做出的自我评价,其二是教师与教师之间的互相评价活动,二者之间均存在正式的形式与非正式的形式。从人员角度来讲,有个人的、体育组内的、校内督导的与校际间的评价形式;从时间角度来讲,有平时的评价与集中性的评价等形式。

（5）其他评价

我们这里所说的其他评价,主要指的是对于体育教学,非教师与学生做出的评价,例如,对于学生体育学习家长做出的评价、对于体育教学家长教师联合会(国外的 PTA)做出的评价等,上述的两种形式都是其他评价。但是,此种评价方式只能是起到一定的参考性与辅助性作用,这主要是因为此种评价形式的主体并不是体育专业人员,并且没有在体育教学过程中参与。

（四）体育教学评价的功能

1. 导向功能

由于不同的评价标准会得出不同的评价结果,因此评价标准像一根"指挥棒"一样起着导向作用。评价之后的反馈指明了体育教学决策与改进的方向,如果做法获得肯定,那么在体育教学过程中将会对其进行强化;如果做法被否定,那么就需要对其进行纠正与改变。

2. 诊断功能

通过体育教学评价,体育教师对于体育教学的质量可以进行科学、客观的鉴定,了解体育教学的成效和问题。体育教学评价就像是体格检查,能够科学、严谨地诊断出体育教学的现状。全面性的体育教学评价,能够对于学生成绩实现体育教学目标的程度进行评估,同时还能够帮助教师对学生学习困难的症结所在进行诊断,并且对学生学习进步的提高做出一定协助。

3.调控功能

体育教学评价的最终结果是利用反馈的信息促进体育教师与学生的不断提高,使他们能够对教与学的情况及时了解,为体育教学活动内容与形式的调整提供根据。根据体育教学评价的最终结构,教师可以对体育教学计划进行修订,对体育教学方法进行改进,而学生可以对学习策略进行调整,对体育教学方式进行改变。体育教学评价对于体育教学过程向反馈与调节随时可以进行的可控系统的转变得到促进,使体育教学活动同预期目标越来越接近。

4.激励功能

在体育教学的整个过程中,体育教学评价发挥的作用是监督与控制,是一种对体育教师与学生的强化与促进。通过体育教学评价,能够将体育教师的教学效果与学生的学习成绩反映出来,激励体育教师的工作热情与学生的学习动机。如果体育教学评价是科学的、合理的,那么就不但能够使体育教师与学生的心理满足与精神鼓舞可以获得,而且能够使体育教师朝着更高目标努力的积极性得到激发;即便是较低的评价也能发人深思,使体育教师与学生的奋进情绪得到激发,使推动作用与促进作用得到发挥。这是因为这种反馈激励对于体育教师与学生自我的认清存在一定的帮助,进而使体育教学质量得到提高。对于体育教学评价的激励功能,应该有效利用,对学生尽可能地开展正面鼓励,避免学生积极性受到伤害的情况出现。注意在日常评估时尽量避免学生之间的比较,要帮助学生设定个人进步目标,使他们在每次参与身体活动时,充分感觉到自身的进步。

二、体育教学评价的种类

(一)体育教学评价的分类标准

按照不同的标准对体育教学评价进行分类,可以进行多种情况的划分。

1.根据不同的评价基准进行分类

如果根据不同的评价基准对体育教学评价进行分类的话,就可以分成自身评价、绝对评价与相对评价三类。

2. 根据不同的评价功能进行分类

如果根据不同的评价功能对体育教学评价进行分类的话，就可以分成总结性评价、形成性评价与诊断性评价三类。

3. 根据不同的评价内容进行分类

如果根据不同的评价内容对体育教学评价进行分类的话，就可以分成过程性评价与结果性评价。

4. 根据不同的评价表达进行分类

如果根据不同的评价表达对体育教学评价进行分类的话，就可以分成定量评价与定性评价。

上述的几种评价方式都存在不同的功能，且每一种评价方式都不仅仅存在自己的优势，还存在自己的不足。在评价体育教学设计方案的时候，应该按照体育教学实际的目标与需求对适当的评价类型进行选择。

（二）体育教学的评价种类

1. 体育教学的绝对评价

体育教学的绝对评价，主要是指按照体育教学的目标评价体育教学的设计方案、教与学的成果。此评价形式在被评价的集合与群体之外建立了体育教学评价的基准，针对某种指标对集合或者群体中的每一个成员同基准进行逐一对照，进而对其优劣进行判断。通常来讲，会参照体育教学的课程标准、教学计划中的教学大纲、课程具体实施方案，制订相对应的评判细则。

体育教学绝对评价的优势是存在比较客观的评价标准，因此，在体育教学的评价过程中，如果能够恰当地使用此种评价方式，那么就能够保证每一个被评价者都能够对自身同客观标准之间的差距有所了解，以便于他们能够不断努力向标准靠拢。另外，通过体育教学的绝对评价，体育教学的管理部门可以对体育教学各项目标的完成情况进行直接鉴别，同时，还能够对即将要开展工作的重点进行明确。但是体育教学的绝对评价也是存在缺点的,在对评价标准进行制定与掌握的时候,容易影响到被评价者的原本经验与主观意愿。

2. 体育教学的相对评价

体育教学的相对评价,就是指将基准建立在被评价对象的集合或者群体中,然后,逐一将各个对象同基准进行对比,来对群体或者集合中每一个成员的相对优劣进行判断。体育教学相对评价的基准是群体的平均水平,根据在整个群体中被评价对象所处的位置进行判断。而体育教学相对评价的优势是具有广泛的建用范围,且甄别性强。就是说,无论群体的整体水平如何,都能够将优劣对比出来。体育教学相对评价的缺点是,由于群体的不同基准也会产生相应的变化,所以,容易导致评价标准同体育教学目标相背离。

3. 体育教学的自身评价

体育教学的自身评价,主要指被评价者从不同的侧面、过去与现在进行纵横比较,从而对自己各方面的能力展开评价,对自身的进步情况进行确定。体育教学自身评价的优点在于,能够对个性特点给予尊重,同时对个别差异给予重视。通过纵横比较被评价对象或者部分的各方面或者各个阶段,对其现状与趋势进行判断。然而,由于具有相同条件的被评价对象没有与被评者进行比较,所以对其实际的水平与差异进行判断是很困难的。所以,在体育教学评价的实践活动中,选择评价形式的时候应该将相对评价与自身评价紧密地联系在一起。

4. 体育教学的诊断性评价

体育教学的诊断性评价,也被称作是前置评价。在开展体育教学的某项活动之前,例如,在前期分析体育教学设计的时候,应该针对学生的智力、态度、体能、知识与技能等方面的情况开展摸底测试,以便于对学生的准确情况与实际水平进行了解,对其是否具备体育教学新目标实现的必须条件进行判断,为体育教学决策提供一定的理论依据,保证体育教学活动同学生背景与需要的协同发展。

我们这里所说的诊断,是一个存在较大范围的概念,不仅能够对缺陷和问题进行验明,还能够识别各种各样的优点与特殊才能。所以,体育教学针对性评价的最终目的是对体育教学方案进行设计,使起点水平与学习风格不同学生的需要得到满足,同时,还要在体育教学程序中对学生进行最有益的安置。

5. 体育教学的形成性评价

在体育教学活动开展的过程中,形成性评价的不断进行是为了更好效果的获得。此种评价形式能够对阶段设计成果、阶段教学效果与学生的学习进展情况与存在的问题等进行及时了解,及时做出反馈,并且对体育教学工作进行不断调整与改进。这种评价会频繁地发生,例如,学习一个知识点之后的练习、提问,一个单元之后的技术评定,一节课以后的小测试。形成性评价是体育教学设计活动中的重要评价形式;或者是评价新的体育教学方案时,一般都是应用在此方案的试行过程中,主要的目的在于对该方案进行修改,对有利的证据进行搜集。

6. 体育教学的总结性评价

体育教学的总结性评价,也被称作是后置评价,通常是当体育教学活动结束一段时间以后,为了能够对体育教学活动的最终结果进行把握而开展的评价。例如,在学年末或者学期末的时候,体育教师会组织考评、考核,主要目的是为了对学生的学力结果进行检验,看看它是否达到了体育教学目标的要求。在体育教学的总结性评价中对体育教学过程中教与学的结果进行了强调,进而全面地鉴定被评价者所取得的重大成果,对等级进行区分,对体育教学整个方案的有效性做出价值判断。

7. 体育教学的过程评价

在体育教学开展的过程中,针对教学目标实现的手段与方案开展的评价叫作过程评价。过程评价的主要目的是目标达成的手段与方法的使用情况进行关心与检查。例如,在对某一个教学目标进行完成的过程中,游戏法与竞赛法哪一个效果更加明显;某一个动作技能教学开展的过程中,究竟是完整法比较适合,还是使用分解法好;对于某一种技能的学习,是由学生自己探索发现的,还是在同伴的谈论与协作下实现的。所以,过程评价的开展不是在体育教学过程中,就是体育教学设计的过程中。体育教学的过程评价不仅能够促进形成性评价的继续修改,还能够促进体育教学过程中花费的金钱、时间与学生接受情况等方面所做的总结性评价的完成。

8. 体育教学的结果评价

针对体育教学活动具体实施以后产生的效果进行的效果评价,就是结果评价。例如,对于某一种体育教学方案的实施效果与某一种辅助性教学设施的使用价值所开展的评价。体育教学的结果评价侧重于对总结性评价的功能进行完成,同时还能够将形成性评价的相关信息提供出来。

9. 体育教学的定性评价

所谓的体育教学定性评价,主要是指针对评价资料展开"质"的分析,是对综合与分析、分类与比较、演绎与归纳等逻辑分析方法进行应用,思维加工所获得的资料与数据,进而开展定性描述的评价。而一般会有两种分析结果出现,其一,描述性材料,存在较低的数量化水平,更为严重的是根本不存在数量概念;其二,同定量分析相结合而产生的,即包含数量化但以描述性为主的材料。

10. 体育教学的定量评价

所谓的体育教学定量评价,主要是指针对评价资料开展"量"的分析,是对统计分析与多元分析等分析方法进行应用,对所获得的资料与数据做出定量结论的评价。鉴于体育教学中人的因素涉及范围比较广,因而使得各种变量及其互相作用具有复杂性特点,所以,为了能够将数据的规律性与特征揭示出来,应该由定性评价来规定定量评价的范围与方向。

(三)各种"教学评价"的地位和运用频数

上述的体育教学评价的各种形式都存在各自的特点、优点与不足,且并不具备对等的重要意义。在体育教学改革的进程中,它们也存在不一样的突出性与重要性,因此,每一种体育教学评价方式在体育教学实践中的使用频率也有所不同,在下表,笔者从重要性排序、"评价方式""优点""缺点""当前的重要性""使用频率"等几方面出发,对上述的几种体育教学评价方式进行以下的分析(表5-1)。

表5-1　对各种体育教学评价的分析

重要性的排序	评价方式	优点	缺点	当前重要性	使用频率
1	对体育学习结果教师做出的评价	经验丰富的体育教师是评价的主体,而评价的对象主要是能够将教学效果反映出来的结果,所以,此种评价方式具有较高的评价准确度	评价在即时性方面比较欠缺,也会因此缺乏生动性。已无法纠正发现的问题	仍旧重要且需要给予重视的主要评价方式	单元、学期、每学段、学年
2	对体育学习过程教师做出的评价	经验丰富的教师作为评价的主体,而主要将生动的教学过程作为评价对象,保证了评价的生动性与及时性	由于动态的过程是评价的对象,评价有时会在准确性方面比较欠缺	比较重要,需要更加关注的主要评价方式	时时刻刻
3	学生的自我评价	学生对其体育学习的"自省",促进了此种评价方式的形成,"自省"能够使学生的学习动机得到激发,学生的学习能力得到培养	由于学生自我保护意识的存在,会导致评价出现偏差	比较重要,需要更加关注的主要评价方式	时时刻刻
4	学生与学生之间的相互评价	学习目标与学习阶段相同的"同行者"是评价的主体,此种评价方式具有较强的刺激性、生动性与针对性	由于学生的经验不足、专业知识的缺乏与对学生负责精神的欠缺,造成评价偏差的出现	比较重要,需要更加关注的主要评价方式	由体育教师对时间进行安排、组织
5	教师对教师的评价	经验丰富的教师既是评价的主体,又是评价的客体,所以,此种评价方式具有较强的质量性与学术性。同时,此评价能够改善体育教学经验的总结与教学	此种评价方式既不能作为日常的评价方式,也不能作为面对每一个学生的及时评价	属于辅助性的评价方式,需要对此种评价方式给予重视	每一学期开展1~2次

重要性的排序	评价方式	优点	缺点	当前重要性	使用频率
6	教师的自我评价	教师对自身教学的"自省"促进了此种评价方式的形成，能够促进体育教学的不断改善，使体育教师的教学能力与责任心得到提高	评价会因教师的自我保护意识而产生偏差，而评价也不直接面向学生	要重视的、辅助性的评价方式	每时每刻
7	学生对教学的随时反馈	这种评价既是教学民主的体现，也能增进教学双方的互动和提高教学质量，并"以学生发展为本"	在实际的教学中实行起来并不容易，如果对此过度强调，那么就会对体育教学效率造成影响	不能忽视的、辅助性的评价方式	教师组织时间为主
8	学生的评价活动	体现了体育教学的民主性，对于教师对学生意见的倾听，对学生愿望与要求的了解能够起到一定促进作用，同时，还能够使体育教学得到改善	这种评价不可能经常进行，学生的意见也有许多不准确的内容	属于辅助性的评价方式，需要对此种评价方式给予重视，	每一学期开展1~2次
9	其他的评价方式（如家长对学生学习的评价等）	此种评价方式能够促进学校体育与社会教育、家庭教育的有机结合，同时，对于各方面认识的了解与监督教育也存在一定的帮助	社会人士并不具备专业的体育教学知识，对于体育教学过程也了解甚少，所以很难准确进行评价	属于辅助性的评价方式，需要尽可能地对此种评价方式进行实施	每学段1~2次

三、体育教学评价的改革

体育教学评价的改革具有非常重要的意义，主要包含以下几方面的内容。

（一）使评价学生应用单一锻炼标准的模式得到改变

绝大多数的体育教师可能都会遇到此种情况，即在体育教学或者体育活动开展的过程中，一部分学生没有做出积极的表现。但是根据体育锻炼标准中的体育测试，凭借良好的先天身体素质就能够取得优异体育成绩。这样即便不够努力也能够取得较好成绩的情况,对于那些身体素质先天较弱,但是却一直积极参与的学生而言,是一个严重的打击。所以,使评价学生应用单一锻炼标准的模式进行改变势在必行。

体育课的成绩应该不仅仅是一方面的,如果评价的时候将锻炼标准作为唯一的评价方式是不够全面的。因此,按照体育课程评价改革的精神,对于新颁布的学生体质健康标准充分利用。不仅能够将其作为一种学生体质强弱测试的标准,还能够将其作为一个学生进步程度的参考。例如,在学生刚刚入学的时候,就组织学生进行体质方面的一次摸底测试,并且在学生的个人档案中将测试的结果记录下来,保证每一学年开展一次测试,同时比较测试的结果,使学生体质提高的情况得到反映,这也将作为学生进步度的一个评价内容。

(二)改变以教师为唯一评价执行者的评价体制,对学生进行多方位的评价

在传统的体育教学过程中,教师主导了评价活动,导致学生的地位一直是被动,甚至是毫无存在感的。作为体育教学活动的主导者,体育教师需要对学生的身体素质基础、运动能力状况进行了解,并且按照学生的学习情况与锻炼表现对多种针对性的评价活动进行开展,进而使学生的积极性得到充分调动,促进体育课目标的尽快实现。伴随"水平目标"的逐渐设立,体育教师的教学任务在每一个阶段都会发生改变,因此,也要保证体育教学方式和方法的应用、体育教学内容的选择也多样化地发展。在新时期的体育教学过程中,我们在对评价内容进行设计的时候可以从运动技能、运动参与、身体健康、心理健康与社会适应等五方面出发进行考虑。

(三)对过程评价与结果评价相结合的方法进行应用,使学生学习积极性得到提高

在传统的体育教学评价中主要针对学生的学习结果进行评价,重视学生在各

项运动中取得的最终成绩,而对于学生整个学习过程的评价则没有重视。所以,导致评价的有效反馈功能逐渐失去,对激励学生学习,在体育教学效果提高与体育教学改进方面并没有多大的作用。

所谓的过程性评价,就是对各种评价的工具与方法进行利用,对于体育教学的各方面经常性评定,同时还要将结果向学生及时反馈,促使学生对问题尽早发现。现阶段,我们不仅仅要调整体育教学评价的内容,还要在平时的评价中,对学生的练习过程直接进行评价。

此种评价方式的存在,不仅能够保证大多数学生对于整个体育学习过程认真地、积极地对待,还能够对一部分学生凭借先天身体素质条件而消极学习的情况有效防治,此外,还能够对那些先天身体素质差却很努力的学生进行有效鼓励。

(四)按照新课程倡导的质性评价方法,对体育课特有的教学环境资源积极开发

体育课与其他学科对比有着很大的弱势,这种弱势是由于多方因素引起的。可对于这次的课程改革,体育对于其他学科来讲,拥有的课程资源优势得天独厚。课程改革基本上涵盖了所有的学科,要求它们能够使学生的互相协作能力、社会适应能力与人际交往能力得到提高。对于其他学科,由于受特定教学范围的影响,安排的内容只能限制在本班级范围内,而恰恰是这种局限性限制了学生这些能力的提高。

相关的心理学研究得出,如果人在同一种环境中停留的时间较长,那么此种环境会降低对他的刺激,直到最低的状态,这就是我们常说的适应。这也是即便教师大声地、极力地讲课,但是,只要外界出现声音,哪怕是非常非常小,也会吸引学生的注意力,使他们转头往外看的主要症结所在。对于体育课而言,教学的载体与教学的环境也可以是多样化发展的,甚至可以与其他年级的体育教师互相合作,以促进学生的相互协作、社会适应能力、人际交往能力的共同提高。使学生学会走出自我,参与其他各类体育活动;学会从他人中获取健身知识;学会对"体育运动"这

个载体进行应用,来使自身的人际交往能力得到提高。

所有评价内容的确立、方式方法的应用,都会存在一定的变化,它会受到学习阶段深入与水平目标提高的影响,并随之发生改变,此外,还能够按照体育教师的教学习惯来对其进行改变,在不同的班级中,对于不同的学习群体,也可以对不同的评价方式方法进行采用。我们之所以选择体育教学内容,应用评价方式方法,主要目的在于使体育课的开展促进学生运动兴趣的激发,使其自觉、自主参与体育锻炼的习惯与坚韧不拔、顽强勇敢意志品质的形成,保证学生身体方面、心理方面与社会适应能力方面等全面、健康、和谐地发展,进而使学生的整体健康水平得到提高。

四、体育教学评价新模式

(一)对于评价中学生的地位给予重视,实现自评与他评相结合

体育教学的重要组成部分之一就是体育教学评价,学生既然是学习的主体,也必定是体育教学评价的主体。在体育教学过程中,教师发挥着主导的作用。因此,在评定学生成绩的时候,应该将体育教师的作用充分地体现出来,但是,还要对学生的自我评价给予重视。对能够促进学生全面发展的评价体系进行建立,使得评价主体单一的现状得到改变,保证体育教学评价的主体,不仅有体育教师,还要有班主任或者其他的任课教师;不仅要有家长,还要有学生群体,进而将体育教学评价成为一种交互活动,需要教师、学生和家长的共同参与,将"评价主体互动化"体现出来。学生互评能够使学生在角色转换的过程中取得自学满足感,进而使其比较鉴别、评判是非的能力得到提高,而学生自评则是能够使学生自我认识的能力与自我健身能力得到培养。

(二)对于学生心理健康发展及体育学习态度、情感的评价给予重视

体育教学的最终目标是促进学生身心健康的全面发展,在对学生体育学习进

行评价的过程中,在对运动技能获得与身体素质提升进行考虑的同时,还要将学生的心理健康发展作为考核的指标。根据学生的认识规律与心理趋向,对体育课程内容的考核与评价进行设计,学生体育运动参与的积极性能够反映出其自身的体育学习态度,也就是说,学生能不能对体育锻炼知识积极地学习,能不能主动参与到体育锻炼中,能不能同他人主动进行体育交往,等等。体育学习的情感与态度等心理因素影响着学生的未来发展,所以,也应该将它们作为评价、考核的重要标准。

(三)对于学生终身体育意识形成的评价给予重视

体育教学运动参与的主要目标是使学生良好的体育锻炼习惯得以形成,使学生终身体育锻炼的能力得到培养。使学生自觉参与健身活动的主动性得到提高,使被动参与体育活动的行为向自觉参与转变,对学生良好的健身行为与生活方式进行培养,这是体育教学的重要目标。

终身体育能力的培养是体育教学的一个基本任务。对于传统的体育评价体系我们应该进行改变,在评价开展的过程中,对于学生终身体育意识形成和发展的情况进行考察,保证体育教学评价能够对于以后学生体育锻炼意愿造成影响。

(四)体育教学评价新方法——价值增长评价

所谓的价值增长评价,主要指的是利用统计方法,对于经过一段时间学习以后,对于学生所取得的有"价值"的学业进步或学业成绩增值进行衡量。在体育教学过程中,通常每一学期或者每一学年学生取得的考评分数会通过价值增长评价的方式向标准分转化,之后,通过对这些标准分的综合,对学生学业成绩曲线图(横坐标为考评次数,纵坐标为标准分)进行构建。尽管每一个学生的曲线图会有各不相同的形状,但是,如果能够对大量学生的学业成绩曲线图进行收集与比较的话,那么就能够发现它们共同存在的曲线特征,例如,在某段曲线范围,所有的曲线都呈现上升趋势或者下降趋势,由此我们就能够对体育教师的教学工作进行判断,也就是对于教师能否保证学生获得有效的学习进步进行鉴别。此种对体育教师工作有效性进行评价的方法，逐渐取代了传统体育教师模式的评价，即领导的评价，专家的评价、同事的评价，基于体育教师的教学效果来对他们进行评价，所以，价值增长评价能够保证更加科学、客观地对体育教师进行评价。

第六章　运动训练的原理与方法

第一节　学校体育运动训练的基础

一、运动训练的范围

运动员通过系统、集中的训练以完成特定的目标。训练的目的是为了提高运动员的竞技能力，从而提升运动成绩。训练是一项系统工程，会涉及生理学、心理学及社会学的诸多变量。在此期间，训练要遵循循序渐进、区别对待等基本原则。整个训练过程中，运动员的生理和心理素质得以塑造，从而满足一些严格的任务要求。

不管是初学者还是职业运动员，至关重要的一点是制定切实可行的训练目标。训练目标要根据个人能力、心理特征和社会环境来设计。有些运动员是为了赢得比赛或提高成绩，有些运动员则是追求获得运动技能或进一步提高生物动作能力。不论目标如何，都应尽可能精确及可测量。不论是短期计划还是长期计划，在训练开始之前就应设定好，并且明确实现目标过程的具体细节。而完成这些目标的最终时刻，往往是一次重大的比赛。

二、运动训练的目标

训练是运动员为了达到最佳竞技状态的准备过程。通过制订系统的训练计划，可使教练员的训练工作更有效率，而设计训练计划需要借鉴各门学科的知识。

训练过程以发展专项特征为目标，这些特征与完成不同的训练任务紧密相关，包括全面身体发展、专项身体发展、技术能力、战术能力、心理因素、健康管理、伤病预防以及相关理论知识。要想获得上述能力,需要根据运动员的年龄、经验和天赋,运用个性化、适宜的方法和手段。

(一)全面身体发展

也称为一般身体素质,是所有体育运动训练的基础。一般身体素质发展的目的是改善基本的身体能力,如耐力、力量、速度、柔韧和协调,运动员全面身体发展的基础越扎实,就越能经受住专项训练,最终可能发挥出更大的运动潜力。

(二)专项身体发展

也称为专项身体素质,是为了发展专项运动所需要的生理或身体素质特征。这种训练类型是为了实现运动的一些特定需要,如力量、技能、耐力、速度和柔韧性。不过,许多运动项目需要各种关键运动能力的组合,如速度—力量、力量—耐力或速度—耐力。

(三)技术能力

这种训练强调以发展技术能力为核心,技术能力是获得体育运动项目成功所必需的条件。提高技术能力是以全面和专项身体发展为基础的,例如,完成体操十字支撑动作的能力,要受到生物动作能力中力量因素的制约。发展技术能力训练的最终目的是完善技术动作,优化专项运动技能,专项运动技能是展现最佳竞技状态所必需的。发展技术能力应当始终要围绕完善运动项目所必需的一项技能来进行。

(四)战术能力

发展战术能力对于训练过程也是极为重要的。战术能力训练的目的是为了完善比赛策略,该项训练要以竞争对手的战术研究为基础。具体来讲,这种训练的目的是利用运动员的技术和身体能力来制定比赛战术,增加比赛获胜的机会。

（五）心理素质

心理准备也是确保发挥最佳体能所必需的要素。有些专家也称之为个性发展训练。不管术语如何称谓，发展心理素质（例如，自制力、勇气、毅力和自信）对于成功展现运动能力是必不可少的。

（六）健康保养

运动员的整个健康状况应当引起充分重视。健康保养可以通过定期健康检查和适当的训练安排来实现，其中适当的训练安排包括将大量艰苦训练和阶段性的休息恢复搭配进行。必须特别注意伤病和疾病，在训练过程中应给予重点考虑。

（七）伤病预防

预防损伤的最佳方式是确保运动员已经提高了身体能力，形成了参加严格训练和比赛所必需的生理特性，并确保进行适量训练。安排不当的训练比如负荷过大，将会增加受伤的风险。对于年轻运动员来说，以全面发展身体为目标是极为重要的，因为这样可以提高动作能力从而有助于降低受伤的可能性。此外，疲劳控制也尤为重要，越是疲劳，受伤的概率就越大。因此，应当充分重视制订一个有效控制疲劳的训练计划。

（八）理论知识

应当在训练过程中充实运动员有关训练、计划、营养和能量再生等方面的生理学和心理学知识。运动员理解进行某种训练活动的原因非常重要，教练员可以针对各项训练计划的目标进行讨论或要求运动员参加关于训练的座谈会议来达到这一目的。让运动员具备关于训练过程和运动项目理论的知识可以提高运动员的决策能力以及增加其对训练过程的关注，这样可以让教练员和运动员更好地制定出训练目标。

二、运动训练系统

系统是指某些观点、理论或假说采用正确的方法和手段加以组合的组织方式。一个系统的发展应该基于科学成果及实践经验的积累，虽然一个系统在自身独立前会依附于其他的系统，但该系统不应被一成不变地移植。而且创造或完善一个更好的系统必须考虑到实际的社会和文化背景。

（一）揭示系统的构成要素

构成要素是训练系统发展的核心，这可以从训练理论和方法的有关基本知识、科学成果、本国优秀教练员的经验积累以及其他国家的前车之鉴中提炼和总结。

（二）明确系统的组织结构

确定了决定训练系统成功与否的核心要素后，就可以建立现实的训练系统了，而短期的和长期的训练模式也应当随之建立。该系统应当能为所有教练员共享，但也应当保持足够的灵活性，以便教练员能够根据他们自身的经验进行下一步的丰富与完善。

体育科研工作者对于建立训练系统起着十分重要的作用。体育科学研究，尤其是应用领域的研究所提供的成果，丰富了训练系统赖以不断发展和完善的知识基础。此外，体育科研工作者的工作还能有益于完善运动员的监测计划和选材计划、建立训练理论以及完善疲劳和压力处理方法等。尽管体育科学对于训练系统的重要性是显而易见的，但这门分支科学并未在全世界受到足够的重视。例如，斯通（Stone）认为体育科学在美国的应用呈现下降趋势，这在某种程度上解释了近些年奥林匹克运动会上，美国运动员的运动成绩下降的原因。

（三）验证系统的效能或作用

一旦启动训练系统，就应当经常对其进行评估。训练系统有效性的评估可通过多种方式进行。验证训练系统效果的最简单的评估方法是该系统带来了实际运动成绩的提高,也可使用更为复杂的评估方法,包括对生理适应的直接测量,例如,荷尔蒙或细胞信号传导的适应。此外,力学评估方法可用于定量地测定训练系统的工作效率,例如,最大无氧功率、最大有氧功率、最大力量以及力量增长率峰值的评估。体育科研工作者在此领域中起着极为重要的作用,他们运用自己的专业知识来评价运动员,并对训练系统效率的提升提出独到的见解。如果训练系统并非最佳,那么训练团队可以重新进行评价并进一步改进系统。

总体来说,训练系统的质量依赖于直接因素和支持因素。直接因素包括那些与训练和评价相关的因素,而支持因素与管理水平、经济条件、专业化能力和生活方式相关。每一个因素对于整个训练系统的成功都发挥着重要作用,但直接因素的作用更为重要。直接因素的重要性进一步强调了这一观点:体育科研工作者为高质量训练系统的发展和完善做出了重大贡献。

高质量训练系统对于达到最佳竞技状态是必不可少的。训练的质量不仅取决于教练员,还取决于许多因素的相互作用,这些因素会影响到运动员的训练成绩。因此,所有会影响训练质量的因素都需要进行有效的落实和不断的评估,必要时进行调整,以满足当代体育运动不断变化发展的需求。

四、运动训练的适应

训练是一个有组织的过程,它使身体和心理都在不断地接受各种负荷量和强度的刺激。运动员适应和调整训练与比赛负荷的能力,同生物物种适应其所生存的环境一样重要——适者生存。对于运动员来说,如果无法适应不断变化的训练负荷与训练及比赛带来的刺激,将会导致疲劳、训练过量甚至过度训练。在这种情况下,运动员无法完成既定的训练目标。

高水平竞技能力是多年精心筹划、系统而富于挑战性的训练结果。在此期间,运动员不断调整自身的生理机能以适应专项运动的特殊要求。运动员对训练过程的适应程度越高,就越能发挥出高水平的运动潜力。因此,任何组织严密的训练计划，其目标都是为了促进适应，从而提高运动成绩。只有运动员遵循以下顺序，才有可能提高运动成绩：

增加刺激（负荷）—适应—训练成绩提高。

如果负荷总是处于同一水平，那么适应在训练的早期就会出现，随之而来的是一个再没有任何进步的高原期（停滞期）。

刺激不足—稳定平台—训练效果提高不明显，如果刺激过度或刺激过于繁杂，运动员将无法适应，发生适应不良现象过度刺激—不适应—运动成绩降低。

因此，训练的目标是逐步地、系统地增加训练刺激（训练强度、训练负荷量和训练频率）以得到较高的适应，从而提高运动成绩。这些训练刺激的变化是指训练要素的改变，以使运动员对训练计划的适应最大化。

第二节　学校体育运动训练的内容

一、身体训练

（一）身体训练的意义

1. 身体训练

身体训练是指在运动训练中动用各种有效手段和方法，增进运动员身体健康，提高机体能力，改善体形，全面提高身体素质和身体活动能力。

2. 身体训练的意义

身体训练的意义表现在：身体训练是技术、战术训练的基础。只有具备良好的身体素质，才可能掌握复杂的、先进的技术，承担大负荷的训练和激烈的竞赛；身体训练水平的提高还可以提高竞技状态的稳定性；同时，良好的身体素质基础也对预防运动损伤、延长运动寿命有积极作用。

（二）身体训练的内容

身体训练的内容包括一般身体训练和专项身体训练。

1. 一般身体训练

一般身体训练是指采用多种多样的手段和方法，增进运动员的健康，促进其正常生长发育，改善身体形态，提高各器官系统的功能，全面发展身体素质，为专项身体训练打下基础。

2. 专项身体训练

专项身体训练是指采用专门性的身体练习，进一步提高运动员的机能能力，发展专项身体素质，改善体形，以保证运动员掌握专项技术、战术。

3. 两者的关系

一般身体训练是专项身体训练的基础，专项身体训练是专项技战术训练和比赛的需要。两者既有联系又有区别。它们都是为实现身体训练任务、提高运动技术水平服务，所以，二者必须密切结合进行。

（三）身体训练的要求

1. 提高对身体训练重要意义的认识

由于身体训练单调、枯燥、艰苦，所以，要加强思想教育，不断提高对身体训练意义的认识。只有从理论上弄清了身体训练的重要性，才能在行动上自觉参加身体训练。

2. 身体训练的全面化

身体训练必须全面发展。因为，有机体对环境的适应能力是以一个统一的整体来实现的，机体某一部位、某一器官系统机能的提高是建立在各个部位、各个器官系统活动机能全面提高基础之上的。

3. 身体训练的系统化

身体训练要在训练过程中有计划地系统安排。运动员从开始训练到退役前，都要有计划地系统安排身体训练。身体训练的内容和手段要符合专项训练的特点，一般身体训练要同专项身体训练、技术训练和战术训练紧密结合起来,使身体训练促进技术、战术的学习与提高。

4.身体训练的差异化

在全年训练中,身体训练的比重要因人、因时、因项而异。在准备期身体训练的比重要大些,在竞赛期应当小些,休整期又要大些。准备期的前期应侧重一般身体训练,准备期的后期和竞赛期要侧重专项身体训练,休整期又侧重一般身体训练。田径项目身体训练的比重一般比球类、体操项目要大些。运动员年龄小、训练水平低的,其一般身体训练比重要大些;年龄大、训练水平高的运动员专项身体训练比重要大些。

(四)身体素质训练

身体素质训练是身体训练的重要内容。运动员的身体素质是充分发挥身体能力,创造优异运动成绩的基础。身体素质的发展水平越高,越有利于运动成绩的提高。

身体素质的发展取决于运动员的身体形态、机体能力水平、能量物质的储备以及神经系统的功能能力等因素。训练工作中,应根据运动员的生理、心理特征和训练任务,采取适当的训练手段和方法来发展运动员的身体素质。

身体素质训练的内容主要包括力量、速度、耐力、灵敏和柔韧等素质训练。

1.力量素质训练

力量素质是指人体肌肉工作时克服阻力的能力。人体运动时,会受到身体重力、空气或水的阻力、重物负荷、竞技对手的对抗等各种外力,以及肌肉的黏滞性、对抗肌的牵引等内力的阻碍,这就需要依靠人体的肌肉收缩产生力量,克服各种阻力,完成预定的体育活动。

力量为运动之源。人体的运动,无论是向前、向后、向上、向下、向左、向右任何一个方向,无论是直线运动,还是曲线运动,都必须依靠力的作用才能实现。

运动员力量素质水平的高低对其速度、耐力等运动素质的水平都有着重要的影响。力量素质又是运动员学会和掌握各个项目运动技术的必要条件。

根据完成不同体育项目所需力量不同的特点，通常把力量素质划分为最大力量、快速力量和力量耐力三种不同的类型。无论哪一种类型的力量素质，其水平均取决于保证肌肉收缩的物质基础，以及肌肉收缩时的工作条件和特征两方面。

（1）发展最大力量的途径和方法

最大力量是指人体肌肉在随意收缩中所能表现出来的最大力值的能力。其力值只有在抵抗超过肌肉最大能力的阻力过程中才能准确地测到。

①发展最大力量的主要途径

a.加大肌肉横断面；

b.增加肌肉中磷酸肌酸（CP）的储备量，以加快肌肉工作中 ATP 的合成速度；

c.提高肌肉间及肌纤维之间的协调性；

d.改进和完善运动技巧。

②发展最大力量的具体手段和方法

a.重复练习法负荷强度为 75%~90%，每项训练中完成的组数为 6~8 组，每组重复 3~6 次，组间间歇 3 分钟。

b.阶梯式极限用力法，又称金字塔负荷体系，一次课的练习从较低的负荷开始，逐渐加大负荷而减少练习次数。保加利亚举重教练阿巴杰耶夫将这种方法发展为负荷加到 100%，即要求达到当天最高水平。

c.静力练习法

通过大强度的静力性练习来发展最大力量。负荷强度为 90% 以上，每次持续时间为 3~6 秒，练习 4 次，次间间歇 3~4 分钟。

（2）发展快速力量的途径与方法

①发展快速力量的途径

发展快速力量的途径包括提高最大力量和缩短表现出最大力量所需的时间两方面。

②发展快速力量的综合性练习方法

a. 减负荷练习

减负荷练习包括减轻外界阻力（负重重量）以及给以助力进行练习。

b. 先增加后减轻负荷练习

先增加后减轻负荷练习，是指在平时训练时，先增加负荷的重负，使之超过比赛时需要克服的阻力，当运动员能够适应此负荷时，再逐步减少负荷至正常水平，从而可以有效地提高运动员在标准阻力下完成动作的速度。

（3）发展力量耐力的途径和练习方法

①发展力量耐力的途径

发展力量耐力首先要根据专项特点认真分析研究需要什么样的力量耐力，进而选择训练方法，确定训练负荷的基本要求。

②发展力量耐力的练习方法

a. 持续训练法；

b. 间歇训练法；

c. 循环训练法。

2. 速度素质训练

速度素质是指人体快速运动的能力，是运动员重要的运动素质之一。

（1）速度素质的意义

在竞技体育中，速度素质的发展水平对运动员总体竞技能力的高低有着重要意义。

①对其他运动的积极影响

良好的速度素质对其他运动素质的发展有着积极的影响。肌肉快速收缩能够产生更大的力量，高度发展的速度素质又能为耐力的发展提供更大的空间。

②易于掌握运动技巧

竞技体育技术动作大多要求快速完成，良好的速度素质有助于运动员更好地掌握合理而有效的运动技巧。

③在不同运动项目中的重要作用

体能主导类速度性的竞技项目，速度素质水平直接决定着运动成绩的好坏；对耐力性的项目，高度发展的速度素质有助于运动员以更快的平均速度通过全程；对技能主导类项目时间上的优势可以转化为空间上的优势，使体操、跳水等项目的运动员有更大的可能性完成难度更高的复杂技巧；使球类选手在比赛中获得更多得分的机会；而击剑、摔跤选手动作速度的细微差别，往往便会决定比赛的胜负。

（2）速度素质的训练方法

运动中的速度素质包含着反应速度、动作速度和移动速度三种基本表现形式。

①反应速度

反应速度是指机体对外界刺激反应的快慢，通常以施与刺激到肌肉系统做出应答性收缩时间的长短来表示反应速度的快慢，反应速度的快慢取决于运动员的感知能力、对信号的选择性分析、信号沿反射弧传递的速度以及肌肉应答性收缩的速度和能力这四方面。

发展反应速度，可利用突出信号、移动目标等方法，让运动员做出快速反应动作和发展灵活性的游戏来实现。

②动作速度

动作速度是指机体某一部分完成特定动作的快慢。这里所指的特定动作通常都是完整动作的组成部分。因此，动作速度既可以相对于身体外部的参考体而言，也可以相对于身体其他部位而言。运动员机体任何部位动作速度的快慢，主要取决于中枢神经系统的功能以及引起该部位运动的肌肉力量大小，在训练中则需要相应地采用不同手段来提高运动员的动作速度。

发展动作速度可以用跟着快速信号有节奏地做单个动作来提高。大强度的重复训练法是提高运动员动作速度最主要的训练方法。动作速度训练的要点是：

a.必须快速地完成练习。

b. 应选择专项动作或与专项动作结构、用力形式相似的练习。

c. 应选择能熟练完成的、最好是自动化的练习。

d. 可采用助力法。

e. 预先加难法进行练习。

f. 练习的次数或持续时间应以能保持最大动作速度为标准。

g. 重复练习时，每两次练习间的时间间隔应以保证肌肉工作中消耗的 ATP 得到重新合成补充，同时神经系统仍保持必要的兴奋程度为标准。

h. 练习前肌肉需做好准备活动。

③移动速度

移动速度是指运动员在特定的方向上快速移动的能力，以单位时间里位移的距离作为衡量的标准。

发展移动速度的训练方法：

a. 短距离跑练习。

b. 发展灵活性及协调性。

c. 高强度的重复训练。

d. 逐步发展力量，提高肌肉快速收缩力好的多种练习。

e. 逐步改进及完善技术动作。

3. 耐力素质训练

耐力素质是指身体在长时间活动中克服疲劳的能力。耐力是衡量身体健康水平的一个重要标志，它对于其他素质的发展和运动成绩的提高具有极其重要的作用。

少年儿童可以进行耐力训练，但不宜过多，必须严格控制时间、数量和强度。少年儿童的耐力训练主要是发展有氧耐力，改进氧气输送系统和肌肉代谢的功能，而不宜过多地进行无氧耐力训练。8 岁起可以进行有氧耐力训练；13~18 岁应继续提高有氧耐力；15 岁起可以开始进行无氧耐力训练，但强度不宜大；16 岁以后，可以逐步进行较大或大强度无氧耐力训练。发展耐力素质,要求机体供氧充分,为此,耐力训练宜在空气新鲜、氧气充足的场所进行。

发展耐力的基本手段包括一般耐力的训练方法和专项耐力的训练方法。

(1)一般耐力的训练方法

①长时间的单一练习,如跑步、游泳、骑自行车等。

②长时间变换内容的练习。

③发展一般耐力常用的训练方法主要是持续训练法和间歇训练法。

(2)专项耐力的训练方法

不同专项运动员的专项耐力有着不同的表现和特征,也就必然地要求运动员在训练中采用不同的方法和手段。

①体能主导类快速力量性项群运动的专项耐力,主要表现为以最大强度重复完成完整比赛动作的能力。因此,发展其专项耐力的训练内容与手段则应以多次重复完成比赛动作或接近比赛要求的专项练习为主。实践中多采用极限或极限下强度完成负荷。

②体能主导类周期竞赛的项目有耐力性和速度性两个项群,耐力性项目运动员专项耐力的要求是用尽可能高的平均速度通过全程。除超长距离之外,专项耐力的重要供能形式为糖酵解无氧代谢供能。其主要训练方法为大强度的间歇训练法、重复训练法及比赛训练法。

③技能主导类表现性项群运动员的专项耐力在赛前训练中须多次完成成套练习或 1/2 套以上的练习。

④技能主导类对抗性项目比赛时间较长,训练中要注意安排长时间的专项对抗练习或专项练习,有时甚至安排超过正式比赛时间或局数的训练。

4.灵敏素质训练

灵敏素质是指人体在各种复杂条件下,快速、协调、准确、灵活地完成动作的能力。灵敏素质是正确而迅速地掌握和运用各种运动技术、战术的重要素质之一。

发展灵敏素质有利于速度素质的提高,能充分发挥肌体的力量和耐力,促进运动成绩的提高。

发展灵敏素质可采用专项练习复杂化的方法,以及反复练习各种与专项技术结构相似的动作,这是发展灵敏素质最有效的方法。

灵敏素质与运动员的运动能力,尤其是协调能力有关。少年儿童进行各种运动动作的练习,如各种技巧、跳跃、活动性游戏等,对提高灵敏素质有较好的效果。从某种意义上讲,这也是发展灵敏素质的基本练习。

进行灵敏素质训练,应注意培养运动员对时间、空间判断的准确性。在教学训练中,对动作的时间和空间的指标,应有严格的要求。如对方向、幅度、速度、节奏等的要求要明确,才能提高对时间、空间的判断能力和反应能力,从而提高灵敏素质。

灵敏素质取决于大脑皮层神经过程的灵敏性,所以,一般应在大脑皮层处于兴奋状态,注意力高度集中时进行灵敏素质训练,但时间不宜过长。不同性质的练习应交替进行,以免大脑皮层产生疲劳,从而降低训练效果。

5. 柔韧素质训练

柔韧素质是指人体关节在不同方向上的运动能力,以及肌肉、韧带的伸展能力。作为人体基本运动素质之一,柔韧素质的好坏,亦即关节运动幅度的大小,以及肌肉韧带伸展幅度的大小对运动员竞技能力的高低有着不容忽视的影响。

发展柔韧素质训练的方法有主动拉伸练习法和被动拉伸练习法两种,应以主动拉伸练习为主,同时注意以下几点:

(1)主动性练习与被动性练习相结合。

(2)动力性练习与静力性练习相结合。

(3)发展柔韧素质的练习应安排在一堂训练课的前半部进行。此时运动员尚未感到明显疲劳,一般不容易受伤。但练习前必须做好准备活动。提高肌肉温度,并进行肌肉预伸展的练习,逐步提高肌肉、韧带及其他软组织对大幅度伸展的承受力,然后再做超过习惯的运动幅度的柔韧性练习,这样既易于取得良好训练效果,又不易造成运动损伤。

（4）发展柔韧素质的训练一定要注意循序渐进，不可操之过急，一次练习不可过多。

二、技术训练

（一）技术训练概述

运动技术是指完成特定体育活动的方法，是运动员竞技能力水平的重要决定因素。技术训练是指对运动员所从事的运动项目的动作技术进行学习、巩固、提高的训练过程。

技术训练是提高运动成绩的一个极为重要因素，只有熟练地掌握了专项运动技术，才能充分发挥运动员的身体能力，创造出优异的运动成绩。技术不好，成绩就上不去，这在一些动作复杂、协调性要求高的运动项目中更为明显。同时，技术还是战术的基础，没有全面、熟练的技术，就无法运用战术。技术训练的主要任务就是使运动员学习、掌握专项运动技术和提高运用技术的能力。所以，它是运动训练一项十分重要的内容。任何项目任何水平的运动员都应重视加强技术训练，以不断学习新技术，改进与提高技术质量。

（二）技术训练分类

技术训练分基本技术训练和高难技术训练。基本技术是专项运动技术的主要结构部分的动作，是完成技术、进行比赛不可缺少的技术。高难技术是与基本技术相对而言的，是指专项技术中难度较大、比较复杂、要求较高的动作。两者既有联系，又有区别。没有良好的基本技术为基础，要想掌握高难技术是不可能的。

（三）技术训练的基本要求

1.重视建立正确的技术概念

正确的技术概念是掌握技术的前提，只有掌握了正确的技术概念，才有可能掌握正确的技术。技术概念不清,就很难形成正确的技术定型,错误的技术定型形成之后,纠正起来就十分困难。因此,在学习技术开始时,就要建立正确的技术概念。

2. 针对少年儿童的训练

如果训练对象是少年儿童,应根据少年儿童生理、心理特点进行技术训练。

3. 抓好基本技术训练

基本技术是学习高难技术和创造新技术的基础。因此,训练的全过程都要狠抓基本技术训练。

4. 技术训练要全面、实用、准确、熟练

技术训练要全面,是使运动员全面掌握专项运动技术,成为专项运动的"多面手"。技术训练要实用,是指运动员掌握的技术要符合比赛要求,在比赛中能用得上。技术的准确,是要求运动员学习的技术要规范,既掌握技术的基础环节又掌握细节,在比赛中能准确地表现出来。技术的熟练,是指运动员掌握技术要达到动力定型,在多变的环境条件下,都能正确地完成。

5. 技术训练与身体训练相结合

在训练过程中,既要注意技术训练,又要重视身体训练,二者要协调地进行,使身体训练为技术训练服务,在技术训练中发展身体素质。

(四)技术训练的方法

运动技术训练的方法很多,实践中可根据实际情况设计或选择训练方法,在此仅就常用的基本方法进行简要的介绍。

1. 直观法

直观法是指在技术训练中,借助运动员的各种感觉器官,建立起对练习动作的一个清晰、直观、深刻的表象,从而获得对练习动作技术的感性认识,使运动员在练习动作时能够正确思维、掌握和提高运动技术水平的一种常用的训练方法。教练员的示范动作就是很好的直观法。

2. 语言法

语言法是指在技术训练中,运用各种形式的语言,指导运动员学习和掌握技术动作的训练方法。其主要作用在于帮助运动员借助语言明确技术动作概念,纠正错误动作,提高技术水平。

3. 分解法

分解法是指把完整技术动作按其基本环节,分成若干个相对独立的部分,使运动员分别进行练习的训练方法。其优点在于能减少运动员开始学习的困难,在掌握了完整技术动作中相对独立的几个部分后,再进行完整练习,从而提高学习的效率,增强掌握动作的信心。此方法主要用于较复杂的技术,在改进动作、提高动作质量时亦可使用。

4. 完整法

完整法是指运动员从技术动作的开始姿势到结束姿势,完整地进行练习,从而掌握技术的训练方法。其优点在于一开始就使运动员建立完整的技术动作概念,不致影响动作的结构和各部分之间的联系。此方法多用于学习简单的技术动作或不能分解练习的较复杂的技术动作。

5. 减难法与加难法

减难法指在训练中,以低于专项要求的难度进行训练的方法。此种方法常用于学习新动作或改正动作阶段。

加难法指在训练中,以高于专项要求的难度进行训练的方法。如在排球扣球技术训练中加高隔网,从而增加训练难度。此种方法常在优秀运动员的训练中使用。

6. 预防与纠正错误法

预防与纠正错误法的关键是找出造成错误的原因,然后再采用各种有针对性的方法和手段预防与纠正错误动作。

三、战术训练

（一）战术

在体育学中关于战术的定义有多种。

田麦久对战术的解释是，运动员或运动队在比赛中为表现出高超的竞技水平，或战胜对手而采取的计谋和行动。

徐本力对战术的定义是，为战胜对手而在赛前制定并在比赛中灵活运用的比赛计谋、行动与方法，也就是根据双方的情况正确地分配力量，充分发挥己方特长、限制对方特长，为战胜对手而采取的合理有效的计谋、行动与方法。

战术的形成是在运动员具有一定的身体训练和技术训练基础上，根据比赛需要通过训练而形成的。战术发展对运动员身体和技术不断提出新要求，并在一定程度上影响身体素质、技术、心理的发挥与运用。同时，在集体性、对抗性项目中，战术往往是夺取胜利的关键；在双方实力接近的情况下，谁的战术水平发挥得好谁就能夺取胜利；在一定情况下，战术运用成功，还可能以弱胜强，反败为胜。战术对一些非对抗性项目也有一定的作用，如中长跑的体力分配及抢先或跟跑战术，跳高的免跳高度等。

（二）战术训练

战术训练是指在教练员指导下，运动员学习掌握集体或个人正确地分配力量，发挥我方特长、限制对方特长的发挥，所采用的在比赛中争取优胜的计策与行动的训练过程。

1. 战术训练的要求

（1）重视运动员战术意识的培养

战术意识是指运动员在比赛的复杂多变和困难的环境下，及时准确地观察到场上情况，迅速而准确地决定自己的行动及与同伴配合的能力。战术意识的培养，是战术训练的中心环节。通过战术训练，要提高运动员对战术行动的影响和认识，理解战术意义、战术实质,提高研究运用战术的自觉性。

(2)基本战术训练与多种战术训练相结合

首先是熟练掌握一两套反映本队独特风格的基本战术,其次是在此基础上逐步建立起多种成套战术体系,使基本战术训练和多种战术训练相结合。课余运动训练,应以基本战术训练为主,并在较熟练地掌握基本技术的基础上进行战术训练。

(3)战术训练要有实战性

根据临场比赛的要求,战术训练应在比赛的条件下进行,使战术训练同比赛一致起来,还应在困难条件下进行训练。例如,可采用以少防多、以少攻多,增加进攻或防守的难度和对抗性;要求攻防遇阻时灵活变换战术,以及在不良的场地设备、气候条件下进行训练等方法,以培养和提高实战能力。

(4)战术训练要循序渐进

初学战术时,条件要简单些,难度低些,在运动员理解战术意图、战术结构之后,再提高学习的难度,增加对抗因素。

总之,战术训练应建立在身体训练、技术训练基础上,从运动员的身体和技术特点出发,同身体训练和技术训练结合起来,使战术训练更切合实际。

2.战术训练方法

(1)表象法

表象法是指运动员在头脑中对过去完成的正确技术动作的回忆与再现,唤起临场感觉的训练方法。通过多次动作表象,提高运动员表象再现及表象记忆能力,可以使运动员的注意力集中于正确的技术要求,有利于提高心理稳定性,从而促进技术的掌握。

(2)限制性实践训练法

根据训练需要,进行有目的、有条件限制的实践练习,以专门性限制条件的训练强化其技术,使运动员有目的地掌握运用各项攻防技术动作,同时,运动员在近似实战状况下,经过技术训练和运用,积累实战经验,为实战做技术、战术和心理上的准备。

（3）实战训练法

通过实战比赛,使运动员的技术技能向更高质量方面变化,同时,在高度紧张激烈和瞬息万变的情况下,有效地运用技术和战术,可增强练习者的自信心,丰富其临场经验,为真正进入高水平比赛创造条件。

（4）模拟训练法

在对比赛的环境、条件和对方实力做详细了解和分析的基础上,通过与模仿重大比赛中主要对手的主要特征的陪练人员的练习,以及在与比赛条件相似的环境中练习,使运动员逐渐适应于比赛特殊条件的过程。

四、智能训练

（一）运动智能

作为一种重要的能力,人的智能是以其智力水平为基础,运用所掌握的文化理论知识从事工作或劳动的能力。

运动智能是人类智能中的一种特定类型,专指运动员以其智力水平为基础,运用所掌握的全面知识,特别是体育专业理论知识参加运动训练和运动竞赛活动的能力。

运动智能是运动员总体竞技能力的重要组成部分。运动员专项运动智能的高低与其一般智力水平有着密切的关系。心理学家们把智力归属为人类心理能力的重要内容,包括观察力、注意力、记忆力、思考力及想象力。而专项运动智能涉及专业理论知识的学习与掌握,更与专项运动训练实践密切联系。

（二）智能训练

智能训练是指通过训练提高运动员的某些智力因素与某些能力因素,并实现其有机的结合。

1. 智能训练的内容

智能训练的内容包括理论知识教育和能力培养两方面。理论知识教育主要是学习文化科学知识、体育卫生基础知识、体育教学和训练的一般原理、专项运动理论与技术、战术知识。智力能力培养包括培养观察能力、接收信息能力、思维能力、想象能力、分析问题与解决问题的能力。

2. 智能训练的要求

（1）智能训练应列入训练计划，并占有一定比例，保证有目的、有系统地进行。

（2）提高运动员对智能训练的认识，自觉地参与智能训练，提高智能训练的实效性。

（3）智能训练可采用多种方法进行，如讲授有关的理论知识、技术分析、写训练日记、组织讨论、赛后小结等。如有条件，还可利用幻灯、电影、录音、录像等现代化手段，以提高智力训练的效果。

（4）逐步建立智能测试评定的制度和方法，如理论知识水平的考核，采用专门措施测定运动员的感觉、观察、综合分析、记忆、判断能力，并制定相应的评价标准等。

五、心理训练与恢复训练

（一）心理训练

心理训练是指通过各种手段有意识地对运动员的心理过程和个性特征加以影响，并使运动员学会调节自己心理状态的练习过程。

人的心理是客观现实与人脑相互作用的产物，是人脑反映客观现实的最高级形式。人的心理对人的多种社会行为产生一定的影响。当然，也会影响运动员在运动竞赛中的表现。与体能、技能、战术能力一样，心理能力也是运动员竞技能力的重要组成部分。

人的心理现象包括个性心理特征（兴趣、性格、智力、气质）与心理过程（认知过程、情感过程及意志过程），人在运动竞技中的心理能力，同样也由这两方面组成。

1. 心理训练的任务

培养运动员具有适应专项需要的心理过程和个性特征；形成运动员对训练的良好态度，创造适宜的心理状态，提高适应比赛的能力；促进运动员疲劳的恢复；克服各种心理障碍，保证训练与比赛的顺利进行。

2. 心理训练的类型

（1）依据训练内容与专项需要的关系，可将心理训练划分为一般心理训练和专项心理训练两大类。通过一般心理训练发现运动员普遍需要的心理品质，即适应于参加运动训练和竞技比赛的心理特征，以及健康、稳定的心理过程。而通过专项心理训练，则集中发展从事艰苦的专项训练和成功地参加专项竞赛，特别是高水平竞赛所需要的个性心理特征以及稳定的心理过程。

（2）依据训练目标与比赛的关系，可将心理训练分为赛期心理训练和日常心理训练（或称训期心理训练）两大类。通常，赛期心理训练集中于调整运动员的心理过程，而日常心理训练则偏重于改善运动员的个性心理特征。

（3）依据特定比赛的需要，所进行的有针对性的心理训练叫作赛期心理训练，包括赛前的心理准备、赛中的心理控制以及赛后的心理调整。

3. 心理训练的方法

近年来，随着人们对心理训练重要性认识的不断加深，心理训练方法问题也日益引起人们的高度重视。目前文献中涉及的心理训练方法多达十余种，但由于缺乏简明的科学概括与系统归纳，使得这些方法远未得到普及和应用。通常被广泛采用的心理训练方法有意念训练法、诱导训练法和模拟训练法三大类。

（1）意念训练法

意念训练是纯意识性的训练，由运动员独立进行。训练时运动员进行积极的思维活动，或发出明确的指令，或做出间接的暗示，影响、指挥或控制自身的心理活动,以使其个性心理特征和心理过程得到改善。运动员常常借助于想象或表象进行意念训练。

（2）诱导训练法

由教练员或心理学专家采取特定的手段导引运动员的思维过程,从而进行心理训练的方法叫作诱导训练法。与意念训练法的自我诱导相比较,进行诱导训练时,诱导的主体与客体不是同一的。诱导行为的主体,即诱导者通常是教练员或心理学专家,但也可以是同伴、亲友,甚至不相识的陌生人。

（3）模拟训练法

在模拟未来比赛的条件下进行心理训练（或包括心理训练在内的综合训练）,即模拟心理训练。通过模拟训练,可使训练与比赛的实际尽可能地接近,使运动员在近似比赛的条件下,锻炼和提高对未来比赛的适应能力,以及情绪控制能力等。

在模拟训练中,组织训练的主体,即教练员或心理学专家,主要通过所制造的模拟条件对训练的客体,即运动员,实施心理训练和控制。模拟训练包括实景模拟训练和想象模拟训练。

（二）恢复训练

恢复训练是指在训练和比赛之后,采用科学的手段和方法,消除运动员体力和精神的疲劳,使运动员机体活动能力得到恢复与提高。

1.恢复训练的意义

恢复训练是提高运动员训练水平和竞技能力的重要因素,没有负荷就没有疲劳,没有疲劳就没有训练。在现代运动训练和竞技中,运动员要承受相当高的生理和心理负荷,如果不及时而迅速地消除疲劳、恢复体力,就会影响以后的训练与竞赛。没有恢复就没有提高。通过恢复训练,运动员的运动能力更好地得到恢复和超量恢复,才能在形态、机能、素质、技术、战术和心理过程发生需要的变化（适应性变化）。目前世界各国非常重视恢复训练,并作为训练内容之一而列入训练计划。同时,恢复训练还有助于防止过度疲劳和伤害事故的发生。

2.恢复训练的手段

恢复训练的手段从实际操作来看共分为三大类：

（1）一般教育学手段

一般教育学手段包括放松活动、训练次数与时间的安排,调整运动员负荷与间歇时间,安排好睡眠、休息环境及其他事项。

（2）医学生物学恢复手段

医学生物学恢复手段包括伙食营养、按摩、热敷、淋浴、紫外线照射等。

（3）心理学手段

心理学手段包括放松训练、呼吸调节、催眠暗示、心理调节等。

第三节　体育运动训练的基本原则

运动训练原则是运动训练实践经验的总结和概括,是运动训练客观规律的反映,是组织和进行训练工作必须遵循的基本准则。

现代运动训练实践证明,是否按照训练的客观规律科学地进行训练,是保证训练效果,提高运动技术水平的关键。贯彻并运用训练原则,可以使训练工作更符合客观规律,保证训练的科学性,提高训练质量。反之,则会严重影响训练的效果,甚至损害运动员的身体健康。因此,在制定训练任务,编制训练计划,选择与安排训练内容,运用各种训练方法,确定与安排运动负荷,组织与进行各种训练作业时,都应根据专项运动特点和运动员实际情况,灵活地贯彻运动训练原则。

运动训练的原则有：一般训练与专项训练相结合的原则、不间断性原则、周期性原则、合理安排运动负荷的原则和区别对待的原则。这些原则对运动训练具有普遍指导意义。

一、一般训练原则与专项训练相结合的原则

（一）一般训练原则

一般训练原则是指根据专项运动的需要，选用多种多样内容和方法进行的训练。目的是增进运动员的健康、提高身体各器官系统的机能、全面发展身体素质和改善体形，以及掌握体育的基本知识和技术，为进行专项训练、提高专项运动成绩打好基础。

专项训练是指采用专项运动及与专项运动技术结构相似的内容、手段进行的训练，其目的是提高专项运动所必需的身体机能，发展专项身体素质，掌握专项运动理论、技术和战术，以保证专项运动成绩的不断提高。

（二）一般训练和专项训练的关系

一般训练和专项训练的内容、手段及所起的作用是不同的：前者较为广泛，对身体的影响全面而一般；后者专门化的性质强。二者都是为了发展专项运动能力，提高专项运动成绩。二者对提高运动员训练水平都有一定的作用，又各有不足之处，若密切结合，则可起到互补不足、互相促进的作用，有利于运动员运动成绩的提高。

注重一般训练，在多年和全年训练中要合理地安排一般训练内容，在初级训练阶段，优秀运动员的恢复性训练尤为重要。在初级训练阶段，重视一般训练，是为了使运动员神经系统形成较丰富的暂时性神经联系，使运动员掌握较多的动作方法，从而获得较全面的动作储备。这是专项运动成绩赖以提高的基础。

一般训练与专项训练相结合的原则，对少年儿童来说有着特殊的重要性。国内外的运动训练经验表明：许多高水平的优秀运动员，在少年时期，都进行了多项训练，全面发展了身体素质，掌握多项运动机能；然后在专项训练中，又重视一般训练，所以才创造了优异的运动成绩。少年儿童的运动训练，既要重视专项训练，更应重视一般训练，打好基础，这才是不断提高运动成绩的战略措施。

（三）提出原则的主要理论依据

1. 有机体的统一性

有机体各器官系统之间是互相联系、互相影响的。任何一项运动对运动员各器官系统的影响，在不同程度上都有一定局限性。只有进行一般训练，采用多种多样的训练内容、手段，才能弥补专项训练的不足和保证专项训练的顺利进行及成绩的不断提高。

2. 运动机能的转移

运动机能是后天建立和形成的复杂的条件反射。动作机能储备得越多，建立得越巩固，就越有利于运动员学习和掌握新的动作技能。因此，进行一般训练，有选择地让运动员学习掌握一些非专项技术，更有利于运动员学习、掌握专项运动技术和战术。

3. 运动素质的转移

运动员的一般运动素质获得全面发展，就更有利于其专项运动素质的提高。

4. 能积极地调整训练过程，防止伤病

只进行专项训练，容易造成机体的局部负担过重和中枢神经系统的疲劳，运动员会感到训练枯燥乏味。配合专项训练，进行一般训练，能起到良好的作用，以提高专项训练的效果，并有利于防止伤病，延长训练年限。

（四）贯彻原则应注意的问题

（1）要重视一般训练。

（2）一般训练内容要反映专项化的特点，适应专项训练的需要。

（3）一般训练内容既要全面多样，又要结合专项的需要。

（4）一般训练和专项训练在多年和全年训练中都要进行。

（5）一般训练和专项训练组织的方法应多样化，符合少年儿童的特点。

二、不间断性原则

(一)不间断性原则

不间断性原则是指运动员从开始训练直至运动寿命终结,始终坚持系统地、不间断地、循序渐进地组织训练过程的原则。该原则始终贯彻:从训练初期,到出现优异运动成绩,直至运动寿命的终结,都应根据训练结构中各因素间的内在联系,以及人体运动能力发展规律,有序且持续地进行训练。

(二)提出原则的主要理论依据

1. 系统论基础

各运动项目的知识、技术、战术以及各运动素质发展都有其本身的内在联系和体系。只有按照这种内在联系和体系,循序渐进地进行训练,并逐步提高要求,才能取得良好的训练效果。

2. 机体适应性的积累

运动水平的提高是一个长期的训练适应性变化的积累过程。通过训练,运动员的机体在形态、生理、生化方面所产生的一系列适应性变化是一个由少到多,由低到高的渐进性的积累过程,只有不间断地进行训练,才能获得这一理想的适应性的积累。

3. 神经联系的建立对技战术的作用

运动员掌握运动技术、战术,实质上是暂时性的神经联系的建立,是条件反射的形成。训练中断就会使建立起来的暂时性神经联系减弱,条件反射就会消退,已掌握的技术、战术就会生疏,或者出现各种错误。这就是说已形成的条件反射就会消退。

(三)贯彻原则应注意的问题

1. 坚持训练的连续性

运动训练要坚持常年不间断,保证训练的长期性和连续性,坚持训练的连续性,科学地安排训练和休息,以获得适应的积累效果。为此,在全年、多年训练中,我们必须要使整个运动训练过程的每次课、每个训练周、每个阶段、每个周期有机地联系起来,在运动员逐渐产生明显适应的基础上,不断提高竞技能力,直至创造优异成绩。

2.遵循系统训练规律

训练内容的选择和安排,训练手段的采用,以及运动负荷的增加,除必须考虑项目特点、对象条件外,还应按照它们本身的内在联系和本身的系统性,循序渐进地逐步提高训练要求。要根据训练内容的层次性、时序性,运动员训练程度的差别、训练条件的变化性来全面考虑运动训练安排。

3.在训练过程中要采取有力措施,防止运动员的伤病。

三、周期性原则

（一）周期性原则

周期性原则是指整个训练过程按照一定的周期循环往复、周而复始的方式进行。每一个循环往复(也就是周期)并不是简单重复,而是一个由量变到质变的过程。它们之间既有联系又有区别。所谓联系,是指后一个循环是在前一个循环的基础上进行的,否则后一个循环就成了无源之水、无本之木;所谓区别,是指后一个循环高于前一循环,前后两个循环之间存在着明显的质的差别,否则就谈不上提高。

（二）提出原则的主要理论依据

周期性原则主要是由竞技状态形成发展的规律确定的:

1.竞技状态的概念

竞技状态是指运动员达到优异成绩所处的最适宜的准备状态。最适宜的准备状态是相对的,是对运动员自己成绩水平而言的。

2.竞技状态的特征

(1)运动员机体各器官系统的机能达到最高水平,能最大限度地适应大负荷训练和比赛,机能活动更加节省化,恢复过程较快。

（2）运动员的运动素质和专项运动技术有机地结合起来了,通过专项技术能把运动素质最大限度地发挥出来,中枢神经系统有高度调节各器官系统的能力,完成动作准确、熟练、协调。

（3）运动员精力旺盛,情绪高涨,渴望训练和比赛,具有完成任务、夺取胜利的信心。

3. 竞技状态的形成和发展

竞技状态是通过训练而形成的,它的发展过程可分为三个阶段。

（1）获得阶段

它又可分为形成竞技状态的前提条件阶段和竞技状态形成阶段。

①形成竞技状态的前提条件阶段

在这个阶段中,运动员的机体能力不断提高,运动素质全面发展,专项运动技术、战术逐步改善,专项运动所需要的心理素质初步形成,但它们彼此还不能有机地结合起来,在比赛中还不能充分发挥。

②竞技状态的形成阶段

在形成竞技状态的前提条件阶段之后,通过训练,竞技状态各因素得到进一步的发展和提高,并且具有专项化特点,彼此有机地结合起来,形成了一个统一的整体,能在比赛中充分发挥出来,这时,就基本上形成了竞技状态。

（2）相对稳定阶段

此阶段又称保持阶段,在这个阶段中,竞技状态所有特征都能较好地表现出来。能够创造优异成绩。但是它们还具有一定的波动性,有起有伏,下降是暂时现象,只要适当调整训练,即能恢复,甚至可能超过原有的水平。

（3）暂时消失阶段

竞技状态特征逐步失去,训练水平逐渐消退。这种消失是暂时的、相对的,只要训练安排适当,运动员的机体能力、技术、战术均能保持一定水平。

4.竞技状态与训练周期

竞技状态发展的获得、相对稳定和暂时消失三个阶段成为一个周期。人们根据竞技状态发展这一规律,把竞技状态发展的一个周期作为一个训练周期,根据它的三个发展阶段划分为三个训练时期:即准备期(竞技状态的获得和形成阶段)、竞赛期(竞技状态的相对稳定阶段)、休整期(竞技状态的暂时消失阶段)。运动训练的计划与安排,其实质是控制竞技状态发展的过程。

人们习惯把这样一个训练周期叫大周期,时间一般为一年或半年。在大周期基础上建立多年训练周期。多年训练周期常以国内外大型体育比赛年限为依据。奥运会、亚运会、全运会、大运会等为四年一次,四年就成为多年训练的周期。中小学常以小学、初中、高中阶段为年限,来确定多年训练周期。

在大周期基础上,根据训练的需要又分为中周期、小周期和训练课。

(三)贯彻原则应注意的问题

(1)根据对象、项目特点和参加的重大比赛确定(全年)周期的划分,即确定全年为单周期或双周期。

(2)根据运动员训练水平,适当确定各个训练时期的时间。

(3)要科学地安排每一训练周期的内容、比重和运动负荷,并使各个周期之间互相衔接。

(4)结束一个周期的训练要做好总结,以便为制订下一周期的训练计划提供依据。

四、合理安排运动负荷原则

(一)合理安排运动负荷原则

合理安排运动负荷原则是指在训练过程中,根据训练任务和对象的特点,适宜安排训练的负荷与休息,逐步地、有节奏地加大运动负荷,直至最大限度。

现代运动训练实践证明,数量多、强度大的负荷训练,是提高运动成绩的关键问题。因此合理安排运动负荷作为一个原则在国内外运动训练中得到普遍运用。

（二）提出原则的主要理论依据

1. 超量恢复的原理

运动员的有机体在承担了一定的负荷以后，将经历疲劳—恢复—超量恢复过程。要使有机体产生的疲劳得到恢复和超量恢复，必须在有机体承担一定的负荷后，安排一定的休息时间，使负荷和休息交替进行，对负荷也要做到科学合理的安排。现代运动训练的实践和科学研究表明，运动员机体形态机能的改善和提高，以及技术的掌握，必须在一定负荷量和负荷强度的刺激下才能实现。而且，在一定范围内负荷越大，刺激越深刻，产生超量负荷的水平越高，因此，还要有极限负荷的刺激。

2. 训练适应的规律

有机体在训练中承担运动负荷后，有一个适应过程。当机体适应这一负荷后，就会出现机能"节省化"现象，如果运动员的机体适应以后，负荷停止在一个水平上，不再提高运动负荷，则机体的机能能力就不能进一步提高，运动成绩也将难以提高。只有施加更加强烈的刺激，使有机体产生新的适应，才能提高机能水平，提高运动成绩。但是，训练中运动负荷如果不是逐步提高，而是提高过快、过猛并超出了运动员机体所能承受的最大限度，同样也不能产生新的适应。这不但提高不了运动成绩，而且还有损运动员的健康。

（三）贯彻原则应注意的问题

（1）根据运动员的负荷能力和具体情况，正确规定运动负荷。

（2）运动负荷的增加要由小到大、循序渐进、逐步提高，形成一个"加大、适应、再加大、再适应"的过程。

（3）安排负荷要考虑运动项目特点，不同的训练时期和训练任务，处理好负荷量和负荷强度的关系。

（4）根据超量负荷、超量、恢复的规律,科学地安排训练和休息。

（5）加强医务监督,对运动员进行有关生理卫生知识的教育。

五、区别对待原则

（一）区别对待原则

区别对待原则是指在训练中要根据运动员的年龄、性别、身体条件、训练水平、思想状况和个性特征等特点,科学地确定训练任务、内容、手段、方法和运动负荷。

（二）提出这一原则的主要理论依据

1.运动员的个体差异性

运动训练基本上是个个人训练过程。运动员的条件千差万别,他们的起点不同,发展也不一样,只有区别对待,有针对性地进行训练,才能收到良好的效果。

2.一些球类集体项目的分工不同

球类等集体项目有位置和任务的不同,因此,对运动员的运动素质、技术、战术、心理品质的要求也不同,只有在集体协同训练的同时注意区别对待,才能训练出一支各具特色、又协同一致的队伍。

（三）贯彻原则应注意的问题

1.因人制宜,因材施教

深入了解和分析运动员的情况后,根据不同情况在训练中采用不同措施,因人制宜,因材施教。

2.训练计划要反映全队和个人特点

训练计划既要有全队要求,也要有个人不同的安排,同时,对重点队员还可以制订专门的训练计划,这样训练中的任务、指标、内容、方法和措施就能更加切合实际。

3.原则应贯彻到训练的各个环节中

在集体训练时,教练员既要照顾全队,促进运动员之间的竞争,又要根据实际情况有针对性地进行个人训练。在进行个人训练时,教练员除加强个别指导外,还要注意照顾全队的训练。

上述训练原则是相互紧密联系的,训练中必须全面贯彻。现代运动训练是一个非常复杂的系统工程,其中有许多规律尚未被人们发现或尚未被人们完全认识。因此在训练过程中,一方面要结合实际,灵活地、创造性地贯彻这些原则,同时在运用这些原则时不断探索新的客观规律,不断丰富、发展和完善运动训练原则。

第四节　运动训练的理念及发展创新

一、运动训练理念

(一)教育性训练理念

1.教育性训练理念的内涵

在运动训练过程中,教练员要重视对运动员的文化教育和素质培养,并注意强调这一方面的重要性,从而使训练和教育紧密地融合在一起,达到训练与教育相结合、相协调、相促进的效果,这对于促进运动训练效果的提高具有积极的作用。

2.教育性训练理念的理论基础

教育性训练理念的理论基础是多方面的,为对这一理念有一个更加深入、全面的了解,从以下两方面来介绍其理论基础。

(1)运动员的健康成长与自身文化教育水平有密切的关系

运动训练是一种社会活动,这一社会活动能否顺利进行,主要取决于教练员、运动员、管理人员和科技人员等相关人员是否能够积极参与运动训练活动,并在活动过程中密切配合。由此可以看出,教练员与运动员这两个运动训练中的主体的知识水平是影响竞技运动发展的重要因素。现阶段,在运动训练过程中,运动员主体性难以得到充分的发挥,而且运动员文化素质的培养也没有得到应有的重视,所以导致了以往运动训练中出现了一系列的不科学的现象，具体表现为以下几方面：训练方法与手段单一，过分强调身体素质、技战术修养、心理素质等的训练，轻视了对运动员文化和人文素质的培养，使得大部分运动员在激烈竞争的训练和比赛中显得力不从心。这就在很大程度上制约了运动的发展，并且导致运动出现滞缓现象。

（2）运动员运动水平的提高与其自身的文化素质水平相关联

现代运动的较量，主要表现在体能、技能、心智能力等几方面的较量。在某些条件下，心智能力要比体能、技能更重要，尤其是随着运动员年龄的增长，心智因素的影响就显得更为明显。一般情况下，具有较高运动智能的运动员，之所以能够大幅度提高自身的竞技能力，除了由于能够较为深刻地把握运动的特点和规律，并且能够更准确地认识运动训练理论和方法外，还因为能够对教练员的训练意图有更正确的理解，在高质量地完成预定的训练计划中能够与教练员完美配合。与此同时，更准确地把握运动战术的精髓和实质，在比赛中灵活机动地运用战术，动员和控制自己的心理活动等也是高智能运动员竞技能力水平较高的重要因素。

（二）人文操作性训练理念

1.人文操作性理念的内涵

运动训练中，人文操作性理念的内涵主要从以下四方面体现出来：①强调对运动员的尊严与独立的重视；②对运动员思想与道德的关注；③对运动员权利的关注；④对运动员生存状况与前途命运的关注等。

2.人文操作性理念的理论基础

人文操作性训练理念的理论基础同样是多方面的，下面主要从三方面来介绍人文操作性训练理念的理论基础。

（1）人的行为的实施在一定程度上受到其自身感知或信念体系的指导

人的行为受其自身感知或信念体系的影响。从人文主义、感知经验主义的角度上来说，人之所以能够有行为，主要是因为有人的感知或信念体系的指导。从人本主义的角度上来说,所谓的人文操纵的方法,就是教练员或领导者必须按照他们的信念体系和他们要领导的运动员或人员的信念体系来认识领导工作。

(2)运动水平的提高,基础性的要求是与自然规律和价值规律相符合

运动是自然规律和价值规律的双重存在。现代运动训练要求讲求科学性,并且符合该项目运动的客观规律。因此,为了取得理想的训练效果,在进行运动训练时,不仅要符合科学规律,而且还要在追求目标与实现目标的过程中符合人类正常的价值规律。除此之外,不仅要体现人文特征,而且还要将科学性与人文特征相结合、相统一,从而达到真与善的统一。

(3)人的主体性是人文的重点,人与技术的关系因此而更加明确

人文不仅凸显了技术的灵动,而且也摆脱了"技术"对"人"的控制,这就明确了人的主体性以及人与技术的关系。运动训练的过程就是教育的过程,教育重视的是发展内在动力,行动力是由内在动力引导而来的。

(三)技术实践性训练理念

1.技术实践性理念的内涵

在运动训练过程中,运动员的训练不仅要符合运动训练的一般规律,而且还要符合竞技项目的本质特征及规律。运动员本身具有双重性,他们不仅是技术的主体,同时也是技术的客体。技术的物质手段作为客体,与作为主体的主观精神因素是统一的。

2.技术实践性理念的理论基础

下面主要从两方面来介绍技术实践性理念的理论基础,同时这两方面也是运动员在运动训练中要注意的两个要点。

(1)技术实践性理念要与事物的客观规律相符

技术实践性的基本要求就是求真,具体来说,就是运动的技术实践性的训练要符合事物的客观规律,也就是运动要与运动项目的本质特征及规律相符。所谓的求真,就是在运动训练过程中,要以运动的本质特点和规律为主要依据,科学指导

运动训练过程,力争做到结合实际,并且与事物的客观规律相符合。

(2)技术实践性理念要遵循从实际出发的原则

在现代运动训练中,一切都要以符合实战为主,从实际出发和结合实战是对技战术进行训练最有效的方法。运动员只有通过不断的练习,才能够在比赛中有轻松、熟练和优秀的表现。要想取得理想的比赛成绩,一定要做到积极训练,并且训练要与比赛的情况尽可能一致,最大限度地包括比赛过程中出现的所有因素,这样才能取得良好的训练效果。

二、运动训练理念的发展创新

(一)运动训练的理念需要创新思维

回顾运动训练理念的发展,人们不难发现,运动训练理念一直是在科学理论与实践经验的不断冲突和碰撞过程中得到丰富和发展的。科学理论与实践经验的不断冲突和碰撞激发了竞技体育活动过程中的创新思维。在竞技体育活动中,研究者通常把研究对象的顺序、原理、属性、结构、大小等因素通过改变常规思考和处理方向,从而引发创新的理念,例如,力量训练方法中"正金字塔"与"倒金字塔"训练方法的应用、速度与耐力训练过程中组数与次数的逆变性组合都会对运动训练产生一定的影响;田径径赛规则在田赛比赛中运动员轮次的变化也深刻地体现了逆变的色彩与效用。徐福生改变足球传统技术训练的教材顺序,从相对较难的运球技术入手,以过人突破技术为核心的侧变思维使得足球技术的掌握明显加快;球类项目中诸多类似"扬长避短""攻其不备"和"黑为奇兵"的战术变化,都是通过部分改变对象的顺序、原理、属性、结构、大小等因素或者是融合了其他思想而引发的创新思维,对竞技体育发展起到了推动作用。

(二)运动训练理念的变化发展

运动训练活动是一种开放的物质活动,总是在不断地拓展和深化,并不是原有物质活动的简单重复,因而必然会产生新情况,涌现新问题。作为训练活动的指导思想也不是一成不变的，当原有的运动训练理念不能有效地阐释新情况和解决新问题时，就要求对运动训练理念进行创新，对运动训练的本质、规律和发展变化的趋势做出新的理论概括。在不同的时期和阶段，随着项目发展的形势和变化的需要，运动队和运动员的具体情况和特点各不相同，训练理念也在不断变化。这种变化反映了人们在使自己的思想符合客观实际，以形成正确的指导思想，促进训练的发展。不过，理念的主观形式与客观实际的统一也不是绝对的，而是相对的，因为人们的认识只能相对地逼近客观实际，而不可能穷尽客观实际。因为事物的发展变化是相对的，不以人的主观意志为转移。随着运动训练实践的进一步发展，原来与客观实际相统一的理念又变得不那么一致了，并且差距越来越大，于是又需要创新。在当代科学技术快速发展并向竞技运动训练大规模介入和渗透的背景下，运动训练发生了深刻和巨大的变化，教练员的训练理念也在不断进行着补充与更新。实践已经证明，一个运动员成绩的快速提高，乃至一个运动项目水平的快速发展，往往都与教练员训练理念的补充和更新密切相关。科技的进步、经济的发展、社会的繁荣，为运动训练理念的发展提供了必要的条件，同时也会催生出更新的运动训练理念，而原有的运动训练理念不会像人们所预言的那样进入衰退期甚至是衰亡期，而是经过一段时间的调整后，立足自身的优势，借鉴其他学科的长处，对自身进行有效的改造而获得新的发展。

第五节　运动训练的基本原理及原则

一、运动训练的基本原理

（一）运动训练的运动学基础

运动学基础主要指的是运动技能的基础。所谓的运动技能是指人体在运动中掌握和有效地完成专门动作的能力，也就是在准确的时间和空间里大脑精确支配肌肉收缩的能力。提高运动技能依靠人们对人体机能客观规律的深刻认识和自觉运用。

1. 人体运动系统的构成

（1）肌肉

肌肉组织主要由肌细胞组成，肌细胞为细长的细胞，故亦称肌纤维，是肌肉的基本结构和功能单位。每条肌纤维外面皆由一层薄的结缔组织膜包裹，称为肌内膜。数条肌纤维构成肌束，一个个的肌束表面也由肌束膜包裹。肌束再合成从外表看到的一块块肌肉，外面包以结缔组织膜，称为肌外膜。肌肉中，水分约占 3/4，另外 1/4 为固体物质（如能量物质、蛋白质、酶等）。

人在参加运动的过程中，其动力是由骨骼肌不断地运动来提供的，骨骼肌在神经系统支配下，收缩牵动骨骼，维持人体处于某种姿势，或产生人体局部运动，最终促进机体完成运动所需的各种动作。人体内脏器官的活动也离不开相应的平滑肌和心肌的作用。

骨骼肌是指附着于骨骼上的肌肉，是肌肉的一种。骨骼肌在人体内分布广、数量多，是运动系统的主体部分。人体内约有 400 块大小不一的骨骼肌，占体重的 36%~40%。成年男性约占 40%，成年女性约占 35%。可分为中间庞大的肌腹和两端没有收缩功能的肌腱，肌腱直接附着在骨骼上。骨骼肌收缩时通过肌腱牵动骨骼而产生运动。肌腱由排列紧密的胶原纤维束构成，肌腱内胶原纤维互相交织成辫子状的腱纤维束。肌腱的一端与肌内膜、肌束膜和肌外膜相连接；另一端与骨膜紧密结合。肌腱本身虽无收缩能力，但能承受很大的拉伸载荷，而肌腹的抗张力强度远远不及肌腱。

（2）骨骼

骨骼是由骨膜、骨质、骨髓及血管、神经所构成的，它以骨质为基础，表面被骨膜包裹，内部充满骨髓，骨骼是人体运动系统的重要组成部分，对运动员的运动训练起着至关重要的作用。但是骨骼的功能不仅仅体现在它的运动功能上，它还有支撑身体的功能、保护脏器的功能、造血的功能、运动的杠杆功能、储备微量元素的功能。

（3）关节

关节是骨与骨之间借助于结缔组织、软骨或骨的一种连接。借助它连接起全身的骨骼，从而对整个人体起到支撑和保护的作用，特别是人体的运动更加依赖关节的活动是否顺畅。关节主要是由关节面、关节囊和关节腔所组成的，辅助以韧带、关节内软骨和关节唇等结构。根据关节运动轴的多少和关节面的形状等因素，可以将关节分为单轴关节、双轴关节和多轴关节三种形式。也可以根据两骨间连接组织的不同，将关节分为纤维性关节、软骨关节和滑膜关节。

2.运动过程中人体机能的变化

（1）比赛前后身体机能变化的基本过程

在运动训练的过程中，多重刺激源作用于运动员机体，引起各器官系统的机能发生一系列变化。依据机能表现形式，大致可分为赛前状态、进入工作状态、稳定状态、运动性疲劳和恢复过程五个阶段。

①赛前状态

运动员在训练前，某些器官、系统产生的一系列条件反射性变化称为赛前状态，赛前状态可出现在比赛前数天、数小时或数分钟。

②进入工作状态

在训练活动开始后，虽然经过了一定的准备活动适应，但是人体并不能立刻达到最高的水平，而是一个逐步提高和适应的过程，这一过程被称为进入工作状态，其实质就是人体机能的动员。

③稳定状态

当机体逐渐适应比赛时，则进入稳定状态，这时，人体的机能活动在一段时间内保持在一个较高的变动范围。

④运动性疲劳

机体在运动过程中会产生一定的运动能力暂时下降的现象，一般称之为运动性疲劳。该现象是由运动训练负荷引起的一种正常的生理现象。适度的疲劳可以刺激机能水平不断提高,但发展到一定程度时就会出现过度疲劳,可能会造成机体损伤以致损害健康。

⑤恢复过程

恢复是指人体在运动之后,人体的各项生理功能恢复、能源物质补充、代谢物排出等一系列变化。运动时体内代谢过程加强,不间断地代谢以满足运动时能源的补充需要,在运动中及运动停止后能源物质都在不断进行补充和恢复,只不过运动中的能量消耗大于补充,运动后的体内能量消耗慢而小于补充。

(2)一次训练中身体机能变化的基本过程

人在运动的过程中,运动训练负荷作为一种刺激,必然会引起各器官系统机能发生一系列应激性反应。在运动训练前后,这些反应可表现为耐受、疲劳、恢复和消退等不同阶段。

①耐受阶段

在运动训练开始阶段,人体的各项机能会在一定的水平上维持一段时间,并不会马上表现出衰减或降低,这一阶段称为"耐受阶段"。在这段时间内,由于机体已经从上次训练课中得到不同程度的恢复,会表现出比较稳定的工作能力,能高质量地完成各项训练任务。训练的主要任务正是在这个阶段完成的。

②疲劳阶段

在经过一定时间的运动训练负荷的刺激,人体会产生一定的疲劳状况,机能能力和效率都会逐渐下降。达到何种程度的疲劳深度,正是训练安排所要达到的目的。只有机体达到一定程度的疲劳,机体在恢复期才能发生结构与机能的重建,运动能力才能不断得到提高。

③恢复阶段

训练结束后,即进入了恢复阶段,机体开始补充所消耗的能源物质、修复和重建所受到的损伤并恢复紊乱的内环境,机体在恢复阶段恢复的速率,主要受两方面影响：一方面，身体的耐受阶段持续时间的长短，耐受阶段持续时间越长，则疲劳程度越深，恢复需要的时间就越长；另一方面，运动结束后能量的补充是否及时，能量补充越及时到位，则恢复的速度越快。

④消退阶段

超量恢复不会一直持续，它会随着时间的进行而逐渐消失，而如果不及时在超量恢复的基础上施加新的刺激，已经形成的训练效果就可能会逐渐消退。

运动效果保持的时间和消退速率主要取决于超量恢复的程度，所出现的超量恢复现象越明显，保持的时间相对越长。因此，在安排运动训练的内容时，不仅应重视训练负荷安排的合理性，而且必须重视运动训练后的恢复，并在出现超量恢复后及时安排下一次训练。

3.运动训练对人体运动系统的影响

经常参加运动训练对人体运动系统有着重要的影响，其影响主要表现在以下几方而。

（1）运动训练对肌肉的影响

参加运动训练能够充分地发展骨骼肌，使其肌纤维增粗，肌肉的体积增大，肌肉力量增加。该项运动能够使肌纤维中线粒体数目增多，肌肉脂肪减少，从而减少肌肉收缩时的摩擦，即肌内膜、肌束膜、肌腱和韧带中的细胞增殖、增厚、坚实、粗壮；肌肉内化学成分发生变化，如肌糖原、肌球蛋白、肌动蛋白和水分等含量都有增加，从而使 ATP 加速分解，与氧的结合能力增强，有利于肌肉收缩，表现出更大的力量；可使肌肉中毛细血管增多，改善骨骼肌的供血功能。因此，经常参加运动训练的人的肌肉会显得发达、结实、健壮、匀称有力，收缩力强，运动持续时间更长。

（2）运动训练对骨骼的影响

青少年新陈代谢旺盛，在这一时期进行合理的运动训练，对骨的生长和发育有着良好的作用。经常参加运动训练，可使骨表面的隆起更为显著，骨密度增厚，管状骨增粗。这一系列骨形态结构的改变，使骨的抗压、抗弯、抗折断和抗扭转等机械性能得到提高。

骨的这种良好变化,与肌肉的牵拉作用有密切关系。肌肉力量的增加与骨量的增加有着显著相关性,且骨量增加部位与肌肉训练部位有关。当肌肉力量增大,肌肉收缩对骨骼产生的应力刺激可有效提高成骨细胞的活性。

(3)运动训练对关节的影响

定期适量的运动训练可以使骨关节面的密度增加,骨密度增厚,从而越发能够承受更大的运动训练负荷。由于运动训练项目不同,它对关节柔韧性所起到的作用也就不同。如乒乓球、羽毛球、篮球等项目,对于参与者的急转、急停能力的要求极高,这就需要参与者拥有良好的关节柔韧性,同时,关节的稳固性和灵活性又是一对矛盾,因为肌肉力量大,韧带、肌腱、关节囊就会增厚,这对关节稳固性和防止关节损伤有很大好处,但这样又势必会影响关节的灵活性。所以,在进行运动训练时,运动者要处理好关节的这对矛盾。

(二)运动训练的生理学基础

1. 物质代谢

食物中包含多种营养素,人体从食物中摄取各种营养物质,经血液循环输送到各人体器官,通过相应的代谢为人体提供能量。糖、脂肪和蛋白质等营养物质经人体吸收后,人体的组织、细胞一方面通过合成、代谢构建和更新自身储存的能源物质,另一方面通过分解代谢(氧化分解)以产生能量。物质代谢又主要包括以下几种:

(1)脂肪代谢

脂肪分解代谢产生的能量是长时间中低强度运动的主要供能物质。人体的肌肉组织中储存着少量的脂肪,在运动时产生一定的能量。当脂肪的动用(氧化)增加时,血浆中的游离脂肪酸即透过肌细胞膜进入肌细胞被氧化,而脂肪组织则水解成甘油和脂肪酸进入血浆中,以补充被消耗的游离脂肪酸。因此,脂肪首先是在酶作用下水解成脂肪酸和甘油来释放能量的。

（2）糖类代谢

食物中的葡萄糖经消化吸收后,汇集于门静脉,经肝进入血液循环,其中大部分运到各组织合成为糖原和含糖化合物,其中最主要的是到肝中合成肝糖原储存,一部分转变为脂肪和氨基酸,血液中保留的一部分糖称为"血糖",另一部分直接供组织氧化利用放出能量,同时产生 CO_2 和 H_2O 并将其排出体外。糖的氧化分解是供应人体活动所需能量的主要来源,全身各组织都能进行这一反应。糖的氧化分解包括无氧分解和有氧氧化两种主要方式,从本质上来讲,这两种形式是同一过程在两种情况下(缺氧与氧供应充足)的不同反应方式,其反应过程在前一阶段是完全相同的,差别是在丙酮酸产生以后。糖的无氧氧化产生乳酸;氧供应充足时,丙酮酸继续氧化生成 CO_2 和 H_2O,并释放出储藏在分子中的能量。

（3）蛋白质代谢

蛋白质是人体生命活动的重要组成部分,也是人体重要的能源物质之一,与机体运动之间存在非常紧密的联系。它在调节机体各种生理功能中起着不可替代的作用。一般来说,蛋白质不能直接提供人体运动所需的能量,为人体提供能量只是蛋白质的次要功能,只有在某些特殊情况下,如长期饥饿、疾病或体力极度消耗时,人体才会依靠蛋白质氧化供能。但蛋白质分解代谢过程中能产生许多物质,对糖和脂肪的供能有着重要的作用,同时,蛋白质的分解代谢和合成代谢平衡是维持人体生命活动的基础,蛋白质主要参与实现人体代谢更新,由于其主要由氨基酸组成,因此,其代谢过程是以氨基酸代谢为基础的。蛋白质的代谢需要很多激素参与调解,如肾上腺素和甲状腺素能促进蛋白质的分解,表现为甲亢时,甲状腺素分泌增加,人体蛋白质分解增加,人体逐渐消瘦;当生长激素分泌增加时,人体蛋白质合成增加,肌肉健壮。

2.能量代谢

（1）人体物质能量储备

人体通过消化系统摄取必要的能量物质,这些物质在人体中通过生物氧化反应，分解成一些代谢物，同时释放出大量的能量，这些能量通常大部分以热能的形式释放于体外，还有一部分则转化为化学能，储存在一种称之为三磷酸腺苷（ATP）的高能磷酸键中，人体活动的直接能量就来源于三磷酸腺苷的分解，肌肉收缩需要ATP供能，消化管道的消化和吸收都需要ATP供能。ATP的重新合成需要糖、脂肪和蛋白质的氧化分解供能。ATP的再合成有多种途径，就其供能系统而言，主要有以下三种。

第一，磷酸原系统（三磷酸腺苷－磷酸肌酸，ATP-CP）。它是由细胞内的ATP和CP这两种高能磷化物构成，具有供能绝对值不大，持续时间很短的特点。但是，它供能快速，因为ATP是体内唯一的直接能源，所以其能量输出功率最高。

第二，有氧氧化系统。它是指在氧供应充分的条件下，糖和脂肪完全分解生成二氧化碳和水，同时生成大量的能量，使ADP再合成ATP。有氧氧化系统能生成丰富的ATP，不生成乳酸之类导致疲劳的副产品，它是人进行长时间耐力活动的主要供能系统。

第三，乳酸能系统。乳酸能系统又称为无氧糖酵解系统。它的能量产生是靠肌糖原的无氧酵解，最后产生乳酸，而释放出的能量由ADP（二磷酸腺苷）接受，再合成ATP，它是在机体处于缺氧的情况下的主要能量来源。乳酸能系统对人体进行能量供应，它的作用与磷酸原系统一样，能在暂时缺氧的情况下迅速供能。

在进行不同项目的训练时，运动者应根据自身的年龄、身体条件以及个人需要来选择适合的能量系统作为主导作用的运动项目，同时还要注意所选择的运动手段和项目的科学化。运动者除了选择有氧氧化系统的项目外，还可以适当选择乳酸能系统供能的项目发展身体的无氧耐力。

（2）运动中三大供能系统活动的关系

在人体运动过程中，人体运动形式的不同，则其不同的能量代谢系统提供能量的能力和速率也会不同。磷酸原系统和乳酸能系统都供应能量，但ATP和磷酸肌酸的最终合成以及糖酵解产物乳酸的消除却要通过有氧氧化来实现，所以，肌肉活动所需能量的最终来源是糖和脂肪的有氧氧化,人体中磷酸原系统供能的绝对值不大,在运动中维持的时间也很短,但是能在短时间内快速作用。

总体来说,人体在运动过程中,各供能系统之间的关系与运动训练负荷的强度和持续时间密切相关。在 0~180 秒最大运动时,各供能代谢系统的基本活动主要表现为如下特点:在 1~3 秒的全力运动中,基本上由 ATP 提供能量;在完成 10 秒以内的全力运动时,磷酸原系统起主要供能作用;30~90 秒最大运动时以糖酵解供能为主;2~3 分钟的运动,糖有氧氧化提供能量的比例增大;而超过 3 分钟以上的运动,则基本上是有氧氧化供能。

随着人体运动时间的延长,供能物质由以糖有氧氧化为主逐渐过渡到以脂肪氧化为主。总之,人体在运动中,并不是由一个供能系统完成供能的,在有一个主要的供能系统基础上其他的供能系统也会参与其中,共同完成人体运动所需要的能量供应。每个供能系统都有其独特的特点和供能能力,供能系统不同,所需要的能源物质也不同,运动中的输出功率和供能时间也会有明显的差异。

3. 运动与呼吸

运动员在运动训练的过程中,机体与外界环境之间的气体交换称为呼吸。呼吸系统包括呼吸道到肺,而呼吸道是一系列呼吸器官的总称,这些器官包括鼻、咽喉、气管、支气管。人体的呼吸过程由外呼吸、内呼吸和气体运输三个环节构成。

呼吸系统是氧运输系统的重要组成部分,其主要机能是实现机体与外界环境的气体交换,以使血液中的氧分压、二氧化碳分压、酸碱度维持在正常生命活动所允许的范围之内。人体通过肺实现与外界气体的交换,通过血液实现气体的输送和排出。人体在运动时,机体代谢旺盛,所需氧量及二氧化碳排出量明显增加,呼吸系统加强,所以运动训练(特别是耐力训练)必将使呼吸系统的形态、机能产生适应性变化。

呼吸肌主要是膈肌和肋间外肌,当膈肌收缩时腹部随之起伏,肋间外肌收缩时胸壁随之起伏。因此,以膈肌运动为主的呼吸形式称腹式呼吸,以肋间外肌运动为主的呼吸运动称胸式呼吸。成人的呼吸一般都是混合式的。呼吸形式与年龄、生理状态、运动专项等因素有关。在进行运动训练时，要根据动作的特点灵活转变呼吸方式。

4. 运动与心率

心率是运动生理学中最常用而又简单易测的一项生理指标。在运动实践中常用心率来反映运动强度和运动训练对人体的影响，并用于运动员的自我监督或医务监督中。成年人静息时心率在60~100次/分，平均为75次/分，但随着年龄、性别、体能水平、训练水平和生理状况的不同而有所不同。

一般来说，人的心率会随着年龄的增长而有所减慢，至青春期时接近成年人的频率。在成年人中，女性心率比男性快3~5次/分。有良好训练经历或体能较好者心率较慢，尤其是优秀耐力运动员静息时心率常在50次/分以下。在运动的过程中，人的心率会逐渐加快，随着运动强度的增加，心率也会相应地增快，因此，心率也是判断运动训练负荷的一项简易的指标，能够在一定程度上反映运动员的体能水平以及运动训练的水平。

二、运动训练的原则

运动训练的原则是运动员参加运动训练需要遵循的基本准则。这些原则是在长期的

运动训练实践中积累起来的具有普遍意义的概念总结和有关科学研究的成果，反映了运动训练的客观规律。运动训练中运动员如不遵循这些基本原则，盲目地进行训练，不仅不能促进身心全面发展，获得良好的训练效果，反而易引起运动损伤或者运动性疾病，损害健康。下面对运动训练的基本原则进行具体介绍。

（一）竞技需要原则

竞技需要原则即指根据提高运动员竞技能力及运动成绩的需要，从实战出发，科学安排训练的阶段划分及训练的内容、方法、手段和负荷等因素的训练原则。贯

彻这一原则可使训练更好地结合专项的特点和专项竞技比赛的需要，提高运动训练的专项针对性、实战性和实效性，争取获得满意的竞技比赛成绩。

贯彻竞技需要原则，需要注意以下几方面。

第一，要围绕运动训练的基本目标，全面安排好训练和比赛。

第二，正确分析专项竞技能力的结构特点。每个运动项目由于其专项的特异性，决定了其竞技能力构成因素的差异性。对不同专项竞技特点和运动员竞技能力结构特点的分析，正是确定不同项目训练负荷内容的重要基础。

第三，依据竞技需要原则的要求，负荷内容和手段的选择是由不同专项竞技能力的主要因素与运动员自身的具体情况决定的。

第四，注意负荷内容的合理结构，因此，在训练过程中，在熟练掌握合理动作的基础上应将主要精力放在如何更有效地提高体能水平上，以获得更大的力量、更快的速度和更强的耐力来实现竞技水平的不断提高。同时，对同一项目的不同运动员，还要求根据运动员自身竞技能力的特点和对手的特点，安排好心理训练的内容和手段。

（二）动机激励原则

所谓动机激励原则，指的是促使在运动员以个体为主的运动训练过程中，更好地激励其培养具备良好的运动训练动机和行为，在完成训练任务的过程中更加积极主动的训练原则。在运动训练中，要通过各种合理的途径和方法激励运动员主动从事训练。

遵循动机激励原则就是要不断激励运动员的运动训练积极性和主动性，培养其自我调控能力、独立的思考能力以及创造能力。其有如下几方面的具体要求。

第一，要满足运动员的基本生活需求。实践证明，人们只有在基本的物质得到一定的保障之后，才会进行更好层面的追求，所以，在运动训练中，运动员的物质生活需求要得到一定的保障，同时还要注意其人身安全等。只有这样，才能更好地引导其形成实现自我价值的更高层次的目标和追求，从而才能产生良好的运动训练动机。

第二,要对运动训练的目的性和运动员正确的价值观进行培养,使其逐步形成自觉从事运动训练的态度和动机,引导其从不同的角度和层次认识参与运动训练的意义和价值,培养其正确的价值观。

第三,在运动训练中,要以运动员为主体。这就要求教练员在对运动员进行运动训练时,必须注意以下几方面:一是明确运动员的主体地位;二是要注意有意识地培养运动员独立思考的能力,三是要引导运动员提高和加强自我反馈的能力,培养运动员进行自我分析和评价的能力。

第四,在运动训练中,要选择科学的训练方式。对于过去那种简单、粗暴的"从严"训练方式,教练员要在正确认识和理解"从严"含义的同时,结合现代科学合理的方式对其进行调整和改变。

(三)适宜负荷原则

在训练过程中,要根据训练任务、对象水平与要求,科学合理地在各个训练环节中提高运动训练负荷量,直至达到最大负荷要求,这就是所谓的适宜负荷原则。因此,首先要以训练任务和对象水平及每个练习的目的、要求、负荷为主要依据来对运动训练负荷进行科学合理的安排。在训练过程中,运动训练负荷要经过加大、适应、再加大、再适应这样一个逐步提高的过程。

在球类运动的训练中,加大运动训练负荷,直至最大限度,首先要从训练任务和运动员身体状况、机能能力和训练水平出发,考虑运动训练负荷安排的合理性。训练过程的不同时期、周期、阶段及每一节训练课的任务都有所不同,运动员承受运动训练负荷的能力也不同,这主要反映在运动员承受负荷能力的大小和恢复的快慢上以及对负荷强度和负荷量的承受能力上。因此,只有根据训练的不同任务和运动员的训练水平安排运动训练负荷,才是合理的。同时,在运动训练过程中,运动训练负荷的加大必须循序渐进。在加大运动训练负荷过程中要处理好负荷量和负荷强度的关系,掌握好负荷与恢复的关系。除此之外,需要注意的是,运动训练负荷的增加必须达到极限。因为只有极限负荷的刺激,才能将运动员机体的机能潜力充分挖掘出来,并且经过不断地训练形成超量恢复,才能够提高运动员的身体素质和运动水平,才能够达到参加激烈比赛、创造优异运动成绩的要求。

(四)周期安排原则

周期安排原则是指周期性地组织运动训练过程的训练原则;依运动员机体的生物节奏变化规律,竞技状态形成与发展的周期性规律,以及运动竞赛安排的周期性特点,按一定的动态节奏,逐步提高安排训练内容和训练强度。

贯彻周期安排原则要掌握以下几点。

1.掌握各种周期的序列结构

了解各种周期的时间构成及其应用范畴,对于教练员在训练实践中贯彻周期安排训练原则是一个必不可少的重要条件。

2.选择适宜的周期类型

贯彻周期安排时,要考虑到选择适宜的周期类型。例如,确定年度训练的安排时是采用单周期、双周期还是多周期;第一周期的训练应该是加量周期、加强度周期还是赛前训练周期。

3.处理好决定训练周期时间的固定因素与变异因素的关系

周期安排原则的依据是人体竞技能力变化和适宜比赛条件出现的周期性特征,其中,后者是决定训练周期时间的固定因素,而前者则是变异因素。因为重要比赛日程的安排通常与某个项目最适宜的比赛条件的出现是一致的,而且通常在上一年度即已确定。尽管人体本身受着生物节律的影响,但它并非绝对不变,人们完全可以通过训练安排使其在特定的时间里表现出最佳的竞技状态。竞技状态的发展过程是可以由人来控制的,教练员应努力做到有把握地调节这一变异因素,使之与特定的比赛日程安排相吻合。

4.注意周期之间的衔接

把一个完整的训练过程划分成若干个较小的周期之后,人们往往会忽视各周期之间的衔接，主要表现在注重训练过程的阶段性而忽略了连续性。整个训练过程中不同时间跨度的周期组成了一个连续发展的过程，因此在具体的训练过程中应特别注意周期之间的衔接。

（五）区别对待原则

区别对待原则是指在运动训练中要根据运动员各方面条件及不同训练条件和不同训练任务等，有区别地确定训练任务，对训练方法、内容、手段和负荷有相应的安排。

运动员在身体条件、心理品质和个性特征等方面都表现出明显的差异，因此在训练中要始终遵循和贯彻区别对待的原则，贯彻区别对待原则，有利于发掘运动员的潜力，防止训练中个别人脱岗现象，只有进行正确的区别对待，有的放矢地进行训练，才能取得良好的训练效果。

（六）直观训练原则

直观训练原则是一种非常重要的运动训练原则，它是依据直观性与动作技能形成的教学论原理所确立的大学生运动员必须遵循的准则。其主要目的是为了使大学生运动员能更有效地完成技术、战术和智力训练的任务。在教学过程中，直观性教学有很多种手段和方法，而且现代运动训练更加强调直观性原则的运用。

运动训练中，尤其是训练初期，遵循和突出教学训练的直观性十分重要，具体来说，应注意以下几点。

1. 合理地选用直观手段

选用各种直观手段时要注意选择那些目的性最强、最有成效的手段，并必须明确所选的各直观训练手段所能解决的主要功能，并根据不同对象、不同运动项目和训练内容的特点，选择和应用有针对性的直观手段。

2. 根据运动员的个体特征选择直观手段

选择和运用符合运动员个体的特点及训练水平的直观手段，且对不同训练水平运动员在训练时,应采用不同的直观方法和手段,同时,还要注意采用不同的训练强度。

3.运动训练中,应先进行直接示范

使运动员掌握到一定的水平后,再通过录像、图解、直接观摩优秀运动员的表演和比赛等手段,同时结合清晰、准确、形象的讲解,以及教练员对运动员技术动作的观察分析,经过研究讨论,来启发训练者进行积极思维活动,并逐步找出体育运动的规律性。

4.注意掌握运用直观手段的时机和方法

要根据不同年龄阶段运动员的感觉器官发育的敏感发展期的不同,合理地选择和运用直观手段。教师可用语言信号、固定的身体姿势或慢速动作,来加深运动员对空中的方位、肌肉用力情况进行体会等。

(七)系统训练原则

在现代运动训练中,只有坚持进行多年不间断地系统训练,才能对所要掌握的运动技能进行不断重复和巩固,才能完成运动技能系统化积累。另外,这种多年的系统性训练也是在现代竞技运动中获得优异运动成绩所不可或缺的一环。多年的系统训练和周期性训练是贯彻系统性原则的重要手段。

(八)适时恢复原则

适时恢复原则是指及时消除运动员在训练中所产生的疲劳,并通过生物适应过程产生超量恢复,提高机体能力的训练原则。在运动员疲劳达到一定程度时,应依照训练的统一计划,适时安排必要的恢复性训练,采取有效的恢复措施,使运动员的机体迅速得到充分的恢复和提高。

第六节　运动训练的方法及创新性探索

一、运动训练的方法

运动训练采用的方法有很多,具体要根据实际情况和需要进行有针对性的选用,以达到最佳的训练效果,下面介绍几种常见的训练方法。

(一)分解训练法

分解训练法指的是将完整的技术动作或战术配合过程合理地分成若干个环节或部分,然后按环节或部分分别进行训练的方法。在需要集中精力完成专门训练任务,对主要技术动作和战术配合环节的训练进行加强时,适合采用分解训练法进行训练,这样可使训练取得更高的效益。分解训练法有着自己的适用范围,主要适用情况包括技术动作或战术配合过程较为复杂、可予分解,且运用完整训练法又不易使运动员直接掌握的情况下,或者技术动作、战术配合的某些环节需要较为细致的专门训练。

单纯分解训练法、递进分解训练法、顺进分解训练法、逆进分解训练方法是较为常见的四种分解训练法类型。

(二)完整训练法

完整训练法指的是从技术动作或战术配合的开始到结束,不分部分和环节,完整地进行练习的训练方法。完整训练法的运用可以帮助运动员对技术动作或战术配合进行完整的掌握;良好地保持技术动作或战术配合的完整结构和各个部分之间的内在联系。

完整训练法具有广泛的适用范围,既包括单一动作的训练,也包括多元动作的训练;既有个人成套动作的训练,也有集体配合动作的训练。但是在不同的范围内运用时,要注意有所侧重。

(三)持续训练法

持续训练法是指负荷强度较低、负荷时间较长、无间断地连续进行练习的训练方法。练习时,平均心率应在每分钟 130~170 次。持续训练主要用于发展一般耐力素质,并有助于完善负荷强度不高但过程细腻的技术动作,可使机体运动机能在较长时间的负荷刺激下产生稳定的适应,内脏器官产生适应性的变化;可提高有氧代谢系统供能能力以及该供能状态下有氧运动的强度;可为进一步提高无氧代谢能力及无氧工作强度奠定坚实的基础。

根据训练时持续时间的长短,可以将持续训练法分为短时间持续训练方法、中时间持续训练方法、长时间持续训练方法三种类型。

(四)间歇训练法

间歇训练法是指对多次练习时的间歇时间做出严格规定,使机体处于不完全恢复状态下,反复进行练习的训练方法。运动员在严格的间歇训练过程中,心脏功能能够得到明显的增强;通过运动训练负荷强度的调节,机体各机能与有关运动项目相匹配的适应性变化也会产生;通过不同类型的间歇训练,可以有效地发展和提高糖醇解代谢供能能力;通过对间歇时间的严格控制,可以使运动员在激烈对抗和复杂困难的比赛环境中发挥出更加稳定的技术动作;在较高负荷心率的刺激下,有利于促进机体抗乳酸能力的提高,从而能够保证运动员在较高强度的情况下仍具有持续运动的能力。

高强性间歇训练方法、强化性间歇训练方法以及发展性间歇训练方法是间歇训练法的三种基本类型。

(五)变换训练法

变换训练法是在综合考虑实际比赛过程的复杂性、对抗程度的激烈性、运动技术的变异性、运动战术的变化性、运动能力的多样性以及中枢神经系统的灵活性等因素的情况下提出的。所谓的变换训练法就是指对运动训练负荷、练习内容、练习形式以及条件进行变换，以使运动员的积极性、趣味性、适应性及应变能力得到提高的训练方法。通过运动训练负荷的变换，能够产生机体与有关运动项目相匹配的适应性变化，从而使承受专项比赛时不同运动训练负荷的能力得到提高。通过变换练习内容，能够使运动员的训练更加系统，并使运动员的不同运动素质、运动技术和运动战术得到协调的发展，从而使之具有更接近实际比赛需要的多种运动能力和实际应用的应变能力。

依据变换内容的不同，可以将变换训练法分为形式变换训练方法、内容变换训练方法和负荷变换训练方法三种类型。

（六）重复训练法

重复训练法指的是多次重复同一练习，并在两次（组）练习之间安排相对充分的休息时间的训练方法。采用重复训练法，多次重复同一动作或同组动作，经过不断强化运动条件反射的过程，有利于运动员对技术动作的掌握和巩固。通过相对稳定的负荷强度的多次刺激，可使机体较高的适应性机制尽快产生，有利于运动员身体素质的发展和提高。单次（组）练习的负荷量、负荷强度及每两次（组）练习之间的休息时间是构成重复训练法的主要因素。静止、肌肉按摩或散步是通常采用的休息方式。

依据单次练习时间的长短，可以将重复训练法分为短时间重复训练方法、中时间重复训练方法和长时间重复训练方法三种类型。

（七）循环训练法

循环训练法指的是根据训练的具体任务，将练习手段设置为若干个练习站，运动员按照既定顺序和路线，依次完成每站练习任务的训练方法。运用循环训练法可使运动员的训练情绪得到有效的激发，并且使负荷"痕迹"得以累积、不同体位得到交替刺激。每站的练习内容、每站的运动训练负荷、练习站的安排顺序、练习站之间的间歇、每遍循环之间的间歇、练习的站数与循环练习的组数是循环训练法的结构因素。运用循环训练法，可以使不同层次和水平的运动员的训练情绪和积极性得到有效提高；可以使运动训练过程的练习密度得到增加；可以随时根据具体情况因人制宜地加以调整，做到区别对待；可以防止局部负担过重，延缓疲劳的产生，对全面身体训练非常有利，在实践中，循环训练法中有"站"和"段"的说法，其中的"站"指的是练习点，如果一个循环内的站数中，有若干个练习点是以一种无间歇方式衔接，那么这几个练习点的集合可称之为练习"段"。"站"和"段"是安排循环练习的顺序时应该考虑的。

以各组练习之间间歇的负荷特征为依据，可以将循环训练法分为循环重复训练方法、循环间歇训练方法和循环持续训练方法三种基本类型。

（八）比赛训练法

比赛训练法指的是在近似、模拟或真实、严格的比赛条件下，按比赛的规则和方式进行训练的方法。比赛训练法的提出有着一定的依据，包括人类先天的竞争和表现意识、竞技能力形成过程的基本规律和适应原理、现代竞技运动的比赛规则等因素。运动员全面并综合地提高专项比赛所需的体、技、战、心、智各种竞技能力可以通过比赛训练法的运用而实现。

教学性比赛方法、模拟性比赛方法、检查性比赛方法和适应性比赛方法是较为常见的四种比赛训练法的类型。

（九）综合训练法

综合训练法是指把重复训练、循环训练、变换训练等各种训练法结合起来运用，或者在一组训练中安排各种技术训练、灵敏训练、力量训练等多种内容的训练方法。

在训练实践中，以上各种训练方法并不是单一的存在和使用的，因此，需要通过综合训练来灵活地调节运动员的训练负荷与休息，使其更圆满地达到训练要求，从而促进运动员运动素质和运动水平的全面提高。

综合训练法变化很多,组合多样,具体可以根据不同性别、年龄、身体状况、锻炼水平的运动员的需求进行适当的变化、调整,以期取得理想的训练效果。

随着现代科学技术的进步,运动训练方法从理论到实践不断推陈出新、日新月异。目前,社会各界有识之士非常重视改变传统经验的训练法,借助新的科学理论,运用新的模式的训练方法正在不断被尝试和创新。

当前,随着竞技体育运动的发展、科学技术的进步以及人们认知的不断提升,运动训练的方法正在向多样化的方向发展,训练方法日益多样化主要得益于运动员和教练员在运动训练方面积累了丰富的经验,因此,他们总结了多种多样的训练方法来指导训练实践。现代运动训练更加注重实效性和技术完善。传统训练方法在运动训练中得到了保存,同时由于高科技手段的引进,新的训练方法在运动训练中不断得到应用,新的训练方法与传统的训练方法相结合,使得运动训练更加科学、有效,正因如此,才促使运动员不断突破极限,在比赛中不断刷新纪录。

二、运动训练方法的创新性探索

时代在发展,科技水平在不断提升,运动员的竞技水平、训练的层次和维度也在相应地提高,这就对训练方法提出了新的要求。

(一)破旧立新

所谓破旧立新,就是要打破原来固定的训练方法,从训练手段、训练思路等方面入手树立新的训练方法。例如,教练员平时要经常对自己的训练方法加以审视,看看自己的训练方法是否已经成为一种思维定式,是否已经过时,是否对运动员训练到一定程度就难以再有提高了,是否训练水平落后于形势的发展,等等。许多陈旧的方面必须通过创新来改变其面貌、改变其效益,从而增强训练效果。立新要以创造性思维去思考、解决各种问题,去寻找新的突破口,开辟新途径,去发现新的思路、观点、方法、手段等,从而才能获取新的成效。

（二）逆向思维

训练目标、训练计划、训练方法等内容往往容易习惯依据传统观念、经验和权威人士的意见来思考，容易将自己框定在一定的模式中去思考、解决问题，逐步形成思维定式，慢慢抹杀了创新思维及创新方法的思路。要充分认识到，要适应现代形势发展，就要善于转换思维方式方法，善于用逆向思维法去突破传统的观念、经验或权威人士的束缚，突破陈旧的思维定式，去开创、形成新的思维模式，激励自己树立新思想、新观念，总结新经验，开创新的训练思路，进行新的训练决策等。

（三）克弱转强

运动员在训练过程中，要善于主动地挑剔自己的弱点、缺点或不足，并将其作为探索研究的基准点，努力攻克它，使弱转化为强，从中获得创新的成功。假如在训练中，采用某一训练方法而得不到预期的效果，这并非教练员训练方法的问题，而是在于自己的训练方式，这时应该对训练方法加以深入剖析，找出其不足或落后的方面，并加以弥补、修正，或创造出新的训练方法。通过克弱转强法，使训练得出成效。

（四）移花接木

现代知识的综合运用程度越来越高，新成果大量地涌现，知识的渗透力越来越强，综合聚变效应也越来越强。要善于将其他学科中的原理、规律、方法等移接到本领域的运动训练理论体系中去，进行巧妙衔接，创造出新的高效的训练原理、规律、方法等，从而有效地促进自身学科的不断发展与壮大，提高训练效果。如"系统论、信息论、控制论"移接到体育各个领域中已发挥出巨大的效果，有力地促进了体育科学的发展。

第七节 运动训练负荷的科学安排

一、运动训练负荷的基本知识

（一）运动训练负荷原理

运动训练中的最终训练目的是促进运动员身体素质水平、运动水平的提高，要想实现这一最终目的，就要在运动训练过程中使运动员不断承受和适应训练负荷，促进其机体的运动能力和对外界（运动训练负荷）的适应能力的不断提高，这就是运动训练负荷原理。

运动训练过程中，运动员会承受一定的外部刺激，运动员机体在生理与心理方面承受的总刺激便是运动训练负荷，机体承受刺激时表现出来的内部应答反应程度可以反映运动训练负荷。

运动训练负荷有着自身的特点，它具有目的性和选择性，即一定的功能特点；运动训练负荷还具有渐进性、极限性和应激性，随着运动训练负荷水平的提高，训练适应水平也会相应地得到提高。运动训练负荷与运动成绩之间密切相关，这主要从对应性和延缓传导性上体现出来。

运动训练负荷种类繁多，每种负荷都有自己独特的含义，因此必须准确掌握各种运动训练负荷的概念和特性，对运动训练负荷进行科学调控，调控时需注意运动训练负荷的综合性、实战性和动态性，并需结合具体个体进行，注重运动训练负荷的定量与等级。

（二）运动训练负荷刺激及机体机能的变化

运动训练负荷刺激主要是指运动训练负荷对机体的刺激，人体活动时所表现出来的力量、耐力、速度、柔韧和灵敏素质等不是根本原因（本质），而是运动的结果

（表象）。在运动训练中，机体对训练负荷刺激所做出的反应表现在两方面，即生理反应和心理反应，通常所说的运动训练负荷指的是生理负荷，就是指机体在生理方面所承受的运动训练刺激。

运动训练的过程也可以看作是一个不断对人体施加运动训练负荷刺激的过程，在这一过程中，人体各器官系统将发生一系列反应。这些反应特征主要表现为耐受、疲劳、恢复、超量恢复和消退等机能变化。

在运动训练过程中，机体的负荷刺激变化主要会经历以下几个阶段。

1. 耐受阶段

耐受是运动训练初级阶段机体对运动训练负荷的刺激反应，是机体接受运动训练负荷刺激后身体机能变化和反应的第一个阶段。运动训练负荷强度和运动员训练水平会影响这种耐受能力的强弱和保持时间的长短。这一阶段，应以体能训练为主。

2. 疲劳阶段

在承受一定时间的运动训练负荷刺激之后，机体机能和工作效率会逐渐降低，即出现疲劳现象。具体来说，运动员训练到何种疲劳程度以及耐受多长时间以后疲劳取决于训练课的目的。实践表明，训练过程中，运动员只有达到一定程度的疲劳，才能提高运动能力，才能在恢复期获得预期的超量恢复效果，从而促进机体机能的增强。

3. 恢复阶段

训练结束后，在补充和恢复阶段，机体主要是补充训练过程中所消耗的能源物质，修复所受到的损伤并恢复紊乱的内环境，使机体各器官系统的机能恢复到运动前水平，以完成机体结构与机能的重建。机体疲劳的程度决定了恢复所需时间的长短。

4. 超量恢复阶段

超量恢复，又称"超量代偿"，是关于运动时和运动后休息期间能量物质消耗和恢复过程的超量恢复学说,由苏联学者雅姆波斯卡娅提出。超量恢复指的是在运动结束后,运动过程中所消耗的能源物质以及降低的身体机能不仅可以得以恢复,而且会超过原有水平。通常来说,运动训练负荷量越大,强度越大,疲劳程度越深,超量恢复越明显,但切忌过度训练。

5. 消退阶段

一次训练结束后,如果不及时在已获得的超量恢复的基础上继续施加新的刺激,那么已经产生的训练效果在保持一段时间后就会逐渐消退,机体机能又下降到原有水平。因此,要想保持长久的运动训练效果,就要求运动员必须在上一次训练出现超量恢复的基础上对下次运动训练做出及时的安排。

二、运动训练负荷的科学安排与调控

(一)运动训练负荷的定性与定量

1. 运动训练负荷的定性

(1)训练负荷的专项性

训练负荷的专项性指训练负荷要与运动员的训练水平和比赛要求相符。运动训练过程中,训练负荷的练习分为运动专项练习与运动非专项练习。其中,运动专项练习是提高运动员专项运动技战术水平的直接因素,只有加强运动专项训练,才能为运动员运动实战水平的提高奠定良好的基础。

(2)训练动作的复杂程度

训练动作的复杂程度是专项运动训练中客观存在的内容,是运动训练中运动训练负荷定性的一个重要方面。运动训练实践中,动作复杂程度决定着训练负荷的大小。区分训练动作的复杂程度是控制运动训练负荷的依据和需要。

需要提出的是,由于运动训练中,运动员的许多技能动作并不能预定,必须根据场上对手的表现临时做出选择性反应,因此,目前对此要做出量化评定具有较大的难度。

（3）训练负荷的生理改善

确定运动员运动训练时机体工作的供能系统是为训练负荷定性的内容之一。研究表明，系统的运动训练中，ATP-CP和糖酵解供能约占80%，糖酵解和有氧代谢约占20%。因此，运动员应结合运动专项的训练要求和特点，选择采用无氧代谢，或是有氧代谢，或二者的协调配合来进行训练，也就是以实际情况为依据合理安排训练。

2. 运动训练负荷的定量

（1）内部负荷指标

内部负荷指标指由于运动员在训练过程中进行各种身体、技战术训练，训练的负荷使运动员有机体内发生一系列生理和生化变化，内部负荷的指标能比较科学、准确地反映有机体在负荷时产生的各种变化，有利于教练员根据这种变化去掌握和控制训练过程，安排训练负荷。

运动训练中，使用内部负荷的指标来测量负荷的方法比较广泛，血压、心率、血乳酸、尿蛋白、氧债、血红蛋白、最大吸氧量等是常用的指标。

（2）外部负荷指标

外部负荷指标又称"负荷的外部指标"或"外部负荷"，包括负荷量和负荷强度两个指标。在运动训练中，负荷量的各个指标测定的方法比较简单。机体对负荷强度刺激所引起的反应比较强烈，能较快地提高机体各器官系统的机能水平，所产生的适应性影响较深刻，消退较快。在运动训练中，测量负荷强度的各个指标比较复杂，所以难度也比较大。

目前，对运动员外部负荷指标进行测量，一般通过记录技战术训练的时间、训练次数、训练难度、训练的激烈对抗程度等方法。

（二）不同负荷的判别

运动训练期间，当运动员的运动训练内容、训练手段的特点相当稳定时，有机体机能能力表现出来的动态变化就能够被明显地观察到。因此，可根据训练实践中运动员有机体机能活动性的动态变化来对训练负荷的大小进行判别。

运动训练负荷的大、中、小可以客观地按照机体恢复的时间进行判别。研究表明,训练负荷的大、中、小与有机体内环境的稳定性的变化紧密相关,并且能具体反映到恢复过程的时间上。通常,小负荷与中等负荷后,机体恢复过程的时间通常是几十分钟或几小时;大负荷后,一般需要较长的时间才能实现机体的恢复。

在运动训练中,应结合实际情况来对运动员的训练负荷大小进行判定,具体可以根据生理学和生物学的指标来判别,也可以采用其他相对间接且客观的指标进行判别,不管使用哪种方法,都要保证准确地判定训练负荷。

(三)运动训练负荷的特点与注意事项

1.科学安排运动训练负荷的特点

科学安排与调控运动训练负荷就是以更科学、更合理的方法安排运动训练负荷,从而实现运动训练水平和运动成绩不断提高的目的。对训练负荷的科学安排需要遵循负荷、应激与恢复原理,竞技状态的形成与科学调控原理,周期性与节奏性原理,以及竞技能力的训练适应原理等。简单来说,科学调控运动训练负荷就是在训练过程中,教练员根据训练的任务及运动员的个体情况,按照人体机能的训练适应规律,以大负荷为核心,坚持长期、系统和有节奏地安排运动训练负荷。

2.科学安排与调控负荷的注意事项

(1)不同训练阶段采取不同的调控方法

根据负荷因素的基本特征,在训练初期,为使运动员尽快进入运动状态,通常以增加负荷量的方法来尽快实现运动员机体的适应。在专项训练阶段,以提高负荷强度刺激的方法来加深运动员的机体适应过程。

(2)选择合理的负荷的内容和手段

教练员应按照不同运动项目、训练内容、训练手段的负荷特征和不同训练任务选择好相对应的训练内容、手段和方法。对运动员而言,其参与的具体竞技运动项目不同、训练目的不同,所安排的训练负荷应有所区别。

（3）对负荷方案进行最佳综合设计

在运动训练过程中，教练员要根据各对应性负荷结构的特征及相互间的关系，进行负荷方案的最佳综合设计。特别是要注意负荷量、负荷强度与总负荷，内部负荷与外部负荷，生理、心理与智力性负荷，以及训练负荷与比赛负荷的综合设计。

（4）按照运动员个体特点确定运动训练负荷

教练员要通过科学的训练诊断，对运动员的个体特点加以了解，对符合他们个体特点的个体负荷模型进行科学确立。

（5）注意负荷安排的长期性、系统性

在进行运动训练时，要根据连续负荷中疲劳的正常积累与过度疲劳之间的关系，对多年、年度、周及每一次课的训练过程的负荷进行对应的安排，使不同训练阶段的运动训练负荷能够连贯起来，促进运动员运动水平的逐步提高。

（6）重视运动训练负荷的节奏性

教练员要把大负荷训练与减量训练结合起来，使之形成最佳的负荷节奏，进而促使运动员取得最佳的运动成绩。

（7）合理增加运动训练负荷

根据训练任务和训练对象，逐步、有节奏地加大运动训练负荷，直至最大限度，但在竞走运动训练过程中，运动训练负荷的安排不宜过大，应以提高单位训练时间里最大的效益为准则。运动训练负荷的增加应当在运动员适应原有负荷的基础上进行，只有这样才能取得较好的训练效果。

（8）注意处理好负荷量、负荷强度与总负荷的关系

教练员要按照运动项目特点、训练和比赛任务、个体特点等因素，以总负荷的要求为基础，确定好负荷量和负荷强度的最佳组合。突出强度是高水平竞走运动员负荷安排的重要特征。但注意应从实际情况出发，负荷强度和负荷量应合理搭配。

（9）重视恢复

训练水平的提高离不开对训练负荷的合理安排,没有恢复,也就没有新的负荷安排。在运动疲劳之后,人体的恢复时间有所不同,恢复时间过长或过短都不利于提高身体素质和技战术水平。注意掌握运动员训练后不同恢复阶段的时间、个体负荷的极限能力、承受极限负荷后的恢复时间,及各训练过程的负荷性质及适宜的间隙时间和恢复方式,并根据这些要点来对大负荷训练进行安排。训练之后,还应注重采用多种手段来帮助运动员消除疲劳。

(10)做好运动训练负荷监测和诊断工作

教练员应在运动训练过程中根据运动训练负荷的构成因素及运动训练负荷的可监控性特点,正确地确定各运动项目的训练内容、手段和训练方法,及不同运动员个体的运动训练负荷监控指标体系,对科学的运动训练负荷监控、诊断系统和诊断模型进行建立。

第七章　高校体育运动训练要点与实践

第一节　科学运动训练常识

一、运动对大学生体质健康的影响

（一）健康观念与运动参与

1. 个体健康观念的形成

随着现代医学的发展，人们个体健康观念的形式以及人类寿命的延长，使现代医学模式已经由原来单纯的生物型转变为"生物型—心理型—社会型"的医学模式。以前人们只关注个体的生物属性，对个体健康的理解仅仅是没有疾病；而现代个体健康概念强调的是作为有生物性和社会性两重属性意义的个体对不断变化的环境的适应能力和适应程度，强调个体在躯体、心理和社会适应方面的共同发展，以达到良好的适应状态。现代个体健康观念要求每个人不仅有较高的躯体健康水平，而且也需要有良好的心理素质和社会适应能力。

在这个层面上，人们把身体健康理解为：全身各器官发育良好，组织结构完整，生理指标没有异常，身体处在充满活力、健康的状态。

对心理健康的理解则是：智力发育正常，人际关系良好，情感、意志力行为没有缺陷，社会适应能力强。

社会适应健康指的是：个体如何在社会上与人友好相处，以及如何应对、适应对方而做出反应,个体与社会习俗和社会制度如何相互作用。

社会进步和经济发展,给人类带来了越来越多的健康问题。20世纪中叶,"运动缺乏"对健康的威胁逐渐被人们所重视。到了20世纪70年代,美国学者JohnKnowles撰写了《个人的责任》一书,他认为个人健康最大的敌人就是个人本身。在此观点的影响下,20世纪80年代美国发动了一场以改变个人健康行为为目的的"健康促进运动"。这场健康促进运动对于改善个体健康状态起到了很重要的作用。最近华裔加拿大医学思想家谢华真博士提出了一个新的基本理念——"健商"。其定义是"一个人运用自己的智力保持健康的能力"。"健商"概念的提出说明人们的健康意识已是世界范围内的普遍问题。

缺乏锻炼、高脂肪和高胆固醇的饮食、紧张、吸烟、酗酒、滥用药物、接触化学毒物和不良性行为等都会引起严重的个体健康问题甚至导致死亡。相反,经常性的身体运动、注意饮食、保持良好的心态、杜绝不良嗜好和重视安全保护等,对于个体健康是有益的。

2. 个体健康观念对体育运动参与的影响

人们想要获得健康的身体离不开参与体育运动,首先要从养成良好的生活方式入手,坚持规律的体育运动。要全方位地对体育运动有正确的认知,体育运动能促进人们对健康知识拥有求知欲望,一个人所获得的运动健康知识量会决定他参与体育活动的信心。保证人们毅然参与体育运动锻炼的基础是,人们能够清楚地认识到体育运动对人体健康的促进作用。在进行体育锻炼的实践中,个体一旦体会到了体育锻炼对生活状态产生的积极影响,就会不由自主地提高运动锻炼的持久性和自觉性,最终体育锻炼将成为生活中相对稳定的一部分内容。

(二)适量运动对个体健康的影响

1. 对适量运动的界定

适量运动是指根据运动者的个人身体状况、场地、器材和气候条件,选择适合的运动项目,使运动负荷不超过人体的承受能力。运动过程中的运动强度、持续时间和运动频率要适宜,运动时的心率范围要控制在 120～150 次 / 分钟;机体无不良反应,运动后略觉疲劳,恢复速度快;情绪和食欲良好,睡眠质量高,睡醒后感觉精力充沛。

2.适量运动对人体生理机能的影响

(1)对心血管机能的影响。适量运动能使心肌纤维增粗、心壁增厚、心脏重量和容积都增大,使心肌的收缩性增强,心肌耗氧量明显降低,具有较高的心肌耗氧效率和能量节省能力,还能使心肌 ATP 酶的活性提高,左心室压力最大升降加快,对钙的摄取和释放速率加快,促进心肌的收缩和舒张,使脉搏输出量增加。

适量运动能使心肌糖原贮量和糖原分解酶活性增强,三酰甘油(甘油三酯)转化速度加快,线粒体氧化磷酸化和氧的摄取能力均得到提高。

适量运动时冠状动脉的血流量成倍增加,改善了心肌营养与氧气的供应,加强了代谢。适量运动还能增加动脉血管的弹性,使血管在器官内的分布数量增加,有利于器官组织的供血和功能的提高。

(2)对呼吸功能的影响。适量运动可以增加肺组织的弹性,增强呼吸肌的力量和耐力,使呼吸频率减慢,呼吸深度增加,肺通气和肺换气的效率提高,血红蛋白含量增高,组织的氧利用率提高,因而吸氧量也会随之改善。

(3)对神经系统机能的影响。适量运动可促进神经系统的生长发育,使脑的重量和大脑皮质(大脑皮层)厚度增加,大脑皮质表面积增大。还可以加快脑细胞的新陈代谢,对提高脑细胞的功能、工作效率及对脑细胞功能的保护都有良好作用。

在进行适量运动时,人体各部分之间的协调配合会比平时更好,内脏系统活动能迅速激活,自主神经调节活动的均衡性会加强。适量运动能使神经细胞的工作强度、兴奋抑制转换的灵活性及均衡性都得到提高。由于运动时减少了脑血流的阻力,因此还有防止动脉硬化的作用。经常参加适量运动的人的记忆力与大脑工作的耐久力都比较强,反应更快、更敏锐,神经系统的分析、综合和控制能力会增强,工作效率也会提高。

（4）对运动系统机能的影响。适量运动可以使骨密度增加，骨骼变粗，肌肉附着处的骨突增大，骨小梁排列更为规则。这些变化提高了骨骼抗折断、弯曲、压拉及扭转等方面的能力。适量运动还可以刺激长骨增长，使人长高。

（5）对免疫功能的影响。适度运动是机体对运动应激的生理性适应，表现为机体免疫机能力增强，不易感冒，增强机体抵抗病毒的能力。

（6）对胃肠机能的影响。适量运动可使胃肠蠕动增强，血液循环得到改善，消化液分泌增加，加速营养物质的转化与吸收。适量运动时呼吸运动会增强，膈肌活动范围加大，对腹壁胃肠能起到按摩作用，从而促进消化吸收。

（7）对身体成分的改善。适量运动可促进脂肪分解，促进肌肉蛋白质的合成，使体脂含量减少，体重增加，有利于改善和保持正常的身体成分，预防与身体成分异常有关的疾病发生。

（8）防治疾病。适量运动能全面增强身体各器官系统的机能，提高机体对内环境变化的适应能力，起到防治疾病的作用。

适量运动对降低正常人或轻度高血压患者的血压有良好的作用，可以预防和治疗高血压，可以延缓动脉粥样斑块的发展，增加冠状动脉的贮备，在心血管疾病的防治上具有重要意义。适量运动可以有效减缓随年龄增长而发生的骨质疏松症状。

适量运动有助于调整神经系统的活动状态，协调各中枢神经系统间兴奋与抑制的平衡，改善其机能活动；同时使运动者的情绪得到改善，心理负担减轻，有防治神经衰弱的作用。

适量运动可增加胰岛素受体对胰岛素的亲和力，促进肌肉对糖的利用、降低血糖，增加肌肉对脂肪酸的利用、降低血脂，从而起到防治糖尿病的作用。

（9）延缓衰老。参与适量的体育锻炼可以有效改善人体心血管系统的机能，加快新陈代谢，清除体内自由基，增强免疫系统的功能，提高机体抗氧化能力，改善机体内分泌，保持身体活力，延缓衰老。

3.适量运动对人体心理机能的影响

第一,对人体没有伤害的适量运动可以有效促进大脑思维的良好发育。

第二,通过提高本体运动感知觉,使人对自身更加了解。

第三,通过运动表象,提高认知和记忆能力,主要体现在:①通过运动形象、想象、模仿和直觉思维及空间判断活动,提高右脑机能;②通过运动时多种感、知觉的参与,从整体角度对信息进行综合、决策和应答,不停地对对手的意图及可能采取的行动做出判断和预测,做好与同伴的战术配合等活动,提高操作思维和直觉思维能力;③通过视觉的快速搜索(球和同伴的位置)、准确预测(球的落点)、决策与反应选择(必须决定做出何种应答反应,为行动留出时间)、快速有力的始发动作(起跑)、完成动作(协调、适宜、有效地支配身体完成动作)等活动,提高心理敏捷性。

第四,适量运动对人的情绪有良好的影响,主要体现在:①通过克服困难、竞争、冒险、把握机会、追求不确定结果、达到目标、控制、成功及挫折等过程,产生丰富的情绪体验;②适量运动具有宣泄、中和、抵消和对抗不愉快(负性)情绪和焦虑的作用;③适量运动可适应和对抗应激刺激,提高心理应激能力;④适量运动后可出现良好的心理状态;⑤适量运动具有兴奋和充满活力的特点,有抗抑郁的作用。

第五,适量运动可使运动者产生特殊的体验,主要体现在:①高峰表现,运动者有时可出现超出正常机能水平的行为表现;②流畅体验,运动过程中有时可出现理想的内部体验状态,表现出忘却、投入、乐趣、享受和控制感;③跑步者高潮,跑步者在跑步时会出现瞬间的欣快感。

第六,适量运动可促进心理建设,主要体现在:①人在适量运动中一次次证明自己的能力,使自我概念发生积极变化;②适量运动可促进人的社会化过程;③适量运动可培养人的自信心;④适量运动可培养人的进取精神。

(三)过度运动对个体健康的影响

1.过度运动的界定

体育锻炼中的过度运动涵盖了以下两方面的意思。

第一，进行体育锻炼时，由于大量运动使体内机能发生改变，营养不良、思想波动、运用恢复手段无效等，会使身体正常的负荷被改变为超负荷量，让主动运动转变为被动运动的应激刺激。

第二，当体育运动的运动量超过人体所能承受的极限时，会造成人体在能量、精神上过度消耗，短时间内无法恢复正常体力。两种运动过量的任何一种都会使人的运动能力减退，使身体出现非正常的心理症状和心理状态，会极大地损害人体健康。

造成过度运动的具体原因有以下三点。

第一，安排和身体体质不相符的运动量。运动持续时间过长、强度过大会引发身体极度疲劳。

第二，患病后过早恢复锻炼或刚恢复锻炼时的运动量过大。

第三，没有养成良好的生活习惯，营养不良或不均衡、作息不规律、心情不快乐等。

2. 过度运动对人体生理机能的影响

人们在运动中为了快速达到锻炼效果，往往会不注意劳逸结合，从而给身体带来极重的负荷。过量运动会导致大脑早衰，体内各器官供氧、供血会失去平衡，体内免疫机制严重受损，这样不但达不到健身的效果，反而会加速全身各器官的衰老。

（1）容易发生运动损伤。对于处在运动锻炼初始阶段的人来说，连续过量的运动容易造成肌肉和骨附着力点处的疲劳、骨折和关节慢性劳损，具体表现为关节肿胀和疼痛。

青春期少年过度运动易导致运动损伤，如体操运动员的应力骨折，赛跑运动员的胫前肌综合征，以及其他专项运动综合征，例如，游泳肩、疲劳性骨膜炎和网球肘等。

（2）对抗氧化能力的影响。运动者的身体长期处于负荷量过重的状态，会增加体内的自由基含量,使机体的抗氧化能力明显下降,接着容易引发疾病、疲劳和骨骼损伤,进而加速人体衰老的进程。

(3)对骨骼肌机能的影响。过度的运动会使运动者肌肉超微结构损伤,改变物质代谢,使骨骼肌收缩能力下降,体内钙离子浓度增强,肌肉细胞内的钙离子平衡紊乱,带来肌肉酸痛、肌腱损伤等。

(4)对泌尿系统的影响。人在运动锻炼中机体大量排汗,导致肾脏血流量减少,尿液浓缩就会产生高渗性原尿。运动量超人体承受负荷时,体内血管收缩缺氧,致使二氧化碳滞留体内,滤过膜通透性增加,导致肾脏受损,严重者可导致运动性血尿。

(5)对胃肠机能的影响。过度的运动对运动者肠胃的损害也相当大,容易导致肠胃功能紊乱、食欲不振,头晕、恶心等。

(6)对神经系统的影响。过度进行体育锻炼对神经系统的影响主要有:出现头痛、失眠、头晕、记忆力下降等现象,严重的可导致人体出现自主神经紊乱的症状,主要表现为:面色苍白、恶心、出汗、耳鸣等;更有甚者会因失去肌张力而导致丧失意识,突然昏厥。

(7)对心血管机能的影响。过度运动对人体心血管机能的影响尤为严重。运动者不能很好地将自己的运动量控制在合适范围内,容易给心肌毛细血管造成持续性损伤,心肌收缩功能和舒张功能也会因此有不同程度的损伤,还会造成心肌细胞发生缺氧、心肌力学指标明显下降。

具体表现为:心律不齐、胸闷、气短和休息时心率加快,运动后心率恢复很慢等;血小板的聚集机能明显增强,身体外周循环机能异常,血容量骤减、血压下降造成组织的缺血缺氧,最后引起过度性休克。

(8)对免疫机能的影响。过度运动对机体免疫机能的影响为:它可促进具有免疫抑制作用的激素释放,进而使机体的免疫能力被抑制,使人体免疫、抵抗功能下降,影响机体健康。人体在进行剧烈运动时,肾上腺素和皮质醇含量会增高,当它们的含量超过一定程度时,脾脏产生白细胞的能力就会大大减弱,淋巴细胞和自然杀伤细胞的活性也会相对降低。同时还会降低人体的免疫力,增加呼吸系统的感染概率,造成全身乏力,易感冒,体重减轻,使肺炎、肠道炎等感染性疾病的患病率大大提高,并增加了自身免疫性疾病的患病概率。

(9)对生殖系统的影响。女性在青春期过度运动可能导致月经周期异常,外阴创伤,卵巢扭转、破裂,子宫内膜异位症等症状。

(四)运动缺乏对个体健康的影响

1.对运动缺乏的界定

运动缺乏是引起慢性非传染性疾病(和生活息息相关的慢性病)的一级危险因素,这些慢性疾病包括高血压、糖尿病、冠心病和高血脂等,这一类疾病的患者基本上很少运动或者根本不运动。一个人如果每周运动不足 3 次、每次运动时间不足 10 分钟,就可定为运动强度偏低;如果运动时心率低于 110 次 / 分钟,则可定为运动缺乏。缺乏运动会对人体健康产生极大的不利影响。

2.运动缺乏对人体生理机能的影响

人体长期缺乏运动,会降低身体新陈代谢的能力,引发多种肌肉关节疾病,例如,骨质疏松、肩周炎、颈椎病等,同时也会给身体带来不良的反应,导致心肺机能下降。人们长期久坐不动,很容易患上坐骨神经痛、痔疮、盆腔瘀血等症状;久坐不动还可以使人体抵抗力下降,增加患病的概率。运动缺乏易导致心肌损伤,增加老年人的死亡率,加速人们衰老,导致中风、糖尿病、心绞痛等发病率明显上升,运动缺乏对人体健康的不利影响极为重大。

运动缺乏的人可能会出现记忆力减退、注意力难集中、精神不振、担心自己的健康、多梦、疲劳、情绪不稳定、用脑后疲劳、耐力下降、困倦、烦躁、健忘、虚弱、活动后疲劳、易怒、失眠、有压抑感、思维效率低、易感冒、嗜睡、四肢乏力、有不愉快感、头晕、目眩、抑郁、头疼、腰膝酸痛及脱发等亚健康症状。

（五）运动与健康促进

1.体育运动对健康的促进作用

（1）健康生活方式与健康促进。实践证明，相对于药物的可效性，培养良好的生活方式对促进人们的健康有更重大的意义。体育锻炼和健康促进的关系紧密相连。人们如果每天都能坚持做到保证 7~8 小时的睡眠，坚持少食多餐，不抽烟不酗酒，适当地进行体育锻炼，注重早餐的营养搭配和保持好标准的体重，这些良好的生活方式将能在很大程度上促进健康的积极发展。

（2）体力活动与惰性病。现代社会经济高速发展，人类受机械化和快节奏生活的影响，运动已经不再是基本的生活方式，而是一种奢侈。大多数人由于缺乏运动，导致人体的各项机能得不到有效的磨合，抵抗力减弱，各种疾病开始袭来。人体处于一种亚健康状态，使胆结石、高血压、肥胖病等各种慢性病成为生活中的常见病，损害人体健康。

2.促进健康的身体运动量

促进健康最有效的方式之一就是运动。运动不仅能保证身体的灵活性，还能缓解心情，使人身心愉悦。经常参加体育锻炼的人，精神抖擞，面色红润，在工作、学习、生活中都能投入较高的热情和活力。

（六）大学生的运动健康促进策略

1.增加运动器材与设备

时尚、先进的运动器材可以有效地吸引学生参与运动。因此，高校财政部门应该在大学生运动器材上多投入些财力，购置先进的运动设备，为学生提供优良的运动资源，以保证他们参加运动的乐趣。

2.鼓励同伴一起参与运动

在体育锻炼中，同伴的鼓励和支持是不可或缺的重要因素，这一点对于大学生参与运动锻炼来说也非常重要。因此，大学生在参与运动的时候可以树立团体运动的意识，积极参与学生间的运动项目，以便促进个体的运动锻炼。

3.增设多样化运动社团

多姿多彩的大学校园社团也是促进大学生能够规律地参加运动的一个重要因素。因此,学校可以根据学生不同的兴趣爱好,组建多元化的运动社团来鼓励学生参加社团,多方培养大学生参与运动的习惯,使他们从多种运动项目中找到自己喜爱并能坚持的运动。

4.增进运动时的正面感受

大学生如果能在所有的体育锻炼项目中找到适合自己的运动,那么运动就不单是一种强身健体的方法,而且是一种属于自己放松精神的方式。所以,高校应该多在体育课堂上讲解体育运动的内容以及运动的趣味性,传递运动的乐趣。这样,学生不仅能够在体育锻炼中体验到运动的快乐,还能培养大学生养成长期坚持运动的良好习惯。

二、运动促进健康的类型

（一）有氧运动

1.有氧运动的概念

人体的所有活动都需要能量。这些活动包括人体自身的生理活动,如呼吸、心跳、消化等,还包括人体每天在生活、学习、工作和娱乐等过程中涉及的活动,如行走、跳跃、说话等。这些活动所需的能量来源于在细胞中进行的物质转变成能量的过程,也就是把我们每天进食的食物分子中储存的化学能转变成能被生命等各种活动过程利用的能量的过程。

人体所能利用的直接能量形式是三磷酸腺苷(ATP),其储存在各种营养素中的能量必须转变成 ATP 的形式才能为人体的各种需能过程所利用。完成这种转变的方式就是能量代谢过程,一般来讲,区分有氧代谢过程和无氧代谢过程,会依据在体育运动中能量代谢是否有氧气的参与。不同的代谢过程的利用的能源物质也不同,无氧代谢主要利用糖,这会产生较多的代谢副产物——乳酸;有氧代谢可以利用糖、脂肪和蛋白质，由于只产生少量乳酸，因此有氧代谢类型的运动比较轻松、愉快，运动时间较长。人体在正常活动时主要通过有氧代谢来获得能量，而在某些特殊情况下则主要通过无氧代谢来获得能量。运动时，由于运动的强度（剧烈程度）不同，体内为运动提供能量需要的代谢过程也不相同。我们要如何判断体内进行的是有氧代谢还是无氧代谢？一般来讲，100 米跑或 800 米跑运动中的冲刺、跳跃等均属于以无氧代谢供能为主的项目，称为无氧运动；而长跑、越野赛、长距离的自行车赛和游泳，以及日常生活中的散步、慢跑等则属于以有氧代谢供能为主的项目，称为有氧运动。

2. 有氧运动的发展状况和特点

有氧运动是按照人体运动的能量代谢类型进行分类的一种运动形式。

有氧运动兴起于 20 世纪 60 年代，由于体力劳动骤减、营养摄入不合理和精神压力剧增等原因，非传染性疾病（俗称"文明病"）成为威胁人类健康的首要因素，寻找能有效预防和治疗非传染性疾病的方法成了当时研究的热点。美国医生库伯（Cooper）用了 4 年的时间进行健身与健康关系指导的研究，于 1968 年发表了《有氧代谢运动》《12 分钟跑体能测验》及《有氧运动得分制》等专著，系统阐述了有氧代谢运动的原理、健身作用及评估方法，提出了有氧健身运动的理念，在西方国家引发了以有氧运动为主的健身热潮。其中影响最大的是他编写的《有氧代谢运动——通向全面身心健康之路》一书，已被译成 25 种文字、发行 1200 万余册，为世界许多国家所采用。

现代社会中得益于"全民健身"的口号，健身运动在全世界的被重视程度越来越高，但是有氧运动仍然占据主导地位，而且还有不断扩展的趋势，其主要原因是有氧运动在促进人体健康和健身效果方面具有独特的作用。有氧运动主要有五方面的特点。

第一，运动项目难度不大，易掌握。

第二，运动过程中身心愉快、轻松，没有任何不适的感觉。

第三,健身效果突出。

第四,运动不受环境、场地限制,运动成本不高。

第五,可以良好地保持标准体重。

3. 有氧运动对人体的影响

(1)有氧运动对物质能量代谢的影响。运动中的有氧运动主要是指运动机能在能量转换中有氧气参与,在有氧代谢下,糖分、脂肪、蛋白质被氧化成水和二氧化碳的过程;在代谢过程中能释放能量合成中被称作细胞燃料的糖、脂肪和蛋白质。

(2)有氧运动对心血管系统的影响。进行耐力性有氧运动对人体心脏的作用可分为两种情况:一是可以有效提高心肌力量;二是可以改善心率的变化。能直接反映心脏机能强弱的标志就是心率的高低,运动对于心脏机能产生的影响可以通过心率的变化来判断。运动锻炼对循环功能的主要影响是心输出量的增加,促使体内各组织器官的血流量进行重新分配,尤其是骨骼肌血流量大量增加,用来满足人体新陈代谢的能量供应,从而提高人体的活动能力。

(3)有氧运动对体能的影响。有氧运动对人体健康的作用不可估量,长期、规律地坚持进行有氧运动锻炼,就能够自然地刺激机体内的循环、消化、神经、呼吸及内分泌系统,能有效地促进青少年的生长发育,帮助人们保持充沛、旺盛的精力,并保障全身各器官的正常运转,增强体质,延缓衰老。

4. 常见有氧运动

(1)健身跑。健身跑通常又被称作慢跑,在运动过程中它一般用时较长,速度较慢,运动距离长,不分年龄,不限性别,不受场地、器材的限制,人们可以随时随地地在公园、田径场进行锻炼。

(2)有氧健身操。人们通常称在有氧供能的条件下进行锻炼的节奏感强、集体的体操和舞蹈为有氧健身操。长期且有规律地坚持有氧健身操运动对于提高人体的心肺功能、预防心血管疾病、消除多余脂肪、改善体形都有非常积极的作用。

有氧健身操对人们具有很好的健身、健心作用。人体进入中老年阶段之后,各器官机能逐渐减弱，而有氧健身操以其自身的全面性、均衡性的特点，科学地延缓了各器官机能的减弱，从而使机能提高，使人们更加热爱生活，对未来充满信心。另外，健身操在塑造人体美的同时，还在潜移默化地影响着人们的情操，能使人胸怀豁达，形成对生活乐观进取的态度。

（二）休闲运动

1. 休闲的概念

21 世纪的现代社会，大家都普遍认为，只应在"实现价值"的工作上全力以赴，休闲健身还只是被定位在"怡情"上。所以为了更高质量地提升人们的身心健康，我们必须重新定义娱乐、休闲和游戏能够给人们带来精神放松和身体健康的意义。

然而，因为休闲涉及的领域极为广泛，想要给休闲下一个准确的定义非常困难。但是，休闲却一定和当时的心态、时间、运动方式和生活状态有很大的关系。

2. 休闲运动

随着社会的进步和经济的高速发展，社会对休闲体育的需求也不断增加，丰富多彩的休闲体育活动成为人们日常生活中不可或缺的重要内容。它不仅有益健康，还能增强幸福感，提高生活能力。

休闲活动有两类：一类为动态，一类为静态。动态的休闲活动主要就是休闲运动。休闲运动是人们利用闲暇时间，为了增进健康、丰富业余生活，同时达到修身养性的目的所进行的各种锻炼身体的运动方式。休闲运动让人们善度余暇，合理支配时间，同时是一种能够提高生活质量的社会文化活动。

3. 休闲运动的特征

（1）娱乐性。休闲运动的意义在于它赋予了身体运动独立的价值和乐趣，更完美地诠释了运动快乐的精神，它既不像竞技运动那样紧张和具有强迫性，也不会像单纯无目的的锻炼那么无趣，休闲运动是用富有情趣的生活内容来充实人们的闲暇时光，让人不管是身体上还是精神上都能得到极大的放松。

（2）创造性。健康的身体使人精神愉悦、精力充沛，能更好地从事我们感兴趣的游戏和运动。人们在进行休闲运动时、在与同伴进行各种活动的过程中,活动和环境的融合以及相对开放的社会空间,会引起人们情感的共鸣和审美的体验,让人体实现自身的超越,这种超越就是创造力的激发。

部分休闲运动也具有一定的挑战性,当某项运动的难度与运动者本人的技能相吻合的时候,运动者本人会在精神上高度投入与享受,心情也会极为舒畅。休闲运动中像攀岩、跳伞、潜水、蹦极等具有新奇性和冒险性的项目,可以在很大程度上满足运动者的探索感。

(3)可选择性。休闲运动可选择的项目是多种多样的,它还包括选择接受参与休闲运动时会有的限制和规则,如老年人可以在秧歌、舞蹈乃至遛鸟等活动的群体中放松自我,精神得到满足;也可以在学校操场、球场或者健身房、青山绿水中体验不同的人生感受,享受繁忙、紧张工作之余的快乐。

(三)民族传统体育运动

我国传统的健身养生法蕴含着五千年的华夏文明历史,在人民群众中有着良好的基础和流派众多的内容方法。其中以武术、气功养生最具特色。这些传统的健身养生法,简单易行,不限制场地,可自行控制运动量,并且集体或个人都可以进行运动。

1. 八段锦

(1)概述。八段锦在我国有文字记载以来已经有八百多年的历史,因此被我们比作精美的锦(由此可见八段锦受我国人民喜爱的程度),故得名八段锦。

(2)八段锦的特点和功效。八段锦作为流传在民间的一种健身体操,动作完整、全面。主要是用医学理论来解释动作对人体健康的作用,八段锦的运动量可大可小,长期坚持锻炼,对一些慢性病有很好的治疗和预防作用。

2. 五禽戏

(1)概述。五禽戏还被称作五禽操、五禽气功和百步汉戏,是古代的医疗体操,是由我国东汉名医华佗创造发明的,它因模仿鹿、熊、猿、虎、鸟五种禽兽的动作和神态而得名。华佗认为"体有不快,起作一禽之戏,怡而汗出,因以着粉,身体轻便而欲食"。华佗在前人总结的理论和经验的基础上创编出成套的五禽戏,不仅可以保健、强身健体,还可以治病。

(2)五禽戏的功效和特点。五禽戏的流派很多,动作繁简不一。但是五禽戏的健身、防治疾病的效果特别明显,如果能长期坚持练鹿戏能益腰肾,伸筋脉,增进行走的能力;练熊戏可以增强脾胃机能,强壮力量;练猿戏可以增强记忆,提高人体的灵敏性;练虎戏能增强关节功能,使人精力旺盛;练鹤戏可以锻炼肺呼吸机能,增加平衡能力。

3. 易筋经

(1)概述。古代的健身方法中,易筋经因为特点突出,一直在民间流传,是群众喜闻乐见的一种体育健身运动。易的意思是改变、筋是筋骨、经是方法,整个意思就是把羸弱的筋骨改变成强壮结实的筋骨的一种健身方法。

(2)易筋经的特点和功效。易筋经的整体动作都与呼吸密切相关,并且是采取静止性用力,整体上和五禽戏、太极拳有相似之处,其共同点是都要求动静自然、刚柔并济,长期坚持练习有增加肌肉力量、加强内脏器官的功能。

4. 太极拳

(1)概述。太极拳是在我国流传已久的拳种之一,因其动作绵延不绝,也曾被称为"长拳"或者"绵拳"。18世纪末,山西王宗岳取《周子全书》中阴阳太极哲理来解释拳义,并著有《太极拳论》,从此之后,普遍采用"太极拳"这一称呼。

经过长期的演变和流传,太极拳演变出了多种流派,其中流传最广、特点最明显的有陈式、杨式、吴式、武(郝)式、孙式这五式太极拳。虽然流派、姿势、风格各不相同,但总体来讲动作顺序和套路机构相似,练拳目的也相同(都是为了强身健体)。五式套拳,各有各的器械套路练法和推手,如太极棍和太极枪;也有对练,如太极推手、太极散手、双人粘枪、太极剑、太极刀等。

(2)太极拳的特点和功效。动作松静圆活,练习时以腰为轴、以意念为主导,不用蛮力,以柔克刚,讲究"引进落空""四两拨千斤"。久练太极拳能调节中枢神经系统和自主神经系统的机能平衡,消除精神紧张,还能消除由神经系统紊乱引起的各种慢性疾病;减轻心脏负担,降低周围血管的紧张度,使得血液循环通畅,增加心肌供血量,改善循环机能;改善肺通气和肺换气的机能,提高呼吸系统的工作效率;调节内分泌机能,增强机体的生理机能;改善人体的免疫监视能力,提高抵抗疾病的能力;疏通经络,促进新陈代谢,增强体质,延缓衰老。

5. 形意拳

(1)概述。形意拳是中国拳术之一,也叫"心意拳""心意六合拳""六合拳"。关于形意拳的得名,说法不一:有人认为由于这种拳术要求"心意诚于中,肢体形于外",外形和内意高度统一,所以称为"形意拳";也有人认为这种拳术象形取意,取法为拳,表现了许多动物的特长,如虎的勇猛、猴的灵敏等,故名。形意拳起源于山西,距今已有将近400年的历史。清乾隆以后在山西、河南、河北广为流传,并形成多种流派。各种流派风格虽异,但运动特点均要求动静相间,节奏分明,气力结合,形神统一,身正步稳,快速整齐,动作严谨,手脚合顺,以及劲力充实,刚柔相济,完整饱满,稳固沉着。

(2)形意拳的特点和功效。动作简洁朴实,大多直来直往,一屈一伸,节奏鲜明,朴实无华,富于自然之美;动作严密紧凑、沉着稳健、身正步稳、快速完整。长期练习形意拳,可强健身体,锻炼勇敢、果断的精神,增进身心健康。

6. 八卦掌

(1)概述。八卦掌是我国众多拳种之一,又被称为八卦掌、八卦连环掌,创始人是清代中叶河北文安人董海用。由于在练习八卦掌时纵横交错,与"周易"中的卦象相似,因此得名"八卦掌"。

(2)八卦掌的特点和功效。八卦掌对于锻炼人体的柔韧度、耐力和速度有相当好的作用,尤其是增强下肢力量的效果更为突出。八卦掌的特点是随走随变,身捷步灵,敏捷多变,掌掌相连。

7.气功

（1）概述。气功古称吐纳、导引、行气、服气、食气、练气、静坐、坐禅或内功等，是中国独有的一种健身术，在我国有悠久的历史。根据考证，早在周代金文（公元前11世纪—公元前77年）中就有了关于气功的记载。战国初期的文物《行气玉佩铭》就已记述了气功的理论与练法。我国现存最早的医学奠基《黄帝内经》里，已有关于气功的描述，以后各个朝代也都有关于气功的详细记载。

（2）气功的特点和功效。通过练功者的主观努力对身心进行意、气、体结合的锻炼，以达到健身和防治疾病的目的。长期坚持练习气功：第一，可以调和人体气血，平衡阴阳，提高神经系统的协调能力，增强心血管和呼吸系统功能；第二，气功锻炼对腹腔有按摩的作用，可以有效地增强消化功能，提高食欲；第三，练习气功可以提高人体潜力的发挥，调动自身的积极因素，起到自我控制的作用。

第二节　科学运动训练过程监控

一、运动训练监控释义

运动训练监控是将运动医学、运动生物力学、运动生理、生化等学科的理论和方法应用于训练过程中，应用综合方法和手段研究训练过程和训练效果，帮助教练员不断调整训练计划，实现运动训练最优化控制，使运动员达到体能，心理和技术等最佳状态，从而最大限度提高训练效果和运动能力的全过程。

二、运动训练监控研究现状

目前，体育科学领域中的运动训练监控主要从身体机能诊断与监测，运动技战术诊断与监测，心理状态诊断与监测三方面进行。身体机能诊断与监测主要从生理学角度解决运动训练中限制能量产生的问题（医学监督、健康检查、生理生化监测）；心理学监测主要解决限制能量控制的问题（心理监测、训练）；运动技战术诊断与监测从生物力学角度解决限制能量利用问题（技术分析与诊断）。

三、运动训练监控的发展趋势

随着科学技术的发展，许多新仪器、新技术和新的研究方法应用到运动训练监控中。如核磁共振、心电图、肌电图、脑电图、超声诊断等先进技术将在体育科研中发挥作用。当前，运动性疲劳发生和恢复的机理尚需进一步研究，特别是中枢神经疲劳的生理生化指标。利用现代科技实验技术，探明运动性低睾酮，运动性贫血免疫能力下降的机理，并开展早期诊断指标和评定方法与标准需进一步加强研究。

第三节　运动负荷研究

一、影响体育课运动负荷的主要因素

（一）运动强度

运动强度是指单位时间内完成练习所用的力量大小和机体的紧张程度，影响运动强度的主要因素是练习时的速度和负重量。如初中生 100 米快速跑，跑后即刻心率可达到 180 次 / 分以上，慢跑 1 分钟，心率一般在 130 次 / 分左右，显然前者强度大，后者强度小。在体育活动中，较大强度的项目有跑、跳等，而走、爬、投掷等的运动强度则相对较小。

（二）运动时间

运动时间是指一次体育课练习的总时间或每个练习的间歇时间，在保证一定的合理强度和密度的同时，练习时间持续的长短直接关系着运动负荷的大小。如果一节课，学生长时间处于大强度的运动之中，那么，他们的运动负荷就偏大。

（三）练习密度

练习密度是指单位时间内重复练习的次数，它在运动负荷中反映时间和数量的关系。练习密度是否合适较大地影响着学生的运动负荷，一般与运动负荷成正比。

（四）教师的教学内容、教法和组织措施

教师安排体育教学内容的难易程度是否合适，教学方法是否恰当，组织措施是否得当，讲解示范是否正确形象、生动规范等都会较大程度地影响运动负荷。如教学中分组太少而导致学生长时间的等待，从而使运动负荷过小；如练习的间歇时间太短，又使运动负荷过大。

（五）学生的个别差异

学生的个别差异是指学生的身体机能水平的个别差异。在体育课上，往往相同的练习对不同的学生会产生不同的影响。如快速跑完 60 米，有的学生心率达到 180 次 / 分以上，有的学生仅 170 次 / 分。

二、合理安排每节课的教材和确定课的任务

这就要求教师课前的备课要做到心中有数，在安排教材内容时，应合理搭配不同性质、不同负荷、适宜数量的教材。运动量大和运动量小的练习交替安排，如强度较小的走平衡木或窄道、投掷、钻爬与强度较大的跑、跳跃、攀登、爬、滚翻等内容组合。教师要合理安排学生体育课的密度，尤其是学生的练习密度。确定任务时新教的知识、技能不宜太多太难，且必须富有趣味性。

三、灵活运用教法

由于体育课是以直接的身体练习为基本手段，因此，教师在教授学生体育课时应精讲多练，应使学生的练习密度在课的总密度中占最大的比例（一般学生在体育课中的练习密度在 35%～55% 较为适宜）。还应讲练结合。为了加大学生的运

动负荷和练习密度，可多采用同时练习法、鱼贯练习法、循环练习法等方法。还可增加学生练习的次数，扩大其活动范围，增加障碍物，提高练习难度。反之，如学生的运动负荷已较大，则应通过缩短其练习的时间和距离，变同时练习为分组轮流练习或相互观摩，改变练习的内容，缩小活动的范围，减少障碍物等手段来降低学生的运动负荷。

四、充分利用场地、器械

事实上，每个学校的具体情况各不相同，在体育场地上，有的学校还达不到正常标准，这就需要教师开动脑筋，最大限度地提高场地利用率，多采用分组活动和分散活动。如器械不够，则可采用分组轮换型或循环练习型等形式，以加大学生的练习密度。此外，安排运动负荷时还应考虑季节和气温因素。在炎热的夏季，可适当降低学生的运动负荷；而在寒冷的冬季，则应适当增加学生的练习密度（但运动强度仍不应太高）和运动负荷。

以上调节策略，教师在具体运用时一定要结合每节体育课内容和学生的实际，做到灵活机动，科学调节，以增强学生的体质，使学生身心得到健康发展。

在课堂教学中最常用到的运动负荷测量方法除了脉搏测量外，还有询问法和观察法。据瑞典生理学家研究，当询问学生锻炼后的自我感受，学生回答"累极了、很累、有点累、还行、很轻松、非常轻松"时都有不同的心率，而这些心率和回答之间有着极明显的对应关系。这样教师就可以利用学生的回答来判断学生承受运动负荷的情况。采用观察法可以直接简便地知道学生的运动负荷情况，教师可以通过观察学生的脸色、表情、喘气、出汗量、反应速度等表现来判断所承受运动负荷的大小。比如，当学生承受较小负荷时，额头微汗、脸色稍红；承受中等负荷时，脸色绯红，脸部有汗下滴；承受过大的运动负荷时，脸色发白，满头大汗，动作失控等。所以，安排运动负荷时要以学生发展为中心，重视学生的生理和心理感受。在体育课上，可以通过调整练习的次数和组数、练习的强度和时间、器械的坡度和阻力，也可以改变课的组织教法等来对运动负荷进行合理的调节。

第四节　重复训练法

训练方法是教练员和运动员为完成训练任务，提高专项运动成绩，达到训练目的而选择的途径和采用的方法。

在当今，运动训练高速发展，训练条件日趋相近的情况下，运动训练的效果在很大程度上取决于训练方法的优劣和运用的正确与否。所以，教练员必须熟练地掌握、正确地运用各种训练方法，以保证训练达到预期效果，如期完成训练任务。

一、重复训练法

重复训练法是指在不改变动作结构和负荷数据的情况下，按照一定的要求，反复地练习同一动作的方法。重复训练法在两次练习之间的间歇时间，并无严格规定，但是，原则上应使运动员的机体能够得到基本恢复。构成重复训练法的因素有：重复练习的距离、时间、次数、强度和间歇时间等。

二、重复训练法的特点

每次练习的动作结构和负荷数据不变；每次练习的强度较大，可用极限或次极限强度；间歇时间要充分，使机体得到基本恢复，重复训练法主要应用于周期性和非周期性的项目训练，以及身体训练、技术和战术训练。

三、重复训练法类型

依单次练习时间的长短，可将重复训练法分为：短时间重复训练方法、中时间重复训练方法和长时间重复训练方法三种类型。

（一）短时间重复训练方法的应用

短时间重复训练方法普遍适用于磷酸原系统供能条件下的爆发力强、速度快的运动技术和运动素质的训练。所有体能主导类速度性或力量性运动项群的技术、素质训练，所有技能主导类对抗性和表现性运动项群的高、难技术的训练和有关的速度素质和力量素质的发展，都以此为主要的训练方法。

（二）中时间重复训练方法的应用

中时间重复训练方法普遍适用于糖酵解供能条件下的运动技术、战术和素质的训练。中时间重复训练方法还普遍适用于运动员学习、形成和巩固动作强度较低的运动技术，适用于运动员掌握局部配合的运动战术。同时，该方法同样普遍适用于比赛成绩为30秒~20分钟的体能主导类运动项群的技术和素质的训练。当然，对该类项群的训练，还应辅以短时间和长时间的重复训练方法。

（三）长时间重复训练方法的应用

长时间重复训练方法主要适用于无氧、有氧混合供能系统条件下的运动技术、战术、素质的训练工作。该法还适用于体能主导类（2~5分钟）耐力性运动项群的技术、素质的训练。当然，该法辅以中时间重复训练方法或持续训练法时，更具有独特效果。

四、运用重复训练法应注意的问题

（1）明确目的，正确规定练习的数量、距离、时间及重复次数、负荷强度等。

（2）根据训练任务确定重复训练法的要求。

（3）根据运动员身体的实际情况确定运动负荷。

（4）重复练习时，应根据训练实际情况加强技术指导，不断提出新的要求，逐步提高练习的质量。

（5）间歇时间要充分，第一次练习后，当心率降到110次/分以下时，再进行第二次训练。

(6)加强思想教育。重复训练法比较单调、枯燥,对于少年儿童要采取教育手段,培养他们的兴趣,调动他们的积极性。

第五节　持续训练法

一、持续训练法

持续训练法是指在相对较长的时间里,用较稳定的措施,以强度不太大的要求,连续进行练习的方法。

二、持续训练法特点

持续训练法的主要特点是练习时间相对较长,一次连续练习的量比较大,但强度不太高,一般应在 60% 左右。由于这一特点,持续训练法对机体刺激所产生的影响比较缓和,训练效果产生得慢,但效果比较稳定。

持续训练法多用于周期性项目,也可用于非周期性项目的单个动作或成套动作,另外多用于发展耐力素质和学习、掌握动作技术、战术以及巩固、提高的训练中。

三、持续训练法类型

根据训练持续时间的长短,持续训练法可分为三种基本类型,即短时间持续训练方法、中时间持续训练方法和长时间持续训练方法。

四、持续训练法的应用

(一)短时间持续训练方法的应用

短时间持续训练方法广泛应用于体能主导类项目的运动素质训练之中,也适用于技能主导类运动项群中动作强度较高的素质、技术和战术的训练工作。

（二）中时间持续训练方法的应用

中时间持续训练方法普遍适合技能主导类运动项群各个项目中多种技术的串联、攻防技术的局部对抗、整体配合战术或技术编排成套的技术或战术训练以及体能主导类耐力性运动项群训练。

（三）长时间持续训练方法的应用

长时间持续训练方法对于体能主导类耐力性运动项群具有直接训练的价值。

实践中，长时间持续训练方法具有三种典型的变化形式，即匀速持续训练、变速持续训练和法特莱克训练。其中，长时间持续训练方法中的匀速持续训练、变速持续训练形式与中时间持续训练方法的主要不同之处是：负荷强度相对更低，负荷时间相对更长，训练场所变更较多。

持续训练法应注意的问题

（1）对于少年儿童运动员，运用持续训练法时，其负荷量与强度要加以控制，不要太大。

（2）运用学习提高技术、战术、发展耐力时，一般以延长练习时间为主，其次是有控制地提高强度。

（3）要根据不同训练水平运动员的具体情况以及训练所完成的具体任务，确定不同的练习程度和练习时间。

第六节　间歇训练法

一、间歇训练法

间歇训练法是指在一次或一组练习方法之后，按照严格规定的间歇时间进行休息，在运动员机体尚未完全恢复的情况下进行下一次或下一组练习的方法。间歇训练法广泛地运用在周期性项目和球类项目中，主要用来发展心血管系统的功能和运动素质。

二、间歇训练法的构成要素

（1）每次练习的距离或时间。

（2）每次练习重复的次数和组数。

（3）每次练习的负荷强度。

（4）每次或每组练习的间隔时间。

（5）间歇时的休息方式。

三、间歇训练法的主要特点

（1）负荷与休息交替进行，而休息有严格的时间规定，在机体尚未完全恢复的情况下就给予第二次负荷。

（2）每次负荷的时间不长，而负荷的强度可以根据训练所需要解决的问题进行安排和调整。

（3）间歇时，主要采用积极性的休息方式。

四、间歇训练法应注意的问题

（一）儿童训练不宜用此法

间歇训练法一般来说强度较大，儿童训练要少用或不用。对少年运动员进行间歇训练时，要正确确定每次练习的距离、重复次数、负荷强度、间歇时间与休息方式。最好是加强医务监督工作，以便取得理想的训练效果。

（二）间歇训练后的休息方式

最好是积极的走、慢跑等，以加速血液的回流，防止出现重力休克。

（三）不同的训练方案交替使用

运动员对某一间歇训练方案适应之后，应变化各因素的参数，采用新的间歇训练方案，以不断提高训练水平。

第七节 变换训练法

一、变换训练法

变换训练法是指在练习过程中，有目的地变化练习的负荷、动作组合以及变换练习的环境、条件而进行训练的方法。

二、变换训练法的构成因素

（1）练习的量和强度。

（2）动作组合。

（3）训练环境。

（4）训练条件。

三、变换训练法的特点

通过负荷、动作组合、环境、条件等因素的变化，对运动员有机体产生多种作用，达到多种训练目的。

变换训练法应用范围广泛，周期性、非周期性运动项目均可以采用。发展素质，学习技术、战术也可以采用。

四、变换训练法应注意的问题

（1）要根据训练的具体任务和训练中运动员存在的主要问题，有目的地变换练习的负荷、动作组合和环境条件。

（2）变换训练因素，应有利于技术、技能的学习、巩固与提高，以及身体素质的发展。

（3）在运用变换训练法学习、掌握和矫正动作技术时，要掌握好训练时间，当达到训练目的后，要及时恢复到正常情况下进行练习，避免由于训练因素的改变，形成与比赛要求不同的动力定型。

（4）变换训练法能提高练习兴趣，在训练中，教练员要防止运动员分散注意力，应牢牢地集中到练习的目的上来。

第八节　竞赛训练法

一、竞赛训练法

竞赛训练法是指在比赛的条件和要求下进行训练的方法。竞赛训练法能有效地提高运动员创造性地运用知识、技术和战术的能力以及身体训练水平，而且对培养运动员适应比赛的复杂环境，提高训练的实战性都具有重要意义。

二、竞赛训练法的种类

根据训练的目的与任务的不同，被广泛采用的竞赛训练法有：游戏性竞赛、训练性竞赛、身体素质比赛、技术和战术比赛、非专项性比赛、与高水平运动员进行练习的比赛、测验性比赛和适应性比赛等类型的竞赛。

三、竞赛训练法应注意的问题

（一）竞赛训练法的选择

根据训练和比赛的任务，选用不同类型的竞赛训练法。巩固技术、战术可采用技术、战术比赛法；检查身体训练效果可采用身体素质比赛法；为参加好比赛就采用适应性比赛法。

（二）运动员的思想、品德和作风的培养

在竞赛训练中，运动员的各种问题最容易暴露出来，教练员要不失时机地进行教育。

（三）防止伤害事故及产生过度疲劳

采用竞赛训练法，运动员情绪高涨，比赛激烈。因此，要注意防止伤害事故。竞赛训练法的运动负荷过大，因此，要控制好比赛次数和时间，避免产生过度疲劳。

第九节　综合训练法

一、综合训练法

各种训练方法在训练实践中的综合运用，叫作综合训练法。综合训练法能更灵活地调节运动负荷与休息，使之符合练习内容的要求，从而有效地提高身体素质和提高运动技术水平，使训练取得良好的效果。

综合训练法的主要组织形式有三种：循环练习法、组合训练法、模式训练法。

（一）循环练习法

1. 概念

循环练习法是指根据训练的具体任务，有目的地建立几个或多个练习"站"，每"站"由一个或几个练习组成，练习时按规定的顺序、路线，每个"站"所规定的练习数量、要求与方法一"站"一"站"地进行练习，如此循环一周或几周的方法。运用循环训练法，能有效地发展各项身体素质，提高心脏、血管和呼吸系统的机能，同时可使身体各部位的肌肉得到锻炼，又能使局部肌肉负荷与休息得到交替，并能提高

少年儿童的练习兴趣,有助于推迟疲劳的产生。

2. 循环训练法应注意的问题

(1)要根据训练任务,安排各人"站"的练习,并突出重点。

(2)选择的内容,一般是运动员已经掌握了动作,这样才有利于提高训练效果。

(3)选择的内容要注意全面性,使之有利于运动员素质的全面提高和发展。

(4)要科学地安排运动负荷。根据训练任务、对象的实际和练习特点来确定运动负荷。一般一个练习点练习量为本人极限负荷的 1/2 或 1/3,高水平运动员可以是 2/3,练习周数不宜过多。

(5)运用循环练习法,应严格要求动作的规格和质量。

(二)组合练习法

1. 概念

组合练习法是指根据各种训练方法的特点,组合两个以上的训练方法而成的一个新的训练方法。

2. 组合方式

(1)持续训练法与变换训练法的组合。

(2)重复训练法与变换训练法的组合。

(3)间歇训练法与变换训练法的组合。

(4)持续训练法与间歇训练法的组合。

(5)重复训练法、变换训练法、持续训练法的组合等。

(6)持续训练法、间歇训练法、变换训练法的组合等。

3. 组合训练法应注意的问题

(1)教练员要透彻了解各种训练方法的特点、作用及组合后的基本特性,使之符合要解决的具体任务。

(2)运用这种训练方法的运动员,要具有一定的训练水平。因为,这种训练方法不容易控制练习的量与强度。

（3）组合训练的设计，要符合比赛对机能、技术运用的要求。各个运动项目对素质、技术的要求不同，不针对专项比赛特点的需要来组合训练方法，组合训练法就失去了意义。

（三）模式训练法

1. 概念

模式训练法是以优秀运动员创造优异运动成绩所起作用的各种因素为模式，对运动员进行定向训练的方法。这些因素包括从事运动的年龄、身体条件、开始专项训练的年龄、各项身体素质的指标，训练过程中各个阶段的身体素质、技术、战术，以及与某一专项有密切关系的其他因素的指标等。事先进行收集或测定，然后将所得到的数据进行处理，从而得出各因素的具体指标及各个因素在某专项训练中应占的地位和所起的作用，制定出优秀运动员的模式，再根据模式要求，来选拔和训练运动员。

模式训练是把控制论引入体育领域，结合训练实践创造出来的。这种训练方法，可以使教练员定期将运动员在训练中所表现的各种状态、数据与"模式"标准进行比较，以便早日发现问题，及时采取措施进行修正，使训练向既定的方向发展。这比单纯靠经验训练、指导要更科学，训练的成功率也较高。

2. 模式训练的做法

可以分为制定模式和实施训练计划两步。

（1）制定模式

制定模式指标：

分析优秀运动员成绩中的各个因素及其地位、作用，定出各项因素的总指标，再定出各年龄阶段的各因素指标。

制定模式训练计划：

测定训练运动员的各因素指标，与模式各因素指标进行分析比较，找出优势与差距，制订出训练计划。

（2）实施训练计划

依据训练计划进行训练。在训练过程中，要定期对运动员的各因素进行测定与分析，若发现问题，即发现与模式有偏差，应立即查找原因，修订训练计划，保证运动员各因素及成绩向模式方向发展，达到最终实现模式成绩的目的。

在运动训练实践中，训练方法是十分丰富的。教练员应从运动训练的特点出发，深入研究训练内容，从有效地完成训练任务出发，创造性地运用各种训练方法，并在训练实践中创造和发展新的训练方法，随着世界体育运动向新的层次发展，世界各国都非常重视训练方法的研究。

参考文献

[1] 邱妍妍 . 文化融合与课程设置——高校体育教学的美学转变 [J]. 黑河学院学报 , 2023, 14(3):4.

[2] 万艳奇 . 生命教育在高校体育教学中的开展现状与发展对策 [J]. 中文科技期刊数据库 (全文版) 社会科学 , 2023(3):4.

[3] 郑嵘婷 . 终身体育教育思想与高校体育教学改革分析 [J]. 运动 - 休闲 : 大众体育 , 2023(2):3.

[4] 戴娟 . 心理健康教育与高校体育教学中的融合思路 [J]. 运动 - 休闲 : 大众体育 , 2023(1):3.

[5] 白新蕾 . 核心素养视阈下高校体育教学内容之审视与调整 [J]. 武术研究 , 2023, 8(4):4.

[6] 宾冬松 . 高校体育与健美教学融合发展的路径探究 [J]. 健与美 , 2023(1):3.

[7] 周德来 , 孙训涛 , 崔先友 , 等 . 体教融合背景下高校体育教学问题与对策研究 [J]. 中文科技期刊数据库 (全文版) 教育科学 , 2023(4):4.

[8] 张立双 . 高校体育理论课程教学与实践教学探析——评《体育教学与模式创新》[J]. 人民长江 , 2023, 54(4):1.

[9] 刘倩倩 . 新形势下高校体育课程教学模式的改革与创新 [J]. 运动 - 休闲 : 大众体育 , 2023(3):3.

[10] 呼比斯嘎拉图 . 身体素质训练在普通高校体育教学中的作用分析 [J]. 中文科技期刊数据库 (全文版) 教育科学 , 2023(1):3.

[11] 师伟超 . 拓展训练在高校体育教学中的应用分析 [J]. 拳击与格斗 , 2023(5):3.

[12] 尤锟. 核心力量训练融入高校体育教学的策略研究 [J]. 拳击与格斗，2023(2):3.

[13] 崔苗苗，刘希坤. 地方高校体育教育专业教学现状与对策研究——以教师资格证"国考"视域下武术课程教学改革为例 [J]. 兴义民族师范学院学报，2023(1):8.

[14] 黄娟. 信息技术在高校体育运动训练中的应用 [J]. 文体用品与科技，2023(8):3.

[15] 王芊. 高校体育教学中实施拓展训练的理性思考 [J]. 学周刊，2023(3):3.

[16] 蒋义排，王艳秀，毛佳兴. 训练竞赛教学模式在高校体育教学中的应用研究 [J]. 拳击与格斗，2023(2):2.

[17] 贾毅. 浅析拓展训练在高校体育教学中的应用 [J]. 运动 - 休闲：大众体育，2023(1):3.

[18] 王学忠. 论高校体育排球训练的困境及其策略 [J]. 体育世界，2023(2):3.

[19] 饶清秀子. 高校体育教学中实施拓展训练分析 [J]. 拳击与格斗，2023(2):3.

[20] 张潇，李旭升，张海耀，等. 面向民族体育教学与训练的智慧毽球系统 [J]. 信息与电脑，2023, 35(1):5.

[21] 特特格. 高职体育教学和运动训练协调发展的探究 [J]. 中文科技期刊数据库 (全文版) 教育科学，2023(4):3.

[22] 王锐，邹雨轩. 智能运动手环在高校体育教育中的应用研究 [J]. 文体用品与科技，2023(5):4.

[23] 王斌. 高校体育教学开展体能训练的必要性及对策分析 [J]. 运动 - 休闲：大众体育，2023(2):3.

[24] 唐奕. 高校运动训练和体育教学的关系及发展策略分析 [J]. 大学：教学与教育，2023(3):4.

[25] 赵子宽. 高校运动训练和体育教学的发展趋势 [J]. 运动 - 休闲：大众体育，2023(2):3.